U0960697

[期货投资者教育系列丛书]

钢 材

中国期货业协会 编

中国财政经济出版社

图书在版编目（CIP）数据

钢材/中国期货业协会编．—北京：中国财政经济出版社，2011．11
（期货投资者教育系列丛书）
ISBN 978－7－5095－3182－2

Ⅰ．①钢… Ⅱ．①中… Ⅲ．①钢－期货贸易－基本知识 Ⅳ．①F713．35 ②F764．2

中国版本图书馆CIP数据核字（2011）第209384号

责任编辑：贾延平　　　　责任校对：张　凡
封面设计：陈　瑶

中国财政经济出版社出版

URL：http：//www．cfeph．cn

E－mail：cfeph@cfeph．cn

（版权所有　翻印必究）

社址：北京市海淀区阜成路甲28号　邮政编码：100142
发行处电话：010－88191537　财经书店电话：64033436
北京财经印刷厂印刷　各地新华书店经销
787×1092毫米　16开　15．5印张　233 000字
2011年12月第1版　2021年11月北京第7次印刷
定价：37．00元
ISBN 978－7－5095－3182－2/F·2692
（图书出现印装问题，本社负责调换）
本社质量投诉电话：010－88190744
打击盗版举报热线：010－88191661　QQ：2242791300

期货投资者教育系列丛书编委会

主　任：刘志超

副主任：彭　刚　李　强　李晓燕

委　员：马文胜　王仲会　母润昌　刘国强

李建中　李立勇　陈　方　陈冬华

吴素萍　肖　成　罗旭峰　屈正哲

林　皓　施建军　姚　广　党　剑

黄　辉　谭显荣

（以上按姓氏笔画排序）

总 序 言

近年来，在党中央国务院的正确领导下，随着《国务院关于推进资本市场改革开放和稳定发展的若干意见》的深入贯彻落实，我国期货市场取得了稳步较快发展的良好局面。但是由于当前我国期货市场“新兴加转轨”的特征依然突出，市场制度和结构仍存在缺陷，风险防范和化解的自我调节机制尚未完全形成，市场主体发育不成熟，我国期货市场的整体波动和投机性仍较强，这些都对期货市场的改革发展提出了新的挑战。

与此同时，在新的市场环境和对外开放的条件下，随着我国期货市场规模的不断发展壮大，国内市场与国际市场的联系日趋紧密，影响期货市场运行的外部因素也更为多样化和复杂化，由美国次级债危机引发的国际金融市场动荡不安，国内外商品市场价格频繁而剧烈的波动，都增加了期货市场风险控制和日常监管的难度，给我国期货市场的稳定、健康的运行带来了新的挑战。

在这样一个新的形势下，期货市场的持续活跃和规范运作吸引了许多新的市场参与者，期货市场的开户数快速增长，特别是新入市的个人投资者比重较大且呈持续上升趋势。大宗商品和资产价格的频繁剧烈波动也使越来越多的企业开始意识到利用期货市场进行风险管理的重要性。但是由于对期货市场的交易特点和运行机制缺乏详细了解，同时风险意识淡薄，受期货高杠杆、高回报的诱惑，而忽视了期货的高风险特征，导致了非理性投资行为上升，产生了不必要的损失。投资者是期货市场的重要主体，期货市场的发展离不开投资者的积极参与，特别是成熟投资者的参与。因此，在当前我国期货市场的快速发展时期，做好投资者教育工作更加意义深远。

做好投资者教育工作，既是保护投资者合法权益，促进期货市场稳步发展的客观需要，也是加强我国期货市场建设、促进市场稳定运行的关键环节。持续不断地开展行之有效的投资者教育活动，使投资者了解期货高杠杆、高风险的特点，了解期货市场的产品及交易规则，减少投资者的盲目性，特别是牢固树立“买者自负”的风险意识，从而理性地参与期货交易，增强投资者的自我保护能力，才是对投资者最好、最有效的保护。同时，通过投资者教育，有助于投资者客观、正确地认识和参与期货市场，可以进一步促进培育诚实守信、理性健康的市场文化，促进期货市场功能的有效发挥和市场的平稳有序运行。期货市场的投资者教育工作任重而道远，是一项长期的、系统性的工程，需要持之以恒地开展下去。

近年来，围绕投资者教育工作，期货市场的监管部门、自律组织与中介机构都深入进行了形式多样、内容丰富和卓有成效的大量工作。由中国期货业协会组织编写的这一套《期货投资者教育系列丛书》就是协会按照中国证监会的统一部署，贯彻落实期货投资者教育工作的重要措施之一。该丛书作为期货市场第一套系统介绍我国上市期货品种的投资者教育普及读物和中国期货业协会期货投资者远程教育学院课程的基础性教材，以广大普通投资者为服务对象，兼顾了现货企业等专业机构的需求。本套丛书在体例上采取简单明了的问答体例，在语言上深入浅出，通俗易懂，可读性强。在内容上，丛书以“风险教育”为主线，不仅对国内上市的期货品种基本知识和交易规则进行了详细的介绍，更从期货品种相关的现货生产、加工、贸易和消费等产业链的各个环节对该产品的特性进行了系统的介绍，从而使得投资者能够得到更加全面、深刻的理解。同时，丛书还选取了大量包括套期保值、套利交易等典型实务操作案例，作为投资者了解和学习该产品的辅助材料，充分体现了丛书的实用性和可操作性特点。衷心地希望本丛书的出版能够为期货投资者了解期货市场，树立风险意识，理性参与交易提供有益的帮助。

姜　洋

2010 年 3 月

目 录

第一章
钢材概述

【本章要点】

本章介绍了全书的主要内容，并简要说明了投资者应如何阅读和使用本书。本章概述了钢铁以及其生产制作过程，揭示钢材在现代化国家工业生产中的重要作用；简述了我国钢材期货的发展历程；对推出钢材期货的现实意义及必要性进行了讲解。

一、投资者如何使用本书？

本书全面系统地介绍了钢材期货的基础知识及各类交易策略，力求能为钢材期货市场的不同投资者提供帮助，使他们更好地了解市场、参与市场。

本书结构主要依据投机、套利、套期保值等投资者参与方式的不同而设计：

开篇两章概述了钢材及钢材期货交易中涉及的各类基础知识，例如钢铁的冶炼及其在现代社会发展中的重要作用；我国钢材期货的发展历史；上海期货交易所钢材期货合约的各项构成要素、期货合约条款对市场参与者的意义及指导作用。读者通过阅读前两章的内容会对钢材期货的标的品种、市场、基础交易方法和规则有所了解。书中针对不同市场参与者设计的不同案例能够帮助投资者较清晰地了解钢材期货交易的具体操作方法与注意事项。钢材期货中的螺纹钢与线材同属钢材下游品种，且价格高度相关，因此本书在内容上有侧重地选择在期货市场中交易较为活跃、市场关注度较高的螺纹钢期货进行详细描述。

本书三、四、五章针对市场中广大的参与者——投机交易者如何参与市场进行解析。从钢材生产、贸易、消费的上、中、下游出发分析每个产业链中投资者可以关注的因素及投资机会。其中包括上游原材料对于钢材成本及价格的影响，中游贸易方式对钢材价格波动的影响以及下游产品与钢材价格间的相关关系。通过分析不同市场间的相互联系与区别，帮助投资者寻求市场中的投资机会。

除去上、中、下游影响因素之外，本书第六章就钢材期货投资中需要关注的另一个要素——期货市场信息进行了分析及解读；讲述了钢材期货交易盘面构成及内涵；探讨技术分析在期货投资中的应用；分析了钢材期货交易中的独有特性及其在盘面、图形中的表现。

在分析市场的基础上，介绍套利的这一章节就钢材期货市场中不同的套利机会及方法进行了概括，帮助投资者全方位地了解钢材套利的途径与方法。在普通交易的基础上，展示了期货市场带给投资者的另一种投资思路——如何利用对冲及市场联动进行风险较低、收益更为稳定的期货套利交易。

本书针对需要进行套期保值的企业客户，在第八章钢材企业投资策略——套期保值中详细介绍了各类型企业利用钢材期货规避价格风险的基本方法及原理，并通过实际案例介绍了各种套期保值方案的具体操作模式。希望能够帮助套期保值者针对买入、卖出或是生产、贸易方式等的不同实际情况选择适合自己的套期保值方案。

在介绍企业套期保值交易的基础上，本书第九章继续深入探索如何利用期货交易中的不同工具与方法最大限度地辅助现货经营，将简单的期货投资买卖和传统套期保值模式延伸至公司经营的角度，通过有针对性的案例提示市场中的现货经营者们注意期货交易有除投机、套期保值以外更多的其他功能。

最后，本书第十章针对钢材期货交割的标的品种进行了介绍，详细叙述了企业交割实务中需要注意的问题以及实物交割的方式和方法，通过交割这一最终的交易环节将期货市场与现货市场紧密联系起来，完成了对钢材期货交易的全部认识。

希望读者能够通过阅读本节的相关内容，对整本书的结构设计有所了解，并通过对每章内容的预先概览，有针对性、有重点地使用本书。

二、钢铁是怎样炼成的?

钢材是钢制作出来的产品，提到钢材，就不得不关注钢铁这一重要的工业产品。人类的文明与发展离不开钢铁，环顾我们的周围，大到汽车、桥梁、铁轨、房屋，小到工具、钢管等生活用品无不依赖钢和铁。钢铁是所有工业化国家的基础工业之一，这一重要的资源产品是怎样生产的呢?

谈论钢铁的生产一定会涉及“铁矿石”、“铁”、“钢”这三个名词。这三者的顺序就反映了钢铁生产的基本过程。铁矿石其实就是铁含量比较高的石头，铁矿石来自大自然。“铁”和“钢”的主要成分都是铁元素，其差别只是两者所含的碳元素多少不同而已。通常，碳含量在2%以上的叫“生铁”，低于这个数值的叫“钢”。钢铁的生产流程是将铁矿石在高炉中冶炼成生铁，将铁水注入转炉或电炉冶炼成钢，再将钢水铸成连铸坯或钢锭，经轧制等塑性变形方法加工成各种用途的钢材。因此，钢铁冶炼是一个循序渐进的过程。一个钢铁联合企业一般包括原料处理、炼铁、炼钢、轧钢、能源供应、焦炭运输等生产环节，是一个复杂而庞大的生产体系。

（一）炼铁

现代炼铁绝大部分采用高炉炼铁，个别采用直接还原炼铁法和电炉炼铁法。高炉炼铁在生产时，把铁矿石、焦炭、石灰石按一定比例分配成炉料，从炉料进料口分批加入炉内，同时从高炉下部的风口吹进热风（1000℃～1300℃，高炉中心的温度高达1600℃），炉料在炉内充分接触，通过氧化还原反应得到铁水，铁水从出铁口出来，冷却后即成为生铁。

（二）炼钢

炼钢的发展建立在生铁冶炼的基础之上，通过炼钢的手段，可以将铁中有害元素尽可能地去除。炼钢的主要任务是按所炼钢种的质量要求，将钢中碳和合金元素含量调整到规定范围内，并使磷、硫、氢、氧、氮等杂质的含量降至允许限量之下。

（三）连铸

连续铸钢是通过连铸机将钢液连续地铸成钢坯的工序。钢液通过中间包注入结晶器内，迅速冷却成具有一定厚度的凝固壳而内部仍为液态的铸坯。铸坯下部与伸入结晶器底部的引锭杆衔接，浇注开始后，拉坯机通过引锭杆把结晶器内的铸坯以一定速度拉出。铸坯通过连铸二次冷却区时，进一步受到喷水冷却直到完全凝固。完全凝固后的铸坯通过拉矫机矫直后，切割成规定长度，由输送轨道运出。

钢锭或钢坯通过压力加工制成所需要的各种形状、尺寸和性能的材料就成为钢材。钢材是国家建设必不可少的重要物资，应用广泛、品种繁多，根据断面形状的不同、钢材一般分为型材、板材、管材和金属制品四大类。为了便于组织钢材的生产、订货供应和搞好经营管理工作，钢材又被分为重轨、轻轨、大型型钢、中型型钢、小型型钢、钢材冷弯型钢、优质型钢、线材、中厚钢板、薄钢板、电工用硅钢片、带钢、无缝钢管钢材、焊接钢管、金属制品等品种。

期货市场中的线材与螺纹钢就是上面提到的钢材大家庭中的一部分。截面为圆形的实心长条钢材被称为圆材，圆钢直径以毫米数表示，热轧圆钢的规格在5.5～250毫米之间。一般将直径5～22毫米的热轧圆钢称为线材。螺纹钢与圆钢一样也属于长条形型材，其直径也有粗细之分，直径在10毫米以下的螺纹钢一般也被视作线材；大于25毫米的圆钢，主要用于制造机械零件或作无缝钢管坯。而5.5～25毫米的小圆钢常用作钢筋、螺栓及各种机械零件。尽管线材是钢筋的一部分，螺纹钢也是钢筋，但由于线材最大的应用量是钢筋，习惯上也将线材称为钢筋。螺纹钢与线材一样，都是钢筋，其差别在于线材的截面是圆的，表面是光的，所以被称为“光圆钢筋”。而螺纹钢的表面不是光的，而是带肋的，其截面呈现出来的形状也不是纯圆的，而是圆形外带有凸形，故螺纹钢的正式名称叫做带肋钢筋。螺纹钢与线材的另一外形区别就是，线材在交货时通常都是盘卷形式，称为盘条，而螺纹钢尽管有时也以盘卷形式（直径较小）交货，但绝大多数以定尺（如6

米或9米）交货。在交货外观上，定尺交货呈现为棒材。

线材的用途十分广泛，除直接用作建筑钢筋外，可加工成各类专用钢丝，如弹簧用钢丝、焊丝、镀锌丝、通讯线、钢帘线、钢绞线等，还可加工成其他金属制品，如铆钉、螺钉、铁钉等。根据资料统计，一般国家线材产量占钢材总产量的5%～15%。我国目前正处于经济发展时期，城市建设和解决居民居住条件仍需要大量线材。此外，国内对金属制品需求量不断增加，国际贸易出口量不断扩大，目前我国线材产量占钢材总产量的15%左右。

螺纹钢

线材

图1－1　螺纹钢、线材示意图

螺纹钢广泛用于房屋、桥梁、道路等土建工程建设。大到高速公路、铁路、桥梁、涵洞、隧道等公用设施，小到房屋建筑的基础，包括梁、柱、墙、板，螺纹钢都是不可或缺的结构材料。

随着我国城镇化程度的不断深入，基础设施建设、房地产的蓬勃发展对螺纹钢的需求更加强烈。钢筋混凝土结构仍然是当前及未来相当长时间内我国建筑的主要结构形式。因此，可以预测螺纹钢的需求和产量仍将保持较高水平发展。

三、我国钢材期货发展经历了哪些阶段？

钢材是一种重要的工业产品，在钢材贸易的发展过程中，各种贸易方式也不断涌现。期货交易作为一种重要的交易方式，由于其规范、标准化的规则设置得到了市场更多的关注。我国钢材期货市场的发展经历了三个阶段：

1993～1994 年苏州商品交易所推出的线材期货合约；2003 年后出现的电子远期合约交易市场；2009 年上海期货交易所正式推出的螺纹钢和线材期货合约。

（一）第一阶段：苏州商品交易所的线材期货交易

20 世纪 80 年代后期建立的钢材现货批发市场，改变了生产计划由国家规定、产品由国家分配的传统格局，在一定程度上提高了钢材生产企业面向市场、适应市场的能力，也为建立统一、高效、通畅的钢材流通体系打下了基础。但当时普遍出现的“三角债”以及由现货市场本身的缺陷（如信息不畅、交易缺少公开性）所带来的问题，困扰着钢材生产和经营企业，制约了钢材市场的进一步发展。因此，人们急需找到一条履约率高、质量有保障、能产生权威价格的有效途径，线材期货品种正是顺应市场经济发展的需要，在钢材流通体制改革的进程中应运而生的。1993 年 3 月，苏州商品交易所率先推出了直径为 6.5 毫米的线材期货交易。之后，天津联合期货交易所、沈阳商品交易所、重庆商品交易所、上海建筑材料交易所和北京商品交易所也相继推出该品种的期货合约。1993～1994 年，我国的经济正处于特定的起步发展阶段。一方面，由于线材是基本建设中不可缺少的产品，市场需求面广、用量大，线材期货交易一推出，马上得到钢厂、物资流通企业和使用厂家的积极响应；另一方面，当时的银行资金相对宽松，因而催化了新上市的线材期货品种的交易规模迅速扩大。这期间，全国线材期货交易累计成交总量达到 4.52 亿吨，成交金额共 1.32 万亿元，交割总量 251 万吨，成为当时全国成交量最大的商品期货品种。当时国内期货市场发育不成熟，各项法规制度建设滞后，交易量大、流通性强的期货大品种缺乏良好的运作环境。因此，线材期货交易后期出现了过分投机的违规现象。1994 年 3 月，国务院根据宏观调控的需要暂停了线材期货交易。之后，中国线材期货和螺纹钢期货的发展处于停滞状态。

（二）第二阶段：钢材远期电子交易市场

当前市场上存在的比较有规模和影响力的钢材远期电子交易市场有三家，分别是上海斯迪尔电子交易市场、上海大宗钢铁电子交易中心有限公司和上海钢之源电子商务公司。它们分别成立于 2003 年、2004 年和 2008 年。当钢材现货市场受交易手段的限制满足不了规避风险的需求并且在钢材期货市场仍旧缺位的状态下，广大钢铁相关企业强烈的套期保值需求催生了能够提供远期交易的钢材电子交易市场。电子交易市场为钢材贸易商在价格起伏不定的市场中，提供了一个规避风险的工具。通过远期合约交易，可以锁定成本或收益，从而规避巨大的市场风险。钢材电子交易市场的推出，符合当时的市场环境和钢材相关经营企业的需求，因而受到了钢材生产企业和用钢企业的关注。

钢材电子交易作为一种远期交易，是买卖双方签订远期合同，规定在未来某一时间进行实物商品交收的一种交易方式。远期交易的基本功能是组织商品流通，远期交易进行的是未来生产的、尚未出现在市场上的商品流通。远期交易的价格为现货商提供了预测和把握钢材价格未来趋势的重要参考依据，电子化交易和现货市场并存的格局，方便了生产企业、经销商、消费单位通过跨市操作，及时回避现货价格剧烈波动所带来的风险，从而达到锁定成本、资源或利润的目标。

（三）第三阶段：上海期货交易所正式推出螺纹钢和线材期货

随着国内经济增长的逐步推进，钢材生产与消费的快速发展与产品结构的不断改善，为我国重新推出钢材期货提供了巨大需求与现货市场保证。作为现在世界第一钢材消费国，我国钢材消费量近年不断呈递增趋势，并且增幅巨大。在宏观调控政策及国内外供需等因素的影响下，今年钢材价格波动加剧，使得市场生产、消费和流通企业的避险需求尤为突出。经过不断发展，钢材的国产技术和工艺也都逐渐成熟，质量较为统一，容易检测。国家对钢铁企业的一系列政策也为钢铁行业的规范发展提供了有效指导。这一切为钢材期货的重新推出提供了市场基础。

因此，2009 年 3 月 27 日，螺纹钢和线材期货恰逢时机，在上海期货交易所闪亮登场，正式挂牌交易。阔别中国投资者 15 年之久的钢材期货，再一次重返舞台。这是中国期货市场在国家“稳定发展期货市场”政策引导下的重要成果，也将为上海国际金融中心和国际航运中心建设增添浓墨重彩的一笔。

2008 年国际金融危机逐步影响了我国的金融市场，期货市场的做空机制使其成为危机恐慌中套期保值及对冲风险的有效工具。2008 年年底，为应对国际金融危机的冲击，贯彻进一步扩大内需、促进经济增长的十项措施，认真执行积极的财政政策和适度宽松的货币政策，经国务院批准，国务院办公厅就加大金融支持力度，促进经济平稳较快发展提出了三十条意见。

该意见提出“推动期货市场稳步发展，探索农产品期货服务‘三农’的运作模式，尽快推出适应国民经济发展需要的钢材、稻谷等商品期货新品种”。

螺纹钢期货交易与现货买卖与远期电子交易的比较（见表1－1）

表1－1　现货买卖、远期交易与期货交易的比较

	现货买卖	远期电子	期货交易
监管机构	无， 仅凭信用， 价格大幅波动时违约频发	无， 行业自律， 远期市场， 有限责任公司	证监会及派出机构统一管理， 资金保证金监管中心监管， 交易行为期货交易所监管， 其他方面期货业协会指导
交易规则	一买一卖， 双方认可	公司自行制定， 随意性较大， 且约束力较弱	证监会制定， 国务院统一颁布， 期货交易所监督实施， 已经数十年的不断修改完善
资金安全	100%交付， 或凭信用赊账 存在拖欠情况	银行保管， 缺失监管机构	仅五大行可以保管， 并受证监会领导的保证金监管中心统一监管
交易方式议价优劣	一对一， 效率较低， 价格不是最优	一对多， 主要为钢材 现货企业参与， 范围较窄	一对多， 参与范围极广，上至钢厂企业， 下至建筑公司等下游相关企业， 包括大型金融机构，价格最优
货款收付	见货付款， 周转慢， 有违约风险	买卖瞬间已交保证金， 但可能有违约	买卖瞬间已交保证金， 余款交易所监督给付， 强制执行
货物质量	一对一货物范围较窄， 亦可能出现质量方面的纠纷	电子仓单， 取货地点地区性较强， 增加运输费	交割库保管， 国家质检机构检验，质量交易所保证。交易所统一仓单，全国范围通用

资料来源：申银万国期货研究所。

四、重新推出钢材期货有哪些现实意义？

自改革开放以来，国内从计划经济向市场经济转变，国民经济焕发了前所未有的活力，国内生产总值保持高增长。尤其是进入21世纪以来，我国经济结构发生了明显变化，城镇化速度加快，重化工业特征日趋明显，拉动了钢材需求的快速增长。钢铁产业日渐成为国民经济的重要支柱产业，其涉及面广、产业关联度高、消费拉动大，在经济建设、社会发展、财政税收、国防建设以及稳定就业等方面发挥着重要作用。钢材期货推出的必要性开始逐渐显现。

（一）钢材市场价格剧烈波动，市场需要避险工具

受宏观调控政策及国内外供需等因素的影响，钢材价格波动激烈。近十年来钢材价格经历了大起大落的过程。2001年年末，螺纹钢和线材价格触及历史低点后开始反弹。但到2004年5月，其价格跌至3000元/吨以下，跌幅达30%左右。2005年，螺纹钢和线材价格高点和低点的波动幅度也在30%左右。2007年年末与年初相比，螺纹钢和线材涨幅分别高达48%和45%。而2008年上半年螺纹钢价格一度达到了历史高点，可下半年钢材价格急速下跌，3个月的时间里螺纹钢和线材价格的下跌幅度达到了40%。剧烈的上涨和下跌，增加了市场风险，也不利于我国国民经济的平稳运作，使得涉钢企业迫切需要寻求规范的金融衍生品市场进行避险。钢材期货的推出，可以帮助钢材用户和企业通过期货合约交易，避免价格大幅波动给其自身经营造成不必要的损失，有利于健全和完善钢材市场体系，调节市场供求，减缓现货市场价格波动。

（二）利用自身优势，换取市场发言权

中国作为全球铁矿石最大的进口国和消费国，铁矿石对外依存度已超过50%。与其他进口国相比，中国进口刚性程度更高，替代性差，进口数量经常超过预订的数量。因此，中国在每年度的铁矿石长期协议谈判中一直处于被动地位，不但没有因为需求量大而获得更多的定价权，反而削弱了话语权。

钢材期货的推出，可以成为权威的价格标准，铁矿石供需双方都可以用

钢材期货价格作为参考，对利益进行合理分配，进而规范铁矿石进口秩序，避免铁矿石价格大起大落。那么，对于国际铁矿石谈判来说，我国就能在某种程度上占有主动权。

（三）发挥市场作用，建立定价中心

世界主要的大宗商品都有定价中心，农产品在芝加哥，原油在纽约，有色金属在伦敦。钢铁作为大宗商品，却没有以期货为依托的定价中心。于是各国将目光转向了钢铁定价权的争夺。英国伦敦金属交易所（LME）推出了钢坯期货，日本中部大阪商品交易所（C－COM）推出废钢期货，印度大宗商品交易所（MCX）推出板材、方坯、海绵铁期货，迪拜黄金和商品交易所（DGCX）推出螺纹钢期货，美国推出了热轧卷板钢材期货。中国作为世界最大的钢材生产与消费国，显然不能让钢材定价权旁落。

钢材期货市场能够充分发挥市场在资源配置中的重要作用。期货市场可以有效抑制市场供求失衡和价格的非正常波动；能够更正式、公开、透明地反映供求关系，决定市场价格；有助于形成一个国内甚至国际的权威定价中心，市场上的各方参与者均可根据期货价格来进行自己的经营决策。

无论是规避钢材价格暴涨暴跌的风险，争夺发言权，还是成为钢材的定价中心，这些都有赖于钢材期货的推出。在这一时刻，上海期货交易所上市线材与螺纹钢期货合约无疑恰逢时机。

自　测　题

一、选择题（不定项）

1. 我国最早的钢材期货开始于(　　)年。

A. 1991　　B. 1993

C. 1995　　D. 2009

2. 全球有(　　)市场提供钢材品种交易。

A. 印度　　B. 日本

C. 迪拜　　D. 中国

3. 全球共有(　　)个钢材期货交易场所。

A. 4　　B. 5

C. 6　　D. 7

4. 印度 MCX 有(　　)钢材期货交易品种。

A. 板材　　B. 方坯

C. 海绵铁　　D. 螺纹钢

5. 期货合约与现货合同、现货远期合约的最本质区别是(　　)。

A. 期货价格的超前性　　B. 占用资金的不同

C. 收益的不同　　D. 期货合约条款的标准化

6. 期货市场与现货市场有(　　)区别。

A. 对象不同　　B. 方式不同

C. 制度不同　　D. 场所不同

7. 螺纹钢期货正式挂牌时间是(　　)。

A. 1993 年 3 月 10 日　　B. 2008 年 5 月 15 日

C. 2009 年 3 月 27 日　　D. 2009 年 5 月 27 日

8. 钢材期货推出的必要性有(　　)。

A. 钢材期货的推出，解决了钢贸企业的避险需求

B. 促进钢材远期电子交易市场进一步发展

C. 市场发言权的争夺

D. 发挥市场作用，建立定价中心

9. 国内市场上存在的比较有规模和影响力的钢材远期电子交易市场有(　　)。

A. 上海斯迪尔电子交易市场　　B. 上海大宗钢铁电子交易中心

C. 我国钢铁电子交易市场　　D. 上海钢之源电子商务公司

10. 国内钢材电子市场与上海期货交易所推出的钢材期货有(　　)区别。

A. 合约条款不同　　B. 流动性不同

C. 风险制度不同　　D. 交割制度不同

二、判断题

1. 上海期货交易所的钢材期货与市场上的电子盘没有什么区别。(　　)

2. 我国最先推出的钢材期货品种是棒材。(　　)

3. 钢材期货价格和现货价格既相互联系又相互区别。 （ ）

4. 钢材期货上市后对钢材行业的运行产生了重大的影响。 （ ）

5. 钢材期货的推出将有助于优化产业结构，淘汰落后产能。 （ ）

6. 目前钢材现货市场上主流报价的螺纹钢与期货市场上交割的螺纹钢品质相同。 （ ）

7. 我国推出钢材期货的理由是因为钢材市场价格剧烈波动，市场需要避险工具。 （ ）

8. 我国的铁矿石对外依存程度超过30%。 （ ）

9. 钢材期货的推出，使得钢材品种的金融属性大大增强。 （ ）

10. 上海大宗电子盘交割的螺纹钢与上海期货交易所钢材期货交割的螺纹钢品质相同。 （ ）

参考答案

一、选择题（不定项）

1. B 2. ABCD 3. C 4. ABC 5. D
6. ABCD 7. C 8. ABCD 9. ABD 10. ABCD

二、判断题

1. × 2. × 3. √ 4. √ 5. √
6. × 7. √ 8. √ 9. √ 10. ×

第二章 钢材期货合约与交易规则

【本章要点】

本章主要针对钢材期货合约及交易规则进行介绍；对标准合约中各项要素进行解读；通过举例说明螺纹钢期货交易中涉及的各种交易规则；总结螺纹钢期货交易与远期电子盘交易方式上的不同并突出了期货交易的优势所在。希望通过对于标准合约以及交易基础内容的解读，使钢材期货投资者能够更快地熟悉钢材期货交易。

一、钢材期货标的为何选择螺纹钢与线材?

重新推出钢材期货，标的物的选取必须要有统一的标准。综合考虑国内外钢材期货标的物的选取方法，同时考虑我国钢材市场的实际情况，是标的物选择的基本出发点。钢材期货标的物的选择坚持以下几个指导思想。

1. 坚持大品种的设计思路，有益于发挥价格发现和套期保值等基本功能。

2. 考虑钢材自身的性能，钢材的种类极其繁多，全世界大概有2000种型号，不同型号之间的钢材性能也有非常大的差异，因此合约设计要简单，标准要容易统一。

3. 要考虑市场的流动性，参与者多，需求广泛的因素防止市场操作行为。

根据以上指导思想，在种类多样的钢材之中，上海期货交易所选择了螺纹钢与线材作为期货合约标的。具体原因可以从以下几个方面来分析。

第一，线材、螺纹钢是我国的主要钢材品种。目前，我国钢材消费中建筑业和工业钢材消费约占钢材消费总量的90%左右，其中，建筑用钢占到50%以上。而线材与螺纹钢是建筑领域用量较多的钢材，使用范围广。产量方面，我国的建筑钢材生产厂家众多。2009年，全国螺纹钢产量达1.2亿吨，同比增长27%；线材产量为9585万吨，同比增长20%，建筑钢材产量合计占据中国粗钢产量的38%，满足了大品种的设计思路。图2－1是我国2010年钢材各品种产量占比图。

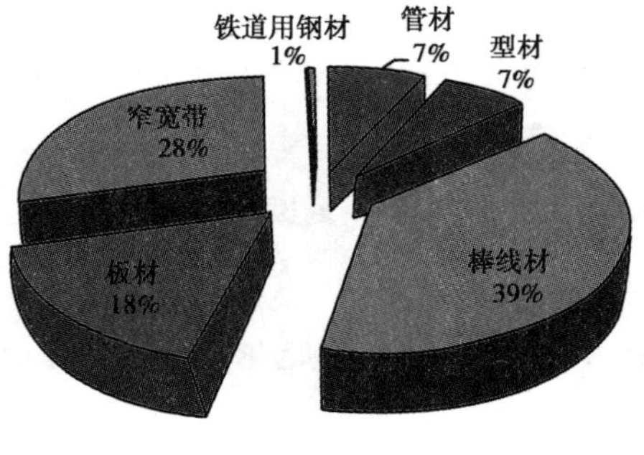

图2－1　2010年钢材各品种产量占比图

资料来源：WIND资讯、申银万国期货研究所。

第二，这两个品种易于标准化。螺纹钢与线材的大型生产企业都执行国家标准规定。通常大型企业自己的企业标准高于国家标准，因此质量比较统一，容易检测，而且不同规格的线材期货价格与交割品间的升贴水比较容易确定。因此，上海期货交易所在钢材期货标的的选择中，将线材与螺纹钢作为标的品种优先开发，而其他品种，如板材等可以根据市场条件的成熟逐步予以开发上市。

第三，线材、螺纹钢市场竞争充分，价格波动比较频繁。因为普通线材和钢筋产品是我国的传统钢铁产品，属于低端钢材，大多数钢铁企业都可以生产，所以市场竞争相当充分，价格波动也比较频繁，企业需要依靠钢材期货这样的金融工具来规避风险。例如，2001 年年末螺纹钢和线材价格触及历史低点后开始反弹。但到 2004 年 5 月，其价格跌至 3000 元/吨以下，跌幅达 30% 左右。2005 年，螺纹钢和线材价格高点和低点的波动幅度也在 30% 左右。钢价的宽幅波动给钢材生产加工、贸易企业带来了非常大的风险，广大企业需要钢材期货来规避市场风险。

第四，钢材期货品种的选择也符合国内钢铁工业发展的需要。目前国际上已经交易的钢材期货品种，各交易所选择品种除了鉴于前述原因之外，也考虑到了各国家和地区的钢铁工业发展形势。比如，日本的废钢作为电炉炼钢的主要原料，每年的成交量很大，所以日本选择废钢作为钢材期货交易品种。印度、阿联酋和伦敦也是基于如此考虑，选择最适合国情的交易品种。目前，国内的线材和螺纹钢已是生产量最大的钢材品种，选择它们作为钢材期货交易品种，最适合国内钢材市场的现实情况。

二、进行钢材期货交易需要注意哪些要素？

2009 年 2 月 9 日中国证监会批准上海期货交易所开展线材和螺纹钢期货交易。3 月 27 日上海期货交易所正式上市螺纹钢、线材期货。其合约内容见表 2－1、表 2－2。

表 2－1　　螺纹钢期货标准合约

上海期货交易所螺纹钢期货标准合约

交易品种	螺纹钢
交易单位	10 吨/手
报价单位	元（人民币）/吨
最小变动价位	1 元/吨
每日价格 最大波动限制	不超过上一交易日结算价 ±5%

续表

合约交割月份	1～12月
交易时间	上午9：00～11：30　下午1：30～3：00
最后交易日	合约交割月份的15日（遇法定假日顺延）
交割日期	最后交易日后连续5个工作日
交割品级	标准品：符合国标GB1499.2－2007《钢筋混凝土用钢 第2部分：热轧带肋钢筋》HRB400或HRBF400牌号的直径为16毫米、18毫米、20毫米、22毫米、25毫米螺纹钢
	替代品：符合国标GB1499.2－2007《钢筋混凝土用钢 第2部分：热轧带肋钢筋》HRB335或HRBF335牌号的直径为16毫米、18毫米、20毫米、22毫米、25毫米螺纹钢
交割地点	交易所指定交割仓库
最低交易保证金	合约价值的7%
交易手续费	不高于成交金额的万分之二（含风险准备金）
最小交割单位	300吨
交割方式	实物交割
交易代码	RB
上市交易所	上海期货交易所

资料来源：上海期货交易所。

表2－2　　上海期货交易所线材期货标准合约

上海期货交易所线材期货标准合约

交易品种	线材
交易单位	10吨/手
报价单位	元（人民币）/吨
最小变动价位	1元/吨
每日价格最大波动限制	不超过上一交易日结算价±5%
合约交割月份	1～12月
交易时间	上午9：00～11：30　下午1：30～3：00

续表

最后交易日	合约交割月份的15日（遇法定假日顺延）
交割日期	最后交易日后连续5个工作日
交割品级	标准品：符合国标GB1499.1－2008《钢筋混凝土用钢 第1部分：热轧光圆钢筋》HPB235牌号的直径为8毫米线材。
	替代品：符合国标GB1499.1－2008《钢筋混凝土用钢 第1部分：热轧光圆钢筋》HPB235牌号的直径为6.5毫米线材。
交割地点	交易所指定交割仓库
最低交易保证金	合约价值的7%
交易手续费	不高于成交金额的万分之二（含风险准备金）
最小交割单位	300吨
交割方式	实物交割
交易代码	WR
上市交易所	上海期货交易所

资料来源：上海期货交易所。

钢材期货合约是由上海期货交易所统一制订的规定在将来某一特定的时间和地点交割一定数量和质量实物商品的标准化合约。因此，进行钢材期货投资必然要关注合约内容及其中与交易者关系紧密的规则要点。钢材期货合约包括以下内容：

第一，交易数量和单位条款。每种商品的期货合约规定了统一的、标准化的数量和数量单位，统称“交易单位”。在期货交易中，交易单位是指最小的买卖单位，也是指一张期货合约代表的实物数量。上海期货交易所规定线材和螺纹钢的最小单位都是10吨。在习惯上，常用1手表示1张合约，如果交易者买进30手线材合约，就意味着在合约到期时可以以开仓价格买入300吨线材。

第二，报价单位和最小变动价位。最小变动价位指期货交易时买卖双方报价所允许的最小变动幅度，每次报价时价格的变动必须是这个最小变动价位的整数倍。线材和螺纹钢的报价单位都是元（人民币）/吨，最小变动价位为1元/吨，买卖双方出价必须是1元的整数倍。

第三，每日价格最大波动幅度限制条款。它指交易日期货合约的成交价格不能高于或低于该合约上一交易日结算价的一定幅度。线材和螺纹钢标准合约中规定，每日价格最大波动限制为不超过上一交易日结算价的 ±5%（注：2010 年 11 月后，由于监管的要求，涨跌幅比例将被相应提高）。

第四，交割期条款。商品期货合约对进行实物交割的月份作了规定，一般规定几个交割月份，由交易者自行选择。上海期货交易所规定的钢材期货合约交割月份是 1～12 月。通常，在当月合约到期结束时，交易所就会推出次年该月的期货合约。例如，2009 年 9 月 15 日是钢材 0909 合约的最后交易日，9 月 16 日交易所就会推出钢材 1009 合约，即 2010 年 9 月交割的合约。

第五，交易时间。合约规定是上午 9：00～11：30、下午 1：30～3：00。但要注意，上午 10：15～10：30 是休市时间，这段时间是不交易的。

第六，最后交易日和交割日期。最后交易日和交割日期指期货合约停止买卖的最后截止日期。每种期货合约都有一定的月份限制，到了合约月份的一定日期，就要停止合约的买卖，准备进行实物交割。交易者如果不想进行交割，就必须在合约到期前平仓。钢材期货最后交易日为合约交割月份的 15 日（遇到节假日顺延），交割日期是最后交易日后连续 5 个工作日。

第七，质量和等级条款。商品期货合约规定了统一的、标准化的质量等级，一般采用被市场上普遍认可的商品质量等级标准。例如，用于实物交割的线材，质量应当符合国标 GB1499. 1－2008《钢筋混凝土用钢 第 1 部分：热轧光圆钢筋》牌号为 HPB235 的有关规定。上海期货交易所钢材的注册品牌是动态的，相关产品的生产企业可向交易所提出申请，交易所通过预审、检测决定是否予以商品注册。一旦注册批准，交易所将函告申请注册企业、全体会员、指定交割仓库。注册批准后，如果出现质量不合格等问题，交易所可以按程序规定采取暂停甚至取消注册资格的决定。

第八，交割地点条款。期货合约为期货交易的实物交割指定了标准化的、统一的实物商品的交割仓库，以保证实物交割的正常进行。上海期货交易所螺纹钢和线材的指定交割仓库分别设于上海、浙江（杭州、宁波）、江苏（镇江、靖江、无锡）和天津。

第九，最低交易保证金。钢材期货合约规定，最低交易保证金为合约价值的 7%。值得注意的是，这一最低保证金是指期货交易所向交易所会员收取的。交易者通过期货公司进行交易的，期货公司通常会在交易所的基础上增加一定比例。如果遇到持仓量过大、涨跌停板或临近交割日等情况，交易所会临时提高保证金比例。

第十，交易手续费。合约规定，交易所收取不高于成交金额万分之二（含风险准备金）的手续费。

第十一，交割方式和最小交割条款。钢材期货采取实物交割，最小交割单位为300吨，即30手合约。为防止投资者违反这一规定，交易所在《风险控制管理办法》中规定："交割月前第一月的最后一个交易日收盘前，各会员、各客户在每个会员处的螺纹钢、线材期货合约投机持仓应当调整为30手的整数倍（遇市场特殊情况无法按期调整的，可以顺延一天）"，交易者如果由于疏忽而遗忘，会遭到交易所强行平仓处理。同时，《风险控制管理办法》还规定："进入交割月后，螺纹钢、线材合约投机持仓应当是30手的整数倍，新开、平仓也应当是30手的整数倍。"

第十二，交易代码。线材的英文为"Wire Rod"，取这两个单词的头一个英文字母组成"WR"，此即线材的交易代码；螺纹钢的英文为"Ribbed Bars"，取这两个单词的头一个英文字母组成"RB"，此即螺纹钢的交易代码。

通过上述对标准合约中各项要素的简单概述，能够帮助投资者整体了解钢材期货的交易规则及标的产品的相关规定和标准表述。在具体的交易过程中，投资者应该如何理解这些要素呢？下面我们将就这些问题展开讨论。

由于螺纹钢与线材同属钢材下游品种，且价格高度相关，本书后续章节将选择在期货市场中交易较为活跃、市场关注度较高的螺纹钢期货进行重点阐述。

螺纹钢期货作为钢材产品的代表，在品种及交易规则上又兼具自身特色。上述对螺纹钢期货标准合约中的各项表述正是从细节着手，分别对投资交易中涉及的各个要素进行了规定，因此，熟悉及理解这些要素对投资者来说至关重要。以下我们针对螺纹钢期货交易中的规则要点进行分别阐述。

三、买卖一手螺纹钢期货需要多少资金？

不同于现货市场的货款支付，期货交易之中买、卖开仓只需支付相应比例的保证金，因此期货交易具有放大交易倍数的杠杆效应。而买卖一手期货合约所需的资金量也就和保证金比例直接挂钩。

【案例 2－1】

当前螺纹钢现货价格为 5000 元/吨。现货市场投资者若想要买入 10 吨螺纹钢现货所需资金量为现货单价乘以数量，即：

5000 元/吨 ×10 吨 =50000（元）

当前，期货市场螺纹钢合约的价格也为 5000 元/吨，某投资者想要买入一手（10 吨）螺纹钢期货合约，其所需资金为：期货合约价格乘以交易单位乘以保证金比例。以 15% 保证金比例计算，该客户买入一手螺纹钢期货合约需要的资金为：

5000 元/吨 ×1 手 ×10 吨/手 ×15% =7500（元）

同样，若某投资者想要卖出一手螺纹钢期货合约，所需资金仍为 7500 元。与现货市场相比，期货市场购买同样数量的螺纹钢期货所需资金有着很大差别。由于期货市场保证金交易的存在，期货市场投资者的交易成本大大降低。以上例 15% 的保证金比例为例，买入同样数量螺纹钢商品，期货市场投资者所用资金就相当于现货市场投资者所用资金的 15%。

对于螺纹钢期货投资者来说，保证金比例的高低很大程度上决定了其投资成本的高低。保证金比例降低会降低其开仓成本，买卖同样数量标的物所需资金就会降低；而保证金比例如果提高，则会提高开仓成本，买卖同样数量标的物所需资金就会增加。

【案例 2－2】

以【案例 2－1】中的市场价格为例，若保证金比例由 15% 下调至 12%，则期货市场投资者买入一手（10 吨）螺纹钢合约所需的资金为：

5000 元/吨 ×1 手 ×10 吨/手 ×12% =6000（元）

较 15% 的保证金比例所需资金减少 1500 元。若保证金比例由 15% 调整至 17%，则该期货市场投资者买入一手螺纹钢主力合约所需的资金变为：

5000 元/吨 ×1 手 ×10 吨/手 ×17% =8500 元

其买入成本增加 1000 元。

螺纹钢期货标准合约中规定，其期货交易最低保证金比例为7%。在市场不断波动及变化之中，交易所根据市场现状与风险控制需求会在最低保证金比例基础上对保证金比例再度设定，而期货公司对于客户的保证金需求则是建立在交易所规定的保证金比例标准之上。上海期货交易所于2010年11月对包括螺纹钢期货品种在内的几乎所有期货品种的交易保证金进行了调整。自2010年11月30日开始调整至今，螺纹钢期货交易所保证金比例维持为12%。根据这一公告，当前交易的螺纹钢期货合约交易所保证金比例即为12%，期货公司针对客户持仓情况，在期货交易所规定的保证金之上加收一定比例，即得到客户持仓所执行的保证金比例。除此之外，在一些特殊时期，交易所保证金比例也会出现一定程度的调整，投资者需要关注保证金比例的变化，以了解买卖合约所需资金的多少进而调整自己的资金配置，避免交易账户由于保证金调整而造成账户资金不足等问题。

螺纹钢期货保证金比例何时会被调整呢？上海期货交易所在《上海期货交易所风险控制管理办法》（2011年3月修订）中指出了根据市场风险进行保证金调整的几种情况：

（一）持仓量达到一定的水平时

交易所对于螺纹钢期货合约持仓量的不同，最低保证金比例规定也存在调整，具体标准见表2-3。

表2-3　保证金比例的调整情况

从进入交给月前第三月的第一个交易日起，当持仓总量（X）达到下列标准时（单位：手）	螺纹钢交易保证金比例
X≤75万	7%
75万<X≤90万	8%
90万<X≤105万	10%
X>105万	12%

资料来源：上海期货交易所。

（二）临近交割期时

螺纹钢期货合约自交割月前第二个月的第十个交易日起，保证金比例将会被逐步提高。具体标准见表2-4。

表 2－4　　保证金比例的调整准则

交易时间段	螺纹钢交易保证金比例
合约挂牌之日起	7%
交割月前第二月的第十个交易日起	8%
交割月前第一月的第一个交易日起	10%
交割月前第一月的第十个交易日起	15%
交割月份的第一个交易日起	20%
最后交易日前二个交易日起	30%

资料来源：上海期货交易所。

【案例 2－3】

某机构投资者 2011 年 1 月买入螺纹钢期货 RB1105 合约 1000 手并持有等待交割，则自 2011 年 3 月 14 日起，其持仓所需交易所最低保证金比例就会由于临近交割月而被逐步提高（如期货公司一般在交易所基础上加 3 个点）。进入 2011 年 5 月之后，其持仓保证金比例将达到 23% 以上，自最后交易日也就是 5 月 16 日（15 日为非交易日因此顺延至 16 日）算起前二个交易日也就是 5 月 12 日起，持仓保证金比例将达到 33% 以上的标准。

（三）连续数个交易日的累计涨跌幅达到一定水平时

当螺纹钢期货合约连续三个交易日的累计涨跌幅达到 7.5%，或连续四个交易日的累计涨跌幅达到 9%，或连续五个交易日的累计涨跌幅达到 10.5% 时，交易所可以根据市场情况，采取：单边或双边、同比例或不同比例、部分会员或全部会员提高交易保证金，限制部分会员或全部会员出金；暂停部分会员或全部会员开新仓，调整涨跌停板幅度，限期平仓，强行平仓等措施中的一种或多种措施。但是，调整后的涨跌停板幅度不超过 20%。

（四）连续出现涨跌停板时

当螺纹钢期货合约连续两个交易日出现单边市时，期货合约的交易保证金比例调整为 12%，收取比例已高于 12% 的按原比例收取。

（五）遇国家法定长假时

在国家法定长假前期，出于风险控制的考虑，交易所也会及时调整各品种保证金比例。

（六）交易所认为市场风险明显增大时

（七）交易所认为必要的其他情况

四、螺纹钢期货价格下跌10元，空头盈利多少？

对于螺纹钢的现货而言，如果价格上涨或下跌10元/吨，那么螺纹钢现货持有企业的盈利或亏损是现货的变动价乘以螺纹钢现货的数量。

【案例2－4】

某日螺纹钢现货价格从4800元/吨上涨到4810元/吨，某现货商持有螺纹钢现货10000吨，那么该现货商盈利：

（4810－4800）×10000＝10×10000＝100000（元）

如果该日螺纹钢现货价格不涨反跌，从4800元/吨下跌到4790元/吨，某现货商持有螺纹钢现货1万吨，那么该现货商将损失：

（4800－4790）×10000＝10×10000＝100000（元）

对于螺纹钢期货而言，由于保证金的存在，使期货交易具有放大交易倍数的杠杆效应。

由于期货市场实行的是双向交易机制，既有买方又有卖方。对于螺纹钢现货商而言，现货价格的下跌，将直接意味着损失。而对于螺纹钢期货而言，由于实行双向交易机制，如果螺纹钢期货价格下跌，也可以获利。

由于螺纹钢期货交易单位为10吨/手，最小变动价位为1元/吨，螺纹钢期货价格的变动1元/吨将引起螺纹钢合约价值变动10元/手。

螺纹钢期货价格上涨或下跌，盈亏将如何计算呢？

具体计算过程如下：

当日盈亏＝平仓盈亏＋持仓盈亏

平仓盈亏＝平历史仓盈亏＋平当日仓盈亏

平历史仓盈亏＝∑［（卖出平仓价－上一交易日结算价）×卖出平仓量］

＋∑［（上一交易日结算价－买入平仓价）×买入平仓量］

平当日仓盈亏＝∑［（当日卖出平仓价－当日买入开仓价）×卖出平仓量］

$$+\sum[(当日卖出开仓价-当日买入平仓价)\times买入平仓量]$$

持仓盈亏 = 历史持仓盈亏 + 当日开仓持仓盈亏

历史持仓盈亏 = (当日持仓盈亏 - 上一日结算价) × 持仓量

$$当日开仓持仓盈亏=\sum[(卖出开仓价-当日结算价)\times卖出开仓量]$$

$$+\sum[(当日结算价-买入开仓价)\times买入开仓量]$$

将上述公式综合起来:

$$当日盈亏=\sum[(卖出成交价-当日结算价)\times卖出量]+\sum[(当日结算价-买入成交价)\times买入量]+(上一交易日结算价-当日结算价)\times(上一交易日卖出持仓量-上一交易日买入持仓量)$$

【案例 2 –5】

某新客户在 4 月 1 日卖开仓螺纹钢期货合约 40 手（每手 10 吨），成交价为 4950 元/吨。同一天该客户买入平仓 20 手螺纹钢期货合约，成交价为 4940 元/吨，当日结算价为 4930 元/吨，计算该客户的当日盈亏（不含手续费等费用）。

按分项公式计算:

平仓盈亏 = （4950 – 4940） ×20 ×10 = 2000（元）

持仓盈亏 = （4950 – 4930） ×20 ×10 = 4000（元）

当日盈亏 = 2000 + 4000 = 6000（元）

按总公式计算:

当日盈亏 = （4950 – 4940） ×20 ×10 + （4950 – 4930） ×20 ×10

= 6000（元）

4 月 2 日该客户再卖出 10 手螺纹钢期货合约，成交价为 4930 元/吨，当日结算价位 4920 元/吨，则该客户的盈亏情况为:

按分项公式计算:

当日开仓持仓盈亏 = （4930 – 4920） ×10 ×10 = 1000（元）

历史持仓盈亏 = （4930 – 4920） ×20 ×10 = 2000（元）

当日盈亏 = 1000 + 2000 = 3000（元）

按总公式计算:

当日盈亏 =（4930 − 4920）× 10 × 10 = 1000 +（4930 − 4920）× 20 × 10
= 3000（元）

4 月 3 日该客户将 30 手螺纹钢期货合约全部平仓，成交价为 4910 元/吨，当日结算价为 4920 元/吨，则该客户的盈亏情况为：

按分项公式计算：

平仓盈亏 =（4920 − 4910）× 30 × 10 = 3000（元）

延伸阅读：定义及专有名词解释

期货结算：期货结算是指交易所结算机构或结算公司对会员和对客户的交易盈亏进行计算，计算的结果作为收取交易保证金或追加保证金的依据。因此，结算是指对期货交易市场的各个环节进行的清算，既包括了交易所对会员的结算，同是也包含会员经纪公司对其代理客户进行的交易盈亏的计算，其计算结果将被记入客户的保证金账户中。

结算价：当日结算价是指某一期货合约当日成交价格按照成交量的加权平均价。

开仓：开始买入或卖出期货合约的交易行为称为“开仓”或“建立交易部位”。

平仓：平仓是指期货交易者买入或者卖出与其所持期货合约的品种、数量及交割月份相同但交易方向相反的期货合约，了结期货交易的行为。

平仓盈亏：所持有的合约在当日平仓所产生的盈亏。对平仓盈亏来说，又可以分为对前交易日开仓的合约进行平仓所产生的盈亏（称为平历史仓盈亏）和当天开仓当天平仓所产生的盈亏（平当日仓盈亏）。

持仓盈亏：持仓盈亏指一直持有合约到当日交易结束产生的盈亏。对持仓盈亏来说，包括以前交易日开仓的合约一直持有到当天交易结束所产生的历史持仓盈亏，以及当天开仓一直持有到当天交易结束产生的当日开仓盈亏。

多头和空头：期货交易实行双向交易机制，既有买方又有卖方。在期货交易中，买方称为多头，卖方称为空头。

五、螺纹钢期货价格“跳一跳”，手续费就回来了？

正常情况下，无论是螺纹钢期货还是线材期货，交易所规定交易手续费不高于合约价值的万分之二（目前交易所手续费还按照万分之一收取，期货公司在此基础上增加一定比例）。

【案例 2 -6】

假设目前螺纹钢期货的价格为 4500 元/吨，交易手续费按 0.02% 收取，则交易一手螺纹钢期货需要上缴的手续费计算如下：

手续费 =4500 ×10 ×0.02% =9（元/手）

2010 年 11 月 29 日起，期货交易所规定，暂停执行期货合约手续费减半的收取规定，因此双边的手续费为 18 元/手。

螺纹钢期货的最小变动价位为 1 元/吨，因此，螺纹钢期货的价格只需同一方向变动两个价位，那么每手只要盈利 20 元就可以完全覆盖每手 18 元的交易成本。由于期货交易实行 T +0 制度，在这样的交易制度以及交易成本下，产生了一批“抢帽子”的投机者。从图 2 -2 中我们可以看到，早盘螺纹钢期货 RB1110 合约以 4928 元/吨开盘，开盘价格小幅上冲后马上大幅走低，至 9:15 最低探至 4895 元/吨附近，价格下跌 33 元/吨，这样的价格波动幅度为“抢帽子客”提供了从容的机会，假设“抢帽子客”在开盘 4928 元/吨做空，那么螺纹钢期货只需下跌 2 元/吨交易成本就可以回来了（在手续费单边规定未暂停之前只需跳一跳，手续费就可以回来了）。如果“抢帽子客”再以低于 4926 元/吨的价格平仓，那么除去 18 元/手的手续费外，其余将全部变为盈利。从图 2 -2 中我们可以看到，螺纹钢期货日内的价格波动为“抢帽子”的操作提供了丰富的机会。当然，这样的操作也伴随着极大风险，适合经验比较丰富的投资者。

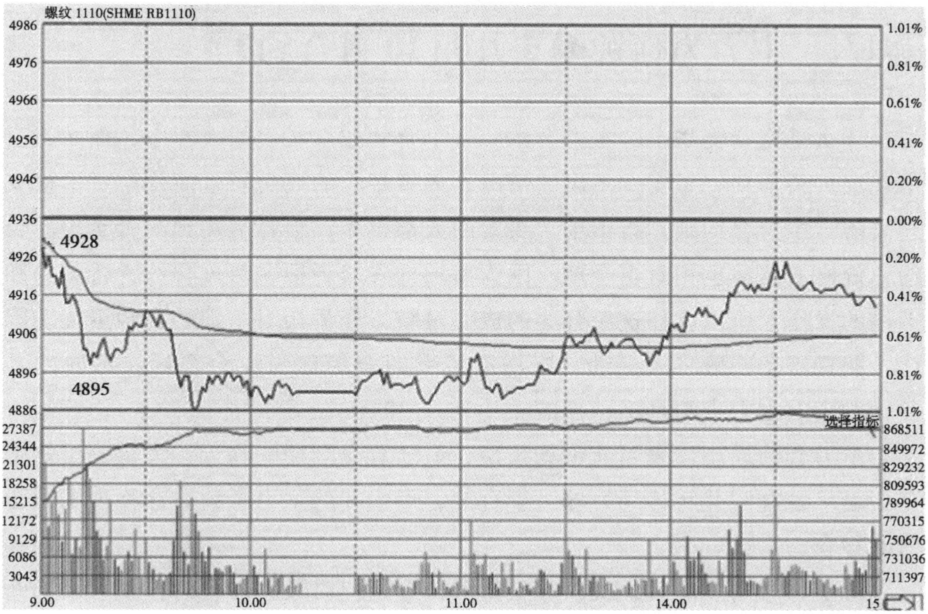

图 2－2 螺纹钢期货价格日内走势图

资料来源：文华财经、申银万国期货研究所。

延伸阅读：抢帽子

抢帽子：抢帽子是期货市场上的一种投机性行为。在期市上，投机者当天先低价购进预计期价要上涨的期货合约开仓，然后待期价上涨到某一价位时，当天再卖出所买进的期货合约平仓，以获取差额利润。或者在当天先开仓卖出手中持有的预计要下跌的期货合约，然后待期价下跌至某一价位时，再以低价买进所卖出的期货合约平仓，从而获取差额利润。

期货手续费：期货手续费相当于股票中的佣金。对股票来说，炒股的费用包括印花税、佣金、过户费及其他费用。相对来说，从事期货交易的费用就只有手续费。期货手续费是指期货交易者买卖期货成交后按成交合约总价值的一定比例所支付的费用。目前，国内有上海、大连、郑州三大商品期货交易所和中国金融交易所（股指期货）共 20 多个上市品种，不同品种手续费不一样。客户参与期货交易的手续费有固定的一部分上交给交易所，另一部分由期货公司收取，期货公司收取的标准是在期货交易所的基础上再加一部分，用于自身的运营。

六、主力为何钟爱5月和10月合约？

什么是期货交易中的主力合约？一个合约如果买卖的人不多，那么就会出现想买买不到，想卖卖不出的情况，或者很小的成交量就能使期货价格大起大落。主力合约则是指市场上买卖的人都很多，很容易买到或者卖出的合约，价格的波动也相对更合理。因为市场的参与者都在对该合约进行买进和卖出的操作，所以就使这一合约的成交量与持仓量相对于别的合约更大。因此，期货市场一般将成交量、持仓量最大的合约称为主力合约。不同的品种，对应的主力合约是不一样的。

主力合约最能代表当前市场预期，但随着交割期的临近，大量的投机资金会退出该合约并转移到另外一个合约，形成新的主力合约。这称为主力合约的移仓。

对于钢材期货而言，找出成交量和持仓量同时最大的合约，就可以判断出该合约就是当前市场的主力合约。2009 年 3 月 27 日以后，钢材期货的主力合约依次是螺纹钢期货 RB0909 合约，然后按顺序跳转至 RB0910、RB0911、RB0912、RB1001、RB1002 合约。从 RB1002 合约开始，钢材期货的主力合约直接跳转至 RB1005 合约，然后又从 RB1005 合约直接跳转至 RB1010 合约。再后来按顺序跳转至 RB1101、RB1105 以及 RB1110 合约。

以螺纹钢期货 RB1005 合约为例，从 2009 年 5 月 19 日合约上市运行到 2010 年 5 月 17 日合约结束，期间有 12 个月的时间，但是 RB1005 合约成为主力合约的时间只是在其成交量和持仓量同时为最大的时间段。

钢材期货上市以来，螺纹钢期货从首个合约 RB0909 开始一直保持平稳运行态势，并且其交易规模逐日壮大。当时的螺纹钢期货主力上市仅 4 个多月至 8 月 5 日，就以 229 万余手的成交量超过豆粕期货；2009 年 10 月份螺纹钢期货总成交金额首次超越铜期货，又坐上成交额“头把交椅”，其发展速度远远超出市场预期。伴随着螺纹钢期货的日益壮大，其资金主力也在各个合约之间按序平稳交替，然而就在 2009 年 11 月中旬，这一平稳过渡趋势首次被打破，螺纹钢期货 RB1005 合约持仓量一举超过螺纹钢期货 RB1003 合约，成为仅次于当时螺纹钢期货主力合约 RB1002 的第二大合约，随后资金“羊群效应”凸显，纷纷跟随之涌入到螺纹钢期货RB1005合约，这导致了在2009年11月底合约更替之际，主力资金跃过3、4月份两期合约，出乎意料地转移至螺纹钢期货RB1005合约之上（见图2－3）。

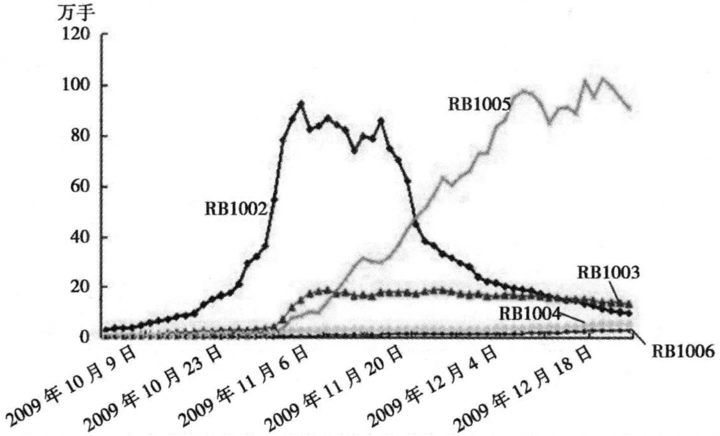

图2－3 2009年10月至12月螺纹钢期货合约持仓量

资料来源：申银万国期货研究所。

螺纹钢期货之所以钟爱5月合约和10月合约，主要可能有以下几点原因。

第一，建筑钢材的消费具有明显的季节性特征，冬季由于气候原因导致场外地面施工难度加大，使建筑钢材进入一个典型的消费淡季，而这个淡季持续时间一般是从年底开始至第二年春节后的一个月左右，在此期间，除了部分下游用户冬季储备的需要，建筑钢材的需求将会出现较大的萎缩。等到开春大地回暖之际，无论是下游房地产，或是基础设施建设，其施工环境都将达到一个最佳的状态，楼市素有“红五月”之说，此时建筑钢材的需求也会达到一个高峰，使得投资者对来年5月份的行情有较大的期待，也成为投资者炒作的一个非常好的题材，因此资金纷纷涌入到RB1005合约。

第二，除楼市的“红五月”之外，股市也有“红五月”之说。这样一个身居一年之中0.382黄金临界点的月份，通过对市场节奏、政策走向和资金欲望的隐秘操控，曾经一度成为资本市场值得再三玩味的传奇。从历史规律来看，自沪深股市1991年开市以来，过去19个5月份收出红盘的有11次，1998年之后“红五月”的概率近70%，且几乎所有5月前后行情都有重大改变，连2005年特殊的狂跌中“红五月”对市场也有一定支撑作用。这对当前金融属性日益凸显且与股市联动性日益增强的螺纹钢期货来说，5月份无疑成为一个绝佳的炒作时机。

第三，投资者关注螺纹钢期货RB1010合约的原因和关注RB1005合约的原因类似，一方面因为“金九银十”是钢材消费旺季，10月份合约也是一个很好的炒作题材；另一方面资金在螺纹钢期货RB1010合约上市仅半个月就大幅建仓，再显流动性过于宽松的格局。

第四，虽说“红五月”确有其事，但也有“金三月银四月”的说法，为什么主力合约偏偏就跳过3、4月份转移至5月份合约之上呢？这其中，资金提前布局也是一个比较重要的原因，合约间的跳跃是题材和资金合力共同作用的结果，光有题材而无资金配合则无法达成预期效果，螺纹钢主力如果提前在5月合约上进行布局，那么主力的“领头羊”效应将使得资金纷纷涌入5月合约。

七、螺纹钢期货合约尚未到期，为何会被强行平仓？

【案例2-7】

某个人投资者于2010年11月买入4000手螺纹钢期货RB1105合约并一直持有至2011年4月，2011年4月是RB1105合约交割月份的前一月，客户限仓为3000手，因此该客户在进入4月前需将手中的RB1105合约适当平仓，控制持仓数在3000手以内，否则将会面临强行平仓。同样，进入2011年5月交割月后，客户持仓限制变为600手，该投资者若想继续进行螺纹钢期货RB1105合约的投资交易或持仓，必须将其仓位平仓至600手以内。2011年5月15日为周日，因此最后交易日延后至16日，由于该客户属于个人投资者，最后交易日前第三个交易日也就是5月11日收盘前，其螺纹钢期货RB1105合约的所有持仓均应平仓了结。自5月12日起，交易所将对个人客户的交割月持仓进行强平。

强行平仓

强行平仓是指当会员、客户违规时，交易所对其有关持仓实行平仓的一种强制措施。

《上海期货交易所风险控制管理办法》第三十四条规定：当会员、客户出现下列情况之一时，交易所对其持仓实行强行平仓：

1. 会员结算准备金余额小于零，并未能在规定时限内补足的；
2. 持仓量超出其限仓规定的；
3. 相关品种持仓没有在规定时间内按要求调整为相应整倍数的；
4. 因违规受到交易所强行平仓处罚的；
5. 根据交易所的紧急措施应当予以强行平仓的；
6. 其他应当予以强行平仓的。

螺纹钢期货交易进入交割月起，对于个人投资者的持仓虽然没有限制，但由于个人投资者不能进行实物交割，为了避免个人投资者持仓造成交割风险，《上海期货交易所风险控制管理办法》规定期货合约最后交易日前第三个交易日收盘后，自然人客户该期货合约的持仓应当为0手。自最后交易日前第二个交易日起，对自然人客户的交割月份持仓直接由交易所强行平仓。以此提示个人投资者对交割月合约的平仓，达到控制风险，保证平稳交割的效果。

作为可以进行交割的企业投资者在交割月的持仓也会因为上海期货交易所针对螺纹钢期货合约不同时期的不同限仓比例和持仓限额的规定而有所限制。若企业没用利用套期保值头寸进行建仓，而只是通过普通开仓建立的头寸在临近交割月时也需要控制持仓数量，以避免被强行平仓的风险。同时，交割月前第一月的最后一个交易日收盘前螺纹钢及线材期货合约的投机持仓都应当调整为30手的整倍数（遇市场特殊情况无法按期调整的，可以顺延一天）。进入交割月后，螺纹钢、线材合约投机持仓应当是30手的整倍数，新开、平仓也应当是30手的整倍数。一旦持仓没有在规定时间内按要求调整为相应整倍数的，持仓量超出其限仓规定的将会被交易所执行强制平仓，造成损失。

《上海期货交易所风险控制管理办法》对于螺纹钢期货合约不同时期的不同的限仓比例和持仓限额的具体规定见表2－5。

表 2－5　　螺纹钢限仓比例和持仓限额规定　　单位：手

	合约挂牌至交割月前第二月的最后一个交易日				交割月前第一月			交割月份		
	某一期货合约持仓量	限仓比例（%）								
		期货公司会员	非期货公司会员	客户	期货公司会员	非期货公司会员	客户	期货公司会员	非期货公司会员	客户
螺纹钢	≥75 万	15	10	5	30000	9000	3000	6000	1800	600

资料来源：上海期货交易所。

八、螺纹钢期货交易与电子盘远期交易有何区别?

第一章中，通过期货市场发展的历史路径以及螺纹钢期货交易与电子盘远期市场的市场构成及监管、制度上不同的内容介绍，读者对于螺纹钢期货交易与电子盘远期交易应该已经有了大概了解。现在我们将从两个市场的交易着手，探讨螺纹钢期货交易与电子盘远期交易的区别。

我国是世界上最大的钢材生产国与消费国，年产量与消费量占全球总量的 1/3 以上。受国内外各种因素影响，钢材价格波动较大，钢铁企业迫切需要规避巨大的价格风险。在这种情况下，钢材电子市场纷纷推出了“准期货”钢材远期交易，并得到迅速发展。从 2003 年正式推出开始，钢材电子交易市场也经历了迅猛发展。这些市场除提供钢材现货交易平台之外，还开展了远期交易。

远期合约

远期合约是交易双方约定在未来特定时间以特定价格买卖特定数量和质量的资产的协议。远期合约是 20 世纪 80 年代初兴起的一种保值工具，它是一种交易双方约定在未来的某一确定时间，以确定的价格买卖一定数量的某种金融资产的合约。远期合约使资产的买卖双方能够消除未来资产交易的不确定性。合约中要规定交易的标的物、有效期和交割时的执行价格等多项内容。合约双方同意在未来日期按照固定价格交换金融资产的合约，承诺以当前约定的条件在未来进行交易。合约会指明买卖的商品或金融工具种类、价格及交割结算的日期。其合约条件是为买卖双方量身定制的，通过场外交易（OTC）达成。合约规定了将来交

换的资产、交换的日期、交换的价格和数量，合约条款因合约双方的需要不同而不同。如同即期交易一样，远期合约交易双方都存在风险。因此，远期合约通常不在交易所内交易。

期货交易相比远期电子盘交易在具体操作上存在哪些优势呢？通过对比上海期货交易所公布的螺纹钢期货标准合约和上海大宗电子交易中心的交易制度、结算制度和交收制度，总结二者的区别主要体现以下几个方面。

第一，从二者合约的表面条款分析。首先，每日价格最大波动限制不同。涨跌停板设置的目的是为了防止价格过度波动而给投资者带来风险。一般而言，标的物价格波动越频繁、越剧烈，涨跌停板应设置得大一些。从二者的对比来看，上海期货交易所在标准合约中对涨跌停板的规定是不超过上一交易日结算价的 ±5%，而大宗钢铁交易则为不超过上一交易日平均价 ±200 元/吨。从近年来我国螺纹钢价格的走势来看，波动比较剧烈，因此，选用百分比制度显得更灵活，每天的涨跌幅度随着前一日结算价的变动而变动。当价格处于相对高位时，涨跌的空间则相应扩大，而当价格处于低位时，涨跌的空间也相应缩小。同时，百分比制度使交易盘对现货价格的变动能作出更及时、有效的反应。而电子盘选择绝对变动价位，当价格处于高位时，对投资者的风险控制有利，但当价格处于低位时，则不利于投资者的风险管理。其次，交易手续费不同。期货合约是不高于成交金额的万分之二（含有风险准备金），而大宗钢铁交易手续费为 1 元/吨，若按目前螺纹钢和线材价格折算，大宗交易的手续费比较便宜。

第二，投资者结构不同以及由此导致的流动性也不同。首先，从投资者结构来讲，电子盘的参与者主要是钢材相关企业，包括生产商、贸易商、消费商等，必须是经工商行政管理部门登记注册的企业法人，而且必须交纳席位租金后才可以获得电子盘交易商资格。期货市场的参与者则没有太多局限性，不仅钢材相关企业可以参与，其他企业包括私募机构可以参与，而且自然人也可以成为钢材期货的交易者。任何人或者企业只要符合国家期货交易的相关主体资格规定，就可以参与到钢材期货交易中来，且不需要交纳席位租金，只需要在合法的期货公司开立期货交易账户即可。其次，由于投资者结构的不同，导致电子盘和期货市场在流动性上也存在很大的差异。电子盘由于只有现货企业参与，且都为区域性的，流动性较差，成交量普遍较低。期货市场为全国性市场，且有大量的投机者存在，为市场提供了充分的流动性，使企业更容易进行风险转移。最后，在法律监管方面，电子盘交易目前仅依靠商务部的《大宗商品中远期交易市场管理办法（草案）》为依据，缺乏细化规定及条例，因此难免存在监管的漏洞或由于制度执行不力而给企业带来损失的情况；而期货市场则是由国务院、证监会、交易所等层层监管，制度建设比较完善，企业不用担心违约等问题。

第三，风险控制制度不同，包括保证金制度、涨跌停板制度和持仓限制制度三个方面。首先，保证金制度方面。按照上海期货交易所的规定，螺纹钢和线材期货的最低交易保证金均为期货合约价值的7%，但是在合约上市运行的不同时期以及合约持仓量达到不同程度时均会有保证金的调整。大宗电子盘的保证金分为买方交易商分期付款和卖方交易商仓单担保金两种，其保证金水平各为订货金额的20%。从期货交易和电子盘的保证金水平来看，显然期货交易低于电子盘，这突出了期货市场的“以小博大”的杠杆作用，使投资者的资金占用量较小，从而提高了资金的使用效率。而且随着交易日期和持仓量的变化来调整保证金比例更有利于风险控制和保证履约。电子盘在保证金调整方面比较单一，只有在进入约定的交货月时保证金比例才会调整至40%，其他时间保证金都不进行调整。当然，这样对于投资者来说会比较简单，但是却忽略了市场情况的变化，不利于风险控制。其次，涨跌停板制度方面。钢材期货除了上述合约中规定的±5%外，在市场价格发生巨大波动（如连续3天、4天、5天单向变动累计超过7.5%、9%、10.5%时）或者出现连续的极端情况（如连续几个交易日的单方向涨停或跌停）时，交易所会调整涨跌停板幅度，以适应市场状况促进合约流动性。而电子盘的涨跌停板规定则比较简单且单一，缺乏调整，虽然比较简洁，但同样忽略了市场状况，不利于风险控制和市场的流动性。最后，持仓限制制度方面。电子盘市场中没有具体的持仓限制制度，因此很容易出现操纵市场的情况，也很容易出现因持仓过大而无法交割导致违约的情况。但是期货市场中有详细的持仓限制制度，对非交易会员、交易会员、普通投资者的持仓数量都作了明确的规定，这样就避免了操纵市场的可能以及违约情况的发生，确保了交易和交割的安全。

第四，二者的交割制度不同，包括交割商品的等级、交割单位和交割监管制度三个方面。首先，在交割商品的等级上，钢材期货的交割标准品等级较高且规格多样，符合我国产业发展趋势，且可以满足不同企业的需求，而大宗电子盘中螺纹钢的交割品级低且规格单一。其次，期货市场中交割单位为300吨及其整数倍，交割单位以普通涉钢企业的套保规模及数量为基础，从合理利用仓储场地、方便铁路运输、发挥期货市场功能等方面考虑，交割单位设置较大。电子盘市场中交割单位仅为10吨，数量很低，适合小型贸易商操作。再次，电子盘的交割中由于制度监管的不完善，经常会出现交割产品质量无法保证，规格难以统一，且由于采用理重交割，甚至经常出现溢短量严重等问题。为避免交割商品的质量、溢短等问题，上海期货交易所对螺纹钢期货的交割商品进行了严格的规定。对每一个交割仓单的螺纹钢，交易所规定必须是同一生产企业生产、同一牌号、同一注册商标、同一公称直径的，还要求必须是同一长度的商品（用于实物交割的螺纹钢长度为9米或12米定尺），且生产日期不超过连续两日并以最早日期作为该仓单的生产日期。而且，期货市场中螺纹钢交割都采用实重交割，每一仓单的实物溢短不超过3%，磅差不超过0.3%，这就避免了交割过程中出现的溢短量过大而导致交割方损失严重的问题。对于交割商品的有效期，交易所也作了严格的规定，即在库交割的有效期为生产日起的90日内，自生产日起到30天内进入交割仓库方可制作仓单，这就避免了交货方用快要到期的货物进行交割给收货方带来损失的情况。钢材现货市场交易中常常出现通过负公差赚取利润的不规范贸易操作，期货交割的这种实重交割大大降低了现货市场贸易中出现的“超负公差”问题，避免了交割过程中出现的溢短量过大而导致交割方损失严重的问题。

自　测　题

一、选择题（不定项）

1. 螺纹钢期货一手是(　　)。

A. 5吨　　B. 10吨

C. 30吨　　D. 60吨

2. 线材期货最小交割单位是( )。

A. 50 吨　　B. 100 吨

C. 300 吨　　D. 600 吨

3. 螺纹钢期货和线材期货的最小价格变动单位是( )。

A. 1 元/吨　　B. 2 元/吨

C. 3 元/吨　　D. 4 元/吨

4. 下列对交易所规定的最低交易保证金描述正确的是( )。

A. 从进入交割月前第三月的第一个交易日起，持仓量小于 75 万手时，保证金比例为 7%

B. 从进入交割月前第三月的第一个交易日起，持仓量大于 75 万手小于 95 万手时，保证金比例为 8%

C. 从进入交割月前第三月的第一个交易日起，持仓量大于 95 万手小于 105 万手时，保证金比例为 9%

D. 从进入交割月前第三月的第一个交易日起，持仓量大于 105 万手时，保证金比例为 12%

5. 螺纹钢的交割日期是( )。

A. 交割月的第十个交易日　　B. 交割月的第十五日

C. 交割月的第十五个交易日　　D. 交割月的第三个星期五

6. 在正常情况下，线材期货的每日价格最大波动限制为( )。

A. 3%　　B. 4%

C. 5%　　D. 6%

7. 交易所规定螺纹钢期货的最低交易保证金是合约价值的( )。

A. 4%　　B. 5%

C. 6%　　D. 7%

8. 螺纹钢交割中，每一仓单允许的实物溢短不得超过( )。

A. 1%　　B. 3%

C. 4%　　D. 5%

9. 螺纹钢交割中，每一仓单的磅差不超过( )。

A. ±0.1%　　B. ±0.2%

C. ±0.3%　　D. ±0.4%

10. 可用于交割的螺纹钢标准品直径可以是(　　)。

A. 18 毫米　　B. 20 毫米

C. 22 毫米　　D. 25 毫米

二、判断题

1. 所有的钢材品种都可以成为钢材期货合约交易的标的物。(　　)

2. 我国的钢材期货合约主要包括螺纹钢期货和线材期货。(　　)

3. 螺纹钢期货的主要交易合约一般是 5 月合约和 9 月合约。(　　)

4. 钢材期货标准合约的每日价格最大波动限制为上一交易日收盘价的 ±5%。(　　)

5. 钢材期货的交割日期是最后交易日后的连续五个工作日。(　　)

6. 螺纹钢期货交割品级的标准品的牌号是 HRB400，替代品是 HRB335。(　　)

7. 主力合约是指成交量和持仓量同时达到最大的合约。(　　)

8. 期货交易所规定钢材期货的交易所手续费不高于成交金额的万分之三（含风险准备金）。(　　)

9. 当螺纹钢期货合约连续两个交易日出现单边市时，期货合约的交易保证金比例调整为 13%。(　　)

10. 强行平仓是指当会员、客户违规时，交易所对其有关持仓实行平仓的一种强制措施。(　　)

参考答案

一、选择题（不定项）

1. B　2. C　3. A　4. AD　5. C

6. C　7. D　8. B　9. C　10. ABCD

二、判断题

1. ×　2. √　3. ×　4. ×　5. √

6. √　7. √　8. ×　9. ×　10. √

第三章 钢材期货投资主要关注因素——上游生产

【本章要点】

饮水思源，期货投资也是一样。掌握钢材期货的价格变动节奏及现货产业链的知识是必不可少的。本章从钢材漫长复杂的产业链中选取上游生产的部分，从生产成本的角度切入分析，向投资者讲述螺纹钢期货与不同生产要素之间的故事。

一、影响螺纹钢生产成本的要素有哪些？

众所周知，任何一个商品的价格都与其生产成本密切相关：如果生产成本上升，那么商品的价格很难下降；反之，如果生产成本下降，商品价格的支撑力度就会减小。因此，若想分析螺纹钢现货价格，特别是更为复杂的螺纹钢期货价格，首先就需要了解螺纹钢生产成本的影响要素。而了解影响要素的最直观的方法便是从螺纹钢的生产流程入手，层层剖析。

图 3－1 是一张钢铁生产工艺流程图。

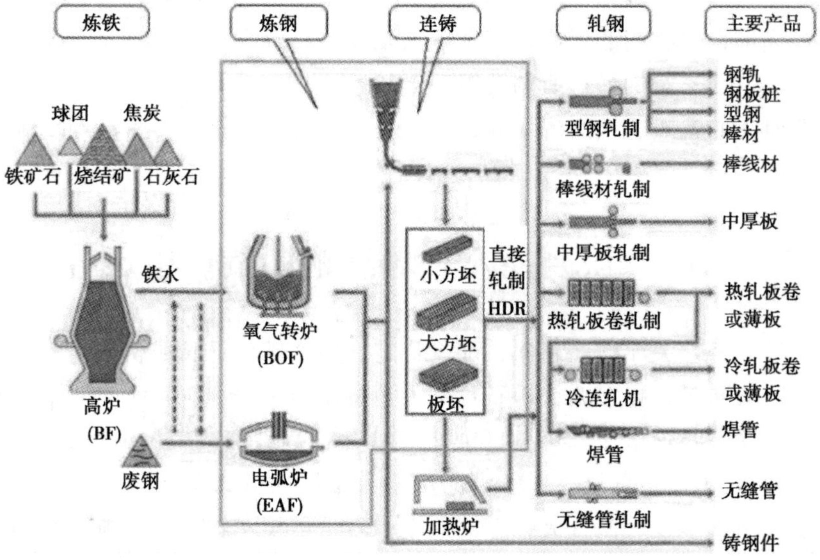

图 3－1　钢铁生产工艺流程图

资料来源：上海期货交易所、申银万国期货研究所。

从图 3－1 中，我们可以明显看出，要想生产出螺纹钢并非易事。首先，生产源头——铁矿石需要大量进口，其中绝大多数都要漂洋过海才能到达中国的土地；其次，只有铁矿石还无法冶炼成生铁，还需要消耗大量的焦炭；最后，并不是所有的粗钢都会制造成螺纹钢，螺纹钢必须与它的兄弟同胞们一起竞争共同的原料。

量化此种关系，我们参照 2008 年中国钢铁行业的平均铁钢比（0.96）和废钢单耗（0.15 吨）作为测算依据①，可以得到：

生铁每吨制造成本 =（1.6 × 铁矿石 + 0.45 × 焦炭）/0.9

粗钢每吨制造成本 =（0.96 × 生铁 + 0.15 × 废钢）/0.82

① 不同的生产工艺和规模，系数可能发生一定的改变。

螺纹钢生产成本的主要影响要素可以简述为：铁矿石、国际航运、生铁、焦炭（期货）、粗钢、废钢以及板材和其他钢材等。但是，这些要素对螺纹钢的作用不仅是通过价格变化的渠道，而是从时间、产量、价格等多个角度对螺纹钢现货价格及螺纹钢期货价格产生复杂的影响。此外，除了简单的原料成本，螺纹钢的生产还应考虑人工成本、资金成本，甚至是龙头企业的行为以及国家对钢铁行业的政策等。

下面我们就顺着生产流水线，一步一步探寻螺纹钢期货价格与以上要素之间的关系。

二、铁矿石谈判能左右螺纹钢期货价格走势吗？

如果你经常关注财经新闻，那么肯定会知道铁矿石长协价格上涨、三大铁矿石巨头同时大幅上调铁矿石价格等消息。据不完全统计，作为钢材的主要原料，铁矿石价格在2005～2008年的4年间累计涨幅超过400%，即使是在遇到2008年金融危机，大宗商品价格大幅回落的情况下，铁矿石的价格也并没有回落多少。而且大幅上涨的铁矿石价格实实在在地影响了国内几乎所有钢厂的生产成本，进而影响了包括螺纹钢在内的所有钢铁的价格。表3－1是2005～2009年铁矿石涨价情况一览表。

表3－1　2005～2009年铁矿石涨价情况一览表

年份	达成协议的时间	谈判双方		铁矿石涨幅	
		购买方	供应方	粉矿	块矿
2009	2009年8月	中钢协	FMG	－35.02%	－50.42%
2009	2009年5月	日新铁	力拓	－33.00%	－44.00%
2008	2008年1月	宝钢	力拓	79.88%	96.50%
	2007年3月	日本日新铁	巴西淡水河谷	65.00%	71.00%
	2007年3月	韩国浦项			
2007	2006年12月	宝钢	淡水河谷	9.50%	9.50%
2006	2006年6月	宝钢	必和必拓	19.00%	19.00%
2005	2005年2月	日本日新铁	力拓	71.50%	71.50%

资料来源：申银万国期货研究所。

为什么钢铁企业如此关注铁矿石的价格呢？首先，铁矿石是钢材生产的源头，占到钢铁成品成本的三成多；其次，与生铁费、钢坯费、轧钢费和副产品回收及维修费不同，作为价格变动影响最为显著和钢厂最不宜控制的生产成本，铁矿石价格对钢铁的影响是直接的，且无法通过生产工艺大幅降低铁矿石用量。铁矿石价格以及供应量的变化会随着生产线层层传导下来，影响整个钢铁行业。因此，可以毫不夸张地说，掌握了铁矿石资源，几乎等于是掌握了中国钢铁行业的命脉。

那么铁矿石价格又是如何确定的呢？

由于中国钢铁产能快速增加，而国内铁矿石在质和量上无法满足需求，中国每年需大量进口铁矿石。我们称与国外生产企业的谈判为铁矿石谈判，与几大钢铁巨头共同敲定的合约价格为长协价格。

2010年铁矿石谈判中，淡水河谷、力拓和必和必拓三大矿商联手终结了此前已执行了40年的铁矿石长协定价机制，转向更短期的与现货市场挂钩的季度定价机制（矿业巨头必和必拓2010年3月30日宣布，其已与大量亚洲客户达成铁矿石协议，以更换为短期的价格协议取代往年的年度价格合同。同日，淡水河谷相关负责人表示，旧的长协机制已经崩溃，淡水河谷将采取季度定价模式）。目前，国际上比较有影响力的铁矿石指数有三种，分别是普氏能源资讯（Platts）的普氏指数、环球钢讯的TSI指数以及金属导报的MBIO指数。季度定价要求以现货市场实时变化的矿价为参照，每三个月确定一次平均价格，在钢厂与矿山间进行结算。季度价格的参照标的已经暂定为折算成品位62%的青岛港铁矿石现货到岸价，也就是以此为基准的普氏指数。

铁矿石谈判机制

1. 铁矿石历年谈判时间

按照惯例，一年一度的铁矿石谈判会在每年11月开始，商议下一年度铁矿石长期协议价，结算日期是下一年度的4月1日（目前，中钢协单尚华称，准备向三大矿山提出下一年度铁矿石结算日期从2009年1月1日开始，改变过去从4月1日开始的做法）。2004年起，宝钢作为中国钢铁业的代表，开始参与亚洲铁矿石价格谈

判。目前的谈判是三对三格局，供方有澳大利亚的必和必拓公司（BHP）、力拓公司和巴西的淡水河谷公司（CVRD），需方有中国宝钢、新日本制铁和安塞洛米塔尔。

2. 铁矿石谈判机制

传统的铁矿石长期年度合同谈判定价机制已运行 28 年，包括“三对三”格局、“首发跟风”模式、“长期协议、离岸、同涨幅”原则。2008 年，两拓没有跟随淡水河谷的“首发价”，而是利用自身的垄断，迫使宝钢签下“城下之盟”，以特殊的“中国价格”结束谈判。此后，淡水河谷也一直向中方索要“海运补偿费”。在三大铁矿贸易商的强势之下，铁矿石谈判机制早已名存实亡。

3. 定价机制

巴西的淡水河谷、澳大利亚的必和必拓和力拓三大矿山公司对于谈判定价机制已产生明显分歧。淡水河谷为固守中国市场份额，仍坚持长期协议定价模式，并要求“欧亚价格一致”，而必和必拓加紧与中国公司商洽定价指数化机制，力拓则一直倡导在现货市场上销售。但是，对于必和必拓在全球推广的铁矿石指数化定价机制，中国并不愿意接受。

从铁矿石生产情况分析：世界铁矿石供给厂商相对集中，前三家铁矿石供应商必和必拓、淡水河谷、力拓矿业占到市场总额的 70%。卖方具有较大的垄断优势，故其议价能力非常强。同时，我国的铁矿石产量近年来不断增长，2008 年我国铁矿石原矿产量达到 7.8 亿吨，同比增长 12%，这其中并没有包括一些小矿山的产量。但是我国铁矿资源不足且分布不均，已探明铁矿储量中，可利用量有限且品位低、开采条件差。因此，我国钢铁工业的发展对铁矿石进口的依赖程度很大，而且依赖程度正逐年加深。

从铁矿石消费情况分析：我国是钢铁生产大国，也是铁矿石消费大国。被称为“全球吸铁石”的中国，目前是世界铁矿石市场最大买主。2000 年以来，随着经济高速发展，我国对于铁矿石的需求大幅增加，国内产量无法满足需求，钢铁企业需要大量进口铁矿石，因此我国进口铁矿石的数量连年递增，进口量占需求量的比重亦逐步提高。1999 年，进口铁矿石占总量需求的 28% 左右；2008 年，我国进口铁矿石达到 4.4 亿吨，同比增长 15.8%，占比总需求量达到 58.9%，我国已成为世界上最大的铁矿石进口国。海关总署公布，2010 年 12 月我国铁矿石进口同比下降 6.6% 至 5808 万吨，全年为 6.2 亿吨，同比上年微降 600 万吨，下降幅度为 1.4%。图 3－2 是

2006～2010年国内进口铁矿石数量。

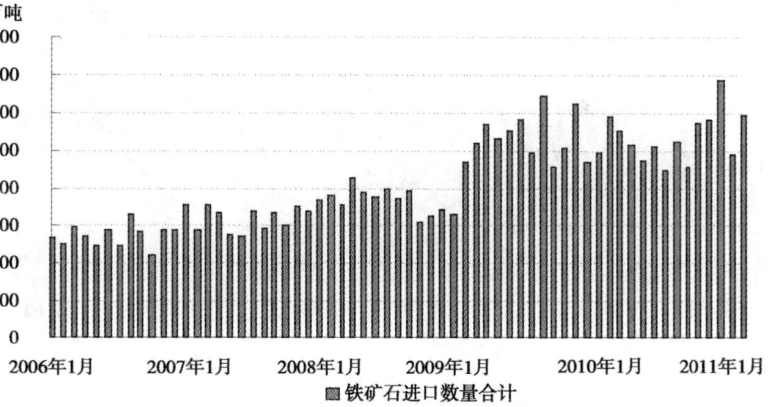

图 3－2　2006～2010 年国内进口铁矿石数量

数据来源：WIND 资讯、申银万国期货研究所。

中国铁矿石的采购来自 18 个国家，其中 80% 以上来自澳大利亚、印度和巴西。由于我国铁矿石的对外依存度非常高，这就导致了国外铁矿石巨头利用垄断资源提高价格迫使我国进口铁矿石价格大幅上扬。近些年，我国对澳、巴两国的矿石进口比重有所减少，而从印度进口矿石的比重有所增加。根据 2010 年至 2011 年 3 月的统计数据，我国进口铁矿石澳大利亚占比约 42%、巴西占比约 21%，印度占比约 15%，南非占比约 5%，其他地区占比约 17%。

国内品级偏低，先天不足，国外巨头垄断，后天制约，导致我国铁矿石进口价格一年高过一年。2003 年之前，我国进口铁矿石均价基本维持在 30 美元/吨左右。此后，随着需求的快速增长，价格也急速上升。2004 年我国铁矿石进口均价基本达到了 60 美元/吨，同比翻了 1 倍。2005 年铁矿石长期协议价上涨了 71.5%，2006 年、2007 年度上涨幅度有所减小，分别达到 19% 和 9.5%。2007 年我国进口铁矿石均价约为 88 美元/吨。2008 年铁矿石谈判价格大幅上涨了 65%，当年我国进口铁矿石平均到岸价在 8 月份时最高曾达到 154 美元/吨，第四季度价格有所回落，2008 年底时进口均价约为 90 美元/吨。图 3－3 是 2006～2010 年我国主要铁矿石占比。图 3－4 是 2001～2009 年我国主要进口铁矿石价格。

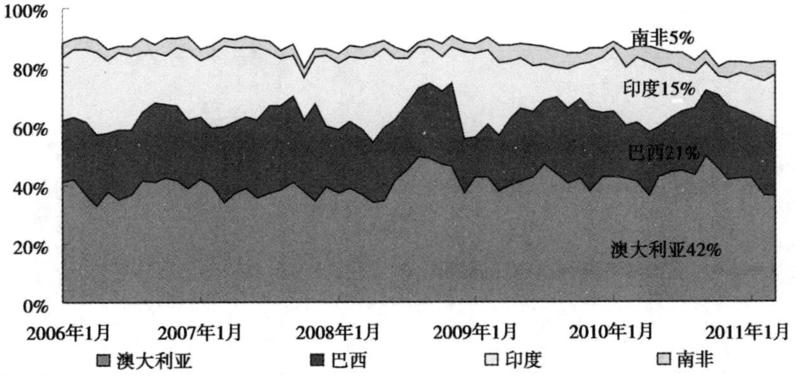

图 3－3　2006～2010 年我国主要进口铁矿石占比

数据来源：WIND 资讯、申银万国期货研究所。

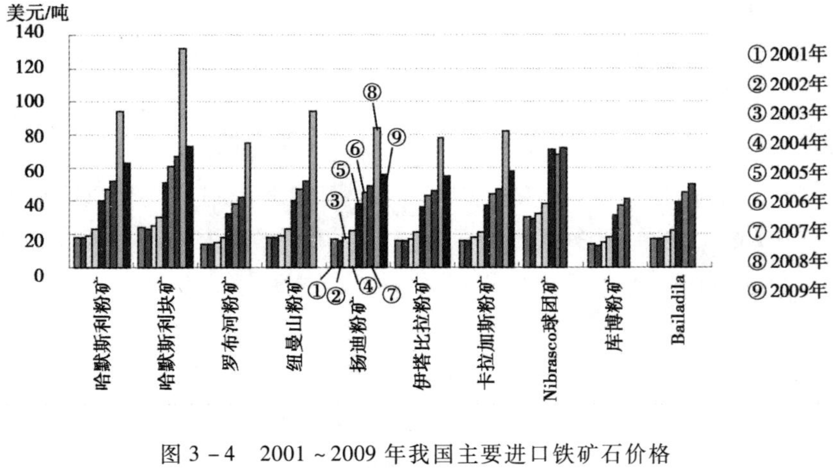

图 3－4　2001～2009 年我国主要进口铁矿石价格

数据来源：WIND 资讯、申银万国期货研究所。

注：其中，哈默斯利粉矿、哈默斯利块矿、罗布河粉矿属于澳大利亚力拓；
纽曼山粉矿、扬迪粉矿属于澳大利亚必和必拓；
伊塔比拉粉矿、卡拉加斯粉矿、Nibrasco 球团矿属于巴西淡水河谷；
库博粉矿属于库博；Bailadila 属于 NMDC。

进口铁矿石价格的高速上涨，也直接影响了国内铁矿石价格。随着国际进口铁矿石价格不断上扬，国内市场铁矿石报价也在不断上涨。2006 年年中时河北唐山地区铁矿石报价为 600 元/吨左右，2006 年年底上扬至

710 元/吨,2007 年年底上扬至 1320 元/吨，几乎翻倍。2008 年 5 月初时价格曾一度触及 1610 元/吨的高位。在此之后，国内铁矿石价格由于受需求疲弱和供应过剩的压力而开始逐渐回落。2008 年年底，国内唐山铁矿石价格已回落至 870 元/吨。但从 2009 年年初开始，国内铁矿石价格再度走高，截至 2011 年 5 月国内铁矿石价格已上涨至 1200 元/吨以上。图 3 - 5 是 2006 ~ 2011年国内主要地区铁矿石价格走势。

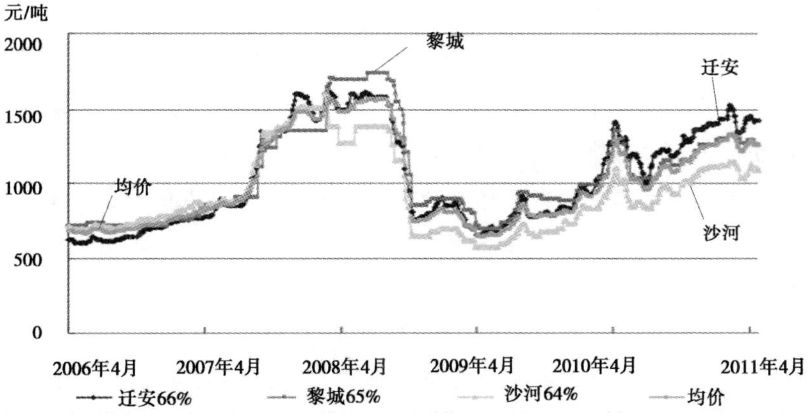

图 3 - 5　2006 ~ 2011 年国内主要地区铁矿石价格走势

数据来源：WIND 资讯、申银万国期货研究所。

在过去的几年中，国内经济大发展，铁矿石需求大增，国外垄断企业借机提价，国内矿商跟风，直接推动了所有钢材的生产成本的上涨。作为钢铁的主要原料，铁矿石价格的涨幅几乎年年在 50% 以上。所以每到铁矿石谈判时，钢材价格（螺纹钢期货价格）也会伺机而动。

延伸阅读：铁矿石三巨头

1. 必和必拓

必和必拓由两家巨型矿业公司合并而成，现在已经是全球最大的采矿业公司。其中，BHP 公司成立于 1885 年，总部设在墨尔本，是澳大利亚历史最悠久、规模最庞大的公司之一。比利登是国际采矿业的先驱，曾经以不断创新和集约式运营方式而闻名。2001 年，两家公司合并组成 BHP Billiton 矿业集团，BHP 持股 58%，比利登持股 42%。该公司在全球 20 个国家开展业务，合作伙伴超过 90 个，员工约 3.5 万人，遍及世界各地。其主要产品有铁矿石、煤、铜、铝、镍、石油、液化天然气、镁、钻石等。2003 至 2004 财年，该公司实现净收入 340.87 亿澳元，名列澳大利亚十大企业名单之首。2004 年 8 月 26 日，该公司宣布其市值达 583 亿美元。必和必拓在澳大利亚、伦敦和纽约的股票交易所上市，是世界上最大的综合资源公司。必和必拓公司的全球总部设在墨尔本，在伦敦设有高级代表处。此外，在约翰内斯堡和休斯敦均设有商务中心，还有遍及全球的下辖办事处。

2. 力拓

力拓矿业公司成立于 1873 年的西班牙，Rio Tinto 是西班牙文，意为黄色的河流。1954 年，公司出售了大部分西班牙业务。1962 至 1997 年，该公司兼并了数家全球有影响力的矿业公司，并在 2000 年成功收购了澳大利亚北方矿业公司，成为在勘探、开采和加工矿产资源方面的全球佼佼者。

目前，该公司总部在英国，澳大利亚分公司的总部设于墨尔本，名列 2003 至 2004 年澳大利亚十大企业第九位。2004 年，力拓矿业将部分非核心资产剥离出公司主体，最终实现纯利润增长 86%，实现销售额 28 亿美元。在力拓公司业务中，澳大利亚业务占 45%，北美业务占 40%，南美业务占 5%。该公司的销售收入来源情况为：北美占 28%，欧洲占 23%，日本占 22%，澳大利亚和新西兰占 4%，中国占 5%，其他亚洲国家为 14%。该公司控股的哈默斯利铁矿有限公司是澳大利亚第二大铁矿石生产公司，在西澳皮尔巴拉地区有五座生产矿山（即汤姆普赖斯铁矿、帕拉布杜铁矿、恰那铁矿、马兰杜铁矿和布诺克曼第二矿区），探明铁矿石储量约为 21 亿吨，公司铁矿年生产能力为 5500 万吨。预计在建扬迪采矿工程完工后，该公司铁矿年生产能力将达到 6500 万吨以上。集团旗下的罗布河公司、加拿大 IOC 公司都是主要的铁矿石供应商。力拓矿业公司还涉及铜、铝、能源、钻石、黄金、工业矿物等业务。

3. 巴西淡水河谷

巴西 CVRD 集团是世界第一大矿石生产和出口公司，成立于 1942 年 6 月 1 日，是世界第二大锰和铁合金生产商，占有 11% 的国际市场。

CVRD集团同时也是美洲大陆最大的采矿业公司，被誉为巴西“皇冠上的宝石”和“亚马逊地区的引擎”。公司除经营铁矿砂外，还经营锰矿砂、铝矿、金矿等矿产品及纸浆、港口、铁路和能源。该公司于1997年5月7日开始推行私有化并大举兼并铁矿砂企业。2000年初，淡水河谷不仅收购了SOCOIMEX公司，还收购了萨米特里矿业的全部股份。

现在，淡水河谷铁矿石产量占巴西全国总产量的80%。其铁矿资源集中在“铁四角”地区和巴西北部的巴拉州，拥有挺博佩贝铁矿、卡潘尼马铁矿、卡拉加斯铁矿等，保有铁矿储量约40亿吨，主要矿产可维持开采近400年。

三、国际航运指数为何能对螺纹钢期货价格构成影响?

前一部分讲述了世界范围铁矿石的一些基本信息，从这些信息我们可以看出由于澳洲、巴西和印度的地理位置，国际铁矿石贸易量90%以上都要通过海运来完成。就我国而言，虽然海运费不决定铁矿石的离岸价，但对于铁矿石的到岸价却有着重大影响，尤其对于巴西矿（铁矿石三巨头中的淡水河谷公司控制的巴西铁矿石），其运费往往占到岸价的很大比重。同时，海运费与铁矿石的运量也有着直接的联系，当铁矿石需求量大的时候，运力紧张使得海运费暴涨；当铁矿石需求疲软时，运量下跌又会导致海运费暴跌。因此，通过海运费的变化便可以直观地看出铁矿石的需求情况的转变。

衡量海运费的核心指标是BDI。BDI是国际波罗的海综合运费指数的简称，是由若干条传统的干散货船航线的运价，按照各自在航运市场上的重要程度和所占比重构成的综合性指数，被公认为国际干散货市场的晴雨表。

国际波罗的海综合运费指数（BDI）的组成①

1. 灵便型（Handysize），指载重 2 万～4 万吨的干散货船，波罗的海运价指数为：BHI 或者 BHSI。

2. 超灵便型（Supersize 或 Handymax），指载重 4 万～5 万吨的干散货船，波罗的海运价指数为：BSI。

3. 巴拿马型（Panamax），指载重 7 万～9 万吨的干散货船，波罗的海运价指数为：BPI。

4. 好望角型（也叫海岬型）（Capesize），10 万载重吨以上的可以统称为好望角型干散货船，波罗的海运价指数为：BCI。

BDI 是波罗的海干散货运价指数，是以上四者的加权平均指数。

BCI 指数与铁矿石的关系最为密切。BCI 也分成十多条航线，每条航线的权重也各不相同，最主要的两条与中国相关且与铁矿石相关的是 BCI－C3 和 BCI－C5（见图 3－6）。

图 3－6　BCI－C3 和 BCI－C5 航运价格走势图

数据来源：WIND 资讯、申银万国期货研究所。

程租航线 3（BCI－C3），图巴朗/北仑＋宝山 15 万吨（10% 误差）铁矿石，不包括装卸费，18 米吃水，装率视港口条件，卸率 3 万吨/晴天工作日，抵装港后 6 小时内起算，抵卸各卸港后 24 小时内起算。宣载时间在指

① 1985 年 1 月 4 日波罗的海交易所推出了波罗的海运价指数（Baltic Freight Index，简称 BFI）。1999 年，国际波罗的海综合运费指数（BDI）取代了 BFI，成为代表国际干散货运输市场走势的晴雨表。2005 年前，BDI 为 BCI、BPI、BHMI 三类的综合指数，权重各占 1/3。

数制作日后20天内，销约时间在指数制作日后35天内，船龄最大18年。运价按每公吨起算，3.75%佣金的成交为基础的换算水平，权重10%。

程租航线5（BCI－C5），澳西/北仑/宝山15万吨（10%误差）铁矿石，不包括装卸费，18米吃水，装率按港口规定，卸率3万吨/晴天工作日。装卸时间从抵装港后6小时内起算，抵卸各卸港后24小时内起算。宣载时间在指数制作日后20天内，销约时间在指数制作日后35天内，船龄最大18年。运价按每公吨起算，3.75%佣金的成交统计，权重15%。

此外，BDI不仅仅是一种即时性的综合指数，它在某种程度上还可以被看作为国际贸易的领先指标，对大宗商品价格的走势具有一定的指导作用。

那么螺纹钢期货价格和BDI，特别是与BCI的长期关系是怎么样的呢？我们可以用图3－7来做一个直观的表述。

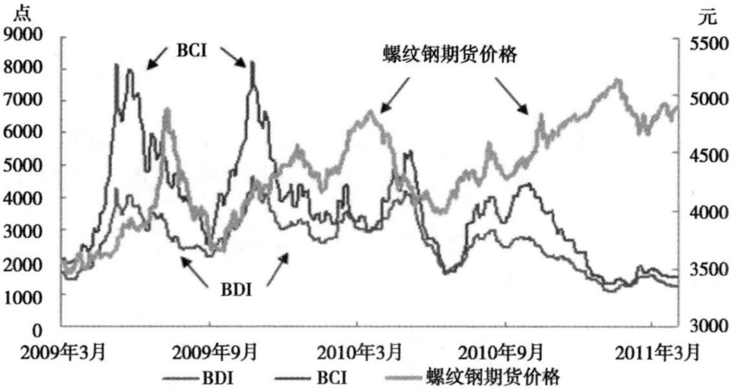

图3－7 BDI、BCI及螺纹钢期货价格走势图

数据来源：WIND资讯、申银万国期货研究所。

可以看到，BDI指数、BCI指数同螺纹钢期货的价格绝大多数时间呈现负相关关系。当指数出现趋势性上涨或趋势性下降时，螺纹钢期货的价格会出现反向运动。但是如果航运指数处于平稳波动期，螺纹钢期货的价格与指数的关系则相对较弱。

同时，由于相互作用，BDI也与铁矿石的运输呈现一定的相关性，如2011年1月澳洲发生特大洪水，导致煤炭、铁矿石等大宗物资运输放缓，BDI和BCI指数就遭受重创。

另外，BDI作为经济的晴雨表，BDI在2008年5月先于金融危机出现了大幅单边下跌。同样，也先于2009年3月的经济逐步回暖，在1月底出现小幅反弹。BDI领先于经济的现象也间接提供了市场的供需信息，影响了企业的生产活动。从宏观角度看，我国作为外需型经济，可以及时修正出口战略；从微观角度来看，钢材企业可以适时调整经营策略。

图3－8是BDI和商品价格指数价格CRB走势对比图。

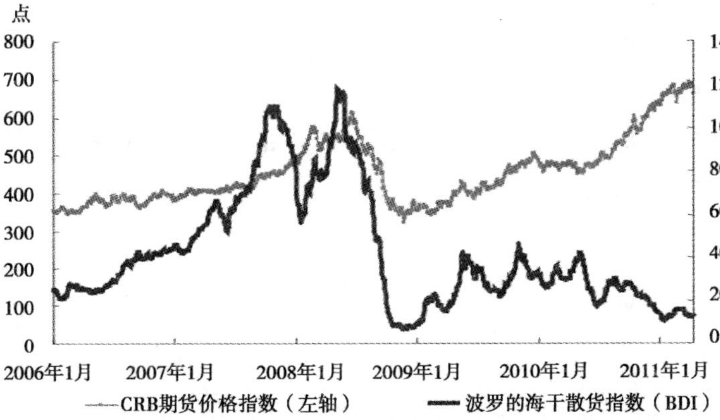

图3－8　BDI和商品价格指数价格CRB走势对比图

数据来源：WIND资讯、申银万国期货研究所。

延伸阅读：油轮双壳化

20万吨以上超大型散货船VLOC（Very Large Ore Carrier）仅用于煤炭和铁矿石的远距离运输。运输煤炭主要为北美、澳大利亚、远东航线服务；运输铁矿石主要为南美、澳大利亚至日本、中国及远东、地中海和欧洲地区服务。由于油轮双壳化的趋势，很多VLCC（Very Large Crude Oil Carrier）改造成VLOC运输铁矿石。这也是导致BCI价格长期低位运行的主要原因之一。

四、焦炭（期货）与螺纹钢期货价格之间是否相互作用？

焦炭是钢铁冶炼中的重要原材料。当焦炭价格通过产业结构逐步传导至最后成品时，基本占据螺纹钢成本的四分之一左右，它对螺纹钢价格有一定影响，但其价格波动却并不像铁矿石那样剧烈。2011 年 4 月 15 日焦炭期货推出后，我们可以看见，即使是焦炭期货，其波动率也是非常低的，甚至一天之内价格的波动幅度不足 20 元/吨。虽然焦炭占钢材生产成本的份额很大，但因为焦炭价格本身的波动率不大，所以其对包括螺纹钢期货在内的钢材价格影响偏小。反之，则不然，钢材价格对焦炭价格有较为明显的引导作用（见图3－9）。

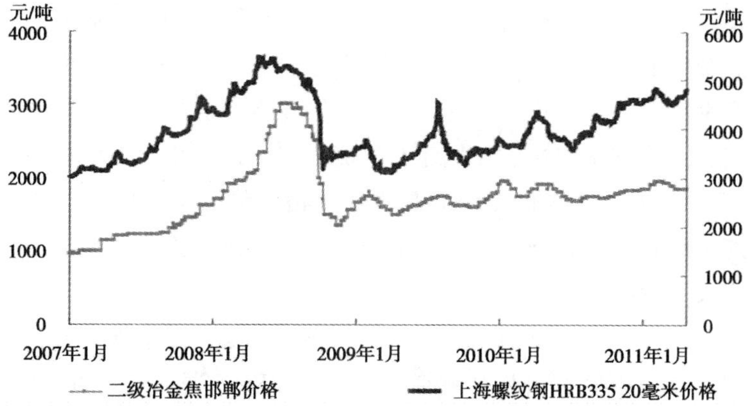

图 3－9　二级冶金焦和上海螺纹钢现货价格走势对比图

数据来源：WIND 资讯、申银万国期货研究所。

从焦炭与钢材的关系来看，钢材是焦炭主要的下游行业，钢材价格变动直接影响焦炭的价格走势。图 3－9 中数据对比表明，钢材价格与焦炭价格周期波动存在不同步性，钢价对焦炭价格具有牵引作用。在钢价上涨阶段，钢铁业的景气足以承受较高的焦炭成本压力，焦炭价格表现为跟涨；在钢价下跌阶段，钢铁业盈利能力弱化，钢厂可能采取限产、重新议定焦炭价格或延迟付款等措施，焦炭价格表现为跟跌。

另外，从钢铁工业焦炭消耗的趋势来看，随着企业炼铁技术的提高，焦炭占钢材成本比例（焦比）逐步下降。单位钢材生产对焦炭的需求呈现下降趋势，2007 年大中型钢铁企业炼铁平均焦比为 392 公斤/吨铁，比 2006 年降低 4 公斤/吨铁。到了 2009 年，我国大中型钢铁企业炼铁平均焦比为 373 公斤/吨铁，比 6 年前降低了 52 公斤/吨铁，相当于每年减少焦炭消费量 2600 多万吨。宝钢、武钢的炼铁焦比分别为 291 公斤/吨铁、317 公斤/吨铁，比大中型企业平均焦比低 60 公斤/吨铁左右。这意味着大中型炼铁企业降低焦比还有一定空间；中小型炼铁企业焦比在 500 多公斤/吨铁左右。由于当前钢铁产能严重过剩，一批小高炉被关停，将减少一部分对焦炭的需求。今后几年，如重点企业炼铁焦比降低 40 公斤/吨铁，中小炼铁企业焦比降低 80 公斤/吨铁，则每年可减少焦炭消费量 2300 万吨左右。

与需求下降相反的是，当前我国焦炭产能依然在不断扩大中。2008 年全国新建投产焦炉产能已超过 3000 万吨，而且还有约 700 万吨左右产能的焦炉已经建成或已烘炉，只是限于市场下降而暂缓了投产。2009 至 2010 年，大中型钢铁企业加快焦炉配套，煤炭集团焦炭产能的扩张以及独立焦化企业的继续做大等，预期在建和拟建有可能投产的机械化大中型焦炉产能仍高达 5000 万吨左右。焦炭供需矛盾是决定价格走势的根本因素，特别是在供过于求的不利条件下，钢材价格的下降必将引起焦炭价格走低，从而使得大量中小焦炭企业减产、停产，行业的产能利用率进一步下降。

一般情况下，作为钢材的另一个上游原料，焦炭不同于铁矿石，其价格的涨跌，相对滞后于钢材价格的涨跌（通过对部分历史价格进行分析，可以得出结论，即无论在上涨阶段还是下跌阶段，焦炭价格的波动一般滞后钢材半个月至一个月）。

螺纹钢价格对焦炭价格具有指导和牵引的作用，其原因在于：第一，焦炭产量的 90% 用于高炉冶炼，因此，消费用途上的唯一性使得焦炭价格完全受制于钢铁行业的景气程度。第二，焦炭的流通模式使得焦炭价格的波动缺乏主动性。一方面，钢铁企业的焦炭自给率较高。2009 年国内焦炭全年产量为 3.53 亿吨，据估算，其中独立焦化厂共生产焦炭 2.2 亿吨，钢铁企业自产焦炭 1.33 亿吨左右。焦炭的商品化率达到 69%，31% 的焦炭是钢铁企业内部消化，这部分焦炭价格不具备市场性。另一方面，焦炭现货贸易模式使得钢铁企业更具主动权。对于焦炭现货市场来说，点对点直销是最主要的贸易模式，通常买卖双方可以就品质进行协商，交收场所大多是钢铁厂或焦化厂，中间贸易环节较少。在这种贸易模式中，钢厂的强势地位使得69%进入市场化流通的焦炭也大多受制于钢厂的定价。第三，价格传导机制使得焦炭价格波动滞后。钢价的涨跌影响到钢厂的利润空间，利润空间的大小决定了钢厂对于焦炭等原料的需求情况，进而左右了焦炭价格。

通过以上分析，我们可以认为如果投资者错过了买螺纹钢期货的机会，也可以经过一定分析，选择在焦炭期货上进行操作，同时也可以进行螺纹钢期货和焦炭期货的套利操作（详见第七章套利）。但是如果因为焦炭（期货）价格上涨而判断钢材价格将上涨，买涨螺纹钢期货，那么一般情况下将得不偿失。

2011年4月15日，大连商品交易所为了进一步完善焦炭市场，推出了焦炭期货。焦炭期货相比传统的焦炭现货，定价更为灵活和自主，更能迅速及时地反映真实的供求关系。焦炭期货的上市，也将为上游的炼焦煤生产企业、中间的焦炭生产企业、下游的钢铁等用户企业和贸易商提供新的避险工具，将有利于焦炭市场的规范、健康、平稳发展。另外，螺纹钢期货与焦炭期货在同一产业链结构下，彼此之间的价格关系会维持在相对稳定的波动区间。对比大豆与豆粕、豆油期货之间的压榨套利，焦炭期货与螺纹钢期货理论上也存在套利的机会。

五、生铁价格上涨对螺纹钢期货价格提振作用大吗？

当铁矿石与焦炭结合在一起，就会发生化学反应产生生铁，下一节中提到的螺纹钢雏形——粗钢正是由生铁和部分废钢制造而成的。这里，不少人会发出这样的疑问：钢铁，其中的钢和铁是同一种物质吗？虽然钢铁是由生铁转变而成，表面上两者区别不大，但是实质上却大相径庭。所谓钢铁，主要由两种元素组成，即铁和碳，一般碳元素和铁元素形成的化合物称为铁碳合金。含碳量的多少对钢铁的性质影响极大，含碳量增加到一定程度后就会引起质的变化。由铁原子构成的物质叫纯铁，纯铁杂质很少。含碳量多少是区别钢铁的主要标准。生铁含碳量大于 2.0%；钢含碳量小于 2.0%。生铁含碳量高，硬而脆，几乎没有塑性。钢不仅有良好塑性，而且钢制品具有强度高、韧性好、耐高温、耐腐蚀、易加工、抗冲击、易提炼等优良物化应用性能。

虽然从表面上看生铁距离钢铁仅有一步之遥，但二者间的价格传导关系却和彼此之间物质构成的差距一样复杂。早期，中国市场并没有推出螺纹钢期货交易，因此，生铁价格的上升一般会引发钢材价格的变化。由于生铁价格上涨，导致钢材的生产成本增加。通常是生铁价格加一定的成本即为螺纹钢的销售价格。如果钢厂的生铁收购价格上升，螺纹钢的生产成本也应随之上升，未来的螺纹钢、线材等建筑钢材的价格亦会止跌回升。但是 2009 年螺纹钢期货推出之后，现货市场上的价格传导关系就发生了明显的变化。图 3-10、图 3-11 是 2006~2011 年现货生铁和现货螺纹钢价格走势的对比图以及 2009~2011 年生铁价格和螺纹钢期货价格走势的对比图。

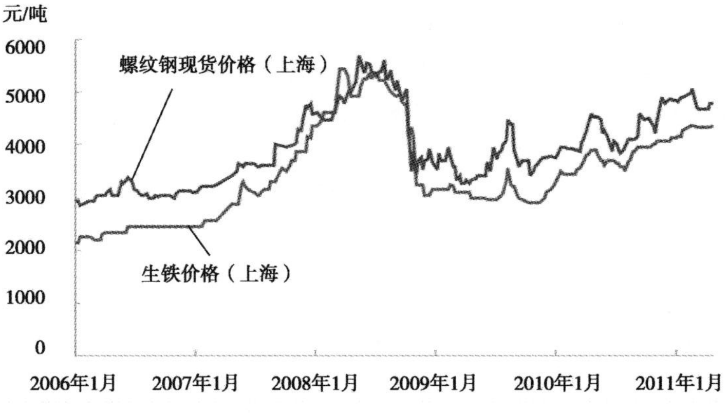

图 3-10　2006~2010 年生铁价格和上海螺纹钢现货价格走势对比图

数据来源：WIND 资讯、申银万国期货研究所。

从图 3-10、图 3-11 我们可以发现，虽然生铁价格和螺纹钢现货及期货价格之间的变动趋势类似，但大多数情况下并非是生铁价格先于螺纹钢期货价格上涨，而是表现为一种螺纹钢期货先行、生铁跟进的状态。特别是在趋势发生结构性改变时，螺纹钢期货总是能够抢占先机，且领先的优势较为

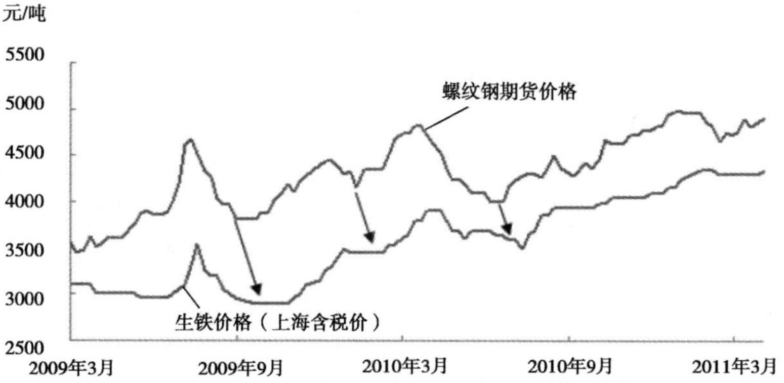

图 3－11　2009～2010 年生铁价格和螺纹钢期货价格走势对比图

数据来源：WIND 资讯、申银万国期货研究所。

明显。这件事似乎让人觉得不可思议，但恰恰是期货市场灵活性的一种表现，即生铁市场中供需关系的变动能够迅速地反映到螺纹钢期货价格上，甚至传导速度超过了生铁现货价格的反应速度。

因此，生铁确实能够影响螺纹钢期货价格，但并不是通过价格的方式进行，而是一种供需关系预期的变动。

【案例 3－1】

2001 年 12 月，上海市场的钢材价格不仅没有上升，反而持续下降，那么生铁市场的价格却为何上升呢？据业内人士回顾和分析：2000 年 5 月份，上海钢材市场一度回升，原本紧俏的生铁随着钢材价格的暴涨而上扬，钢厂的炼钢生铁出厂价由原来的 1000 元/吨提高到 1400 元/吨以上（现款，含税价）；铸造生铁 1450 元/吨。生铁的出口价也见回升，上海某家钢厂的炼钢生铁出口价（POB）为 130 美元/吨，铸造生铁 138 美元/吨。而 2001 年上海的钢材市场自 4 月份回升后就逐渐趋冷，价格连续走低，进入 7 月份，整个钢材价格大幅度滑落，线材、螺纹钢等建筑钢材下跌了 100～150 元/吨。钢材价格的下降，致使生铁成交价回落。钢厂收购的炼钢生铁价格从 1310 元/吨下滑至 1130 元/吨。而这次生铁价格又重新上扬，已经逐渐恢复到 1230 元/吨的价位。此轮上海地区生铁市场价格小幅回升的主要原因有：一是生铁出现资源偏紧的趋势。由于当年国家加大了对小铁矿的治理整顿力度，一些不符合规定的小铁矿被迫关闭，致使北方南下的生铁比以往明显减少。二是上海一些钢厂在年底之前要储备库存以预防因春运铁路运力偏紧而导致生铁供应脱节。据相关分析，在春节期间，铁路进入客流高峰期，生铁之类的生产原材料是很难被及时运送的。而生铁从招标订货到货运抵钢厂，其周期较长，因此需要预先采购。三是 2001 年一些外购生铁炼钢的企业，对生铁的需求量有所增加。据当时预测，2002 年全国主要钢厂的钢材产量在 2001 年的基础上递增了近 2000 万吨，在这些钢厂中，有一部分钢厂需要外购生铁进行生产。所以，2002 年生铁的需求量比 2001 年有所增加。因此，上海一些钢厂提前采购，一度使资源较为紧俏，价格也随之上升。当时很多业内人士判断生铁市场的价格将逐渐稳定。生铁价格的上升，反而会带动钢材价格的变化。由于生铁价格上涨，导致钢材的生产成本增加。以生铁价格与螺纹钢价格相比较，螺纹钢的销售价格通常是生铁价格的两倍。普通螺纹钢的主流价格每吨在 2030 元至 2050 元，远低于生铁价格一倍的价位。那么，钢厂的生铁收购价格上升了，螺纹钢的生产成本也应随之上升。否则，钢厂的生产成本就难以控制，甚至导致亏损。所以说，随着生铁的价格上升，未来的螺纹钢、线材等建筑钢材的价格应该会止跌回升。

以上案例告诉我们，生铁和螺纹钢的价格可以互为影响，下游拉动上游价格，还是上游推动下游上涨，取决于当时的市场结构和各种因素的强弱。目前，我们更倾向于前一种逻辑，即下游钢材价格持续上涨，为上游生铁价格打开了涨价的空间。

六、粗钢价格离螺纹钢期货价格还有多远?

粗钢，即钢坯，是指全国钢铁行业可以向社会提供的最终钢材加工原料，其由生铁经转炉氧化脱去碳及其他杂质后，得到钢水，经过加工、添加合金、碳元素等物质浇注成型后的钢坯成品。其主要用途是作为原料，制成各种规格的板材、管材、条钢、线材、铸件等。其性能由钢中所含的合金元素及制造工艺决定。粗钢是螺纹钢最直接的上游产品，粗钢与螺纹钢价格的互相传递作用最为显著。

粗钢按冶炼方法分类

1. 转炉钢，即利用向转炉内吹入的空气或氧气与铁水中碳、硅、锰、磷反应放出的热量进行冶炼而得到的钢。根据空气或氧气的鼓吹方式不同，又分为顶吹、底吹、侧吹、顶底复合吹等。

2. 电弧炉钢，简称电炉钢，即在电弧炉内利用电能在电极与金属之间所产生电弧的热能炼成的钢。

3. 感应电炉钢，即在感应炉内利用电能通过电磁感应产生的热能炼成的钢。

4. 其他炉钢，即在其他炼钢炉内炼成的钢。

美国等一些国家用粗钢重量来统计钢产量。2009 年，我国粗钢产量达到了 5.6 亿吨，同比增长 13.5%。2010 年，中国生产粗钢突破 6 亿吨，达到 6.2 亿吨，比 2009 年增长 5308 万吨，增长 9.26%（见图 3－12）。尽管 2009 年钢铁企业盈利增加，但行业总体盈利水平仍然偏低。

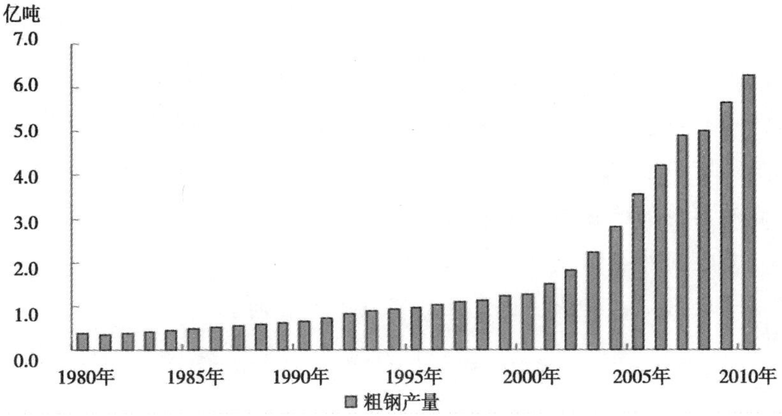

图 3－12　1980 年至 2010 年国内粗钢产量

数据来源：国际钢铁协会、申银万国期货研究所。

与我们在上文中介绍的上游铁矿石、航运指数、焦炭、生铁相比，市场更关注粗钢产量，而非粗钢价格。

【案例3－2】

据中国钢铁协会旬报数据，2011年2月中旬会员企业粗钢产量为1594.9万吨，全国估算值为1814万吨，日产量分别达到159.5和181.4万吨。旬报同时显示，2月上中旬，全国粗钢日产量达180.04万吨，较1月份的170.3万吨有较大幅度回升，环比增幅接近6%。在利润刺激、产量规模追求的双重影响下，钢铁生产量正在持续回升并创下旬度新高。加上已经刷新历史纪录的社会库存量，整个国内钢材市场供应压力进一步加大。螺纹钢期货价格应声下跌，从2月上旬的每吨5100多元跌到3月上旬的每吨4600多元，跌幅达到10%以上。我们认为市场下跌有各种因素组成，但不可否认2月份粗钢产量的大增是这轮螺纹钢期货下跌的主要原因。

投资者如果需要进行螺纹钢期货交易，那么在日常的数据搜集中，粗钢的产量，中国钢铁协会（简称中钢协）旬报数据将是必不可少的。

延伸阅读：钢铁大国仍需进口钢材

2010年国产钢材在国内市场的占有率不断提高。中钢协称，2009年我国汽车用钢、管线钢、硅钢、船板、钢轨等关键钢材产品产量大幅度提高，产品质量实现了重大的突破，22大类钢材品种中有18类钢材国内市场占有率达到95%以上。在这种情况下，我国仍需要进口1600万吨左右的高附加值产品，其中80%是板材。这说明我国钢铁工业在高端产品方面与国外企业仍存在一定的差距。如果能够把进口产品顶替掉，则可以为国内钢铁企业挤出更大的高端市场空间。

七、螺纹钢一年产量是多少？

既然我们已经知道粗钢产量直接影响螺纹钢的价格，那螺纹钢本身的产量，是不是对螺纹钢价格的影响更大呢？

答案应该是肯定的。但在研究分析过程中，我们很少提及螺纹钢的产量，一般我们会分析螺纹钢的库存和价格之间的关系，而非产量和价格之间的关系。

现在我们大致了解一下螺纹钢产量及其分布的总体情况。以螺纹钢和线材为主的建筑钢材一直占据着我国钢材生产的半壁江山。2000 年以前，小型材的比重在 25% 左右；2001 年以后，随着世界制造业向我国的转移，我国板管带材产销所占的比重逐步增加，建筑钢材所占比重逐年下降。2001 ~ 2007 年，我国螺纹钢产量由 4389.7 万吨（小型材产量）增加到 10136.6 万吨，但占钢材产量的比重由 28.0% 下降到 18.0%。受经济危机影响，2008 年螺纹钢产量为 9512.1 万吨，比 2007 年稍有下降。

图 3 – 13 是 2006 ~ 2010 年国内螺纹钢产量。

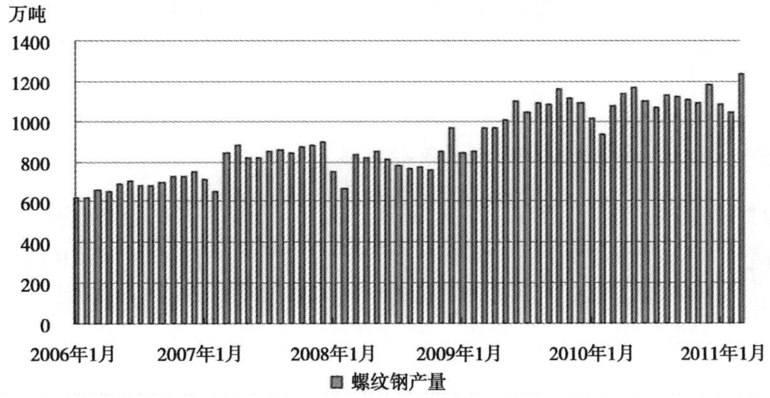

图 3 – 13　2006 ~ 2010 年国内螺纹钢产量

数据来源：国际钢铁协会、申银万国期货研究所。

华东地区是我国螺纹钢最大产区①，2001 ~ 2010 年该地区的螺纹钢产量占全国产量的比重一直维持在 35% 左右。我国螺纹钢第二大产区为华北地区，2001 ~ 2010 年该地区的螺纹钢产量占全国产量的比重在 30% 左右。我国螺纹钢第三大产区为中南地区，2001 ~ 2010 年该地区的螺纹钢产量占全

① 1958 年中国曾将全国划分为 7 个经济协作区。1961 年又将华中区与华南区合并成中南区，形成 6 大经济协作区：东北经济协作区（包括辽宁、吉林、黑龙江）、华北经济协作区（包括北京、天津、河北、山西、内蒙古）、华东经济协作区（包括上海、江苏、浙江、安徽、福建、江西、山东）、中南经济协作区（包括河南、湖北、湖南、广东、广西）、西南经济协作区（包括四川、贵州、云南、西藏）、西北经济协作区（包括陕西、甘肃、青海、宁夏、新疆）。

国的比重在15%左右。东北、西南、西北螺纹钢产量所占比重较低，2010年分别为9%、5%和3%（见图3-14）。

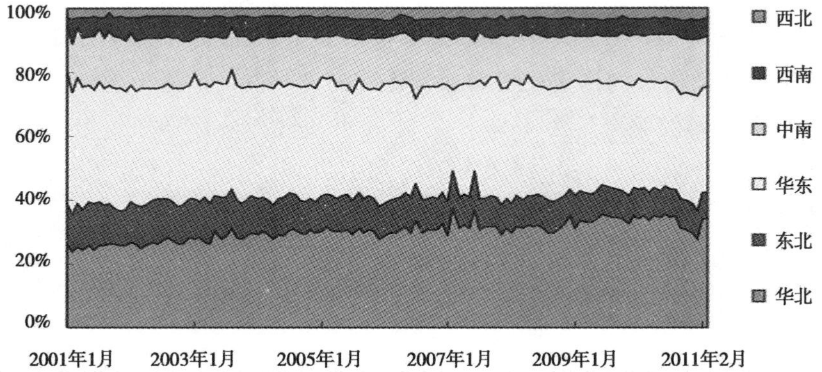

图3-14　2001~2010年国内各地区螺纹钢产量占比

数据来源：国际钢铁协会、申银万国期货研究所。

螺纹钢的生产非常分散。从世界范围看，发达国家的钢铁工业的产业集中度都比较高。2004年，世界主要国家的钢铁工业集中度（CR4）为：巴西99.0%、韩国88.3%、日本73.2%、印度67.7%、美国61.1%、俄罗斯69.2%（见图3-15）。国际钢铁市场几乎都是寡占市场，有的甚至达到极高寡头垄断。中国钢铁业较低的集中度不仅限制了该产业的效率，而且削弱了钢铁企业作为买方在购买所需原材料、能源等资源时的谈判能力（中国在国际钢铁产业链中是铁矿石等原料的买方），加剧了原材料价格上涨的局势，从而增大钢铁产品的价格波动幅度，不利于钢铁产业的健康发展。2007年，螺纹钢产量列前10位的分别为沙钢、唐钢、莱钢、济钢、武钢、首钢、马钢、萍钢、建龙、新兴铸管；位居前三位的沙钢、唐钢、莱钢的螺纹钢产量所占的比重在5%以上，其他企业产量比重均在4%以下。可见，螺纹钢的生产也相当分散，并以地方企业和民营企业为主，这与螺纹钢和线材产品附加值低、运输半径相对较短、主要以满足区域市场为主的特点相一致。

经过对螺纹钢产量的了解，我们可以发现，螺纹钢的产量分布不均，地域上有一定的差异。同时，螺纹钢产能也非常分散，集中度不高。这为期货定价提供了一定的有利空间。如果期货市场培育得当，螺纹钢期货价格将能

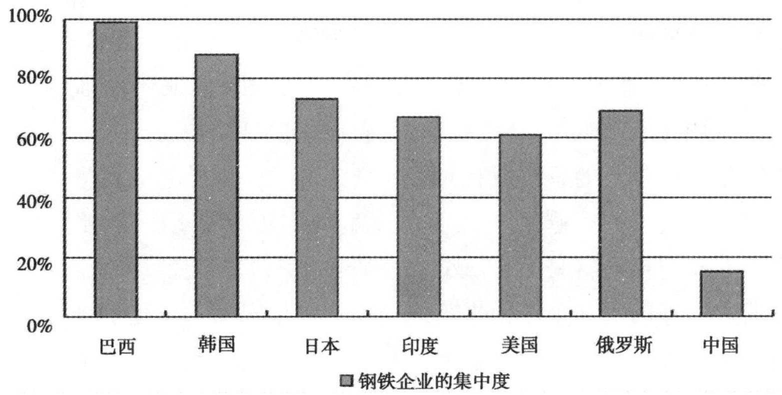

图 3-15　2004 年国际主要国家钢铁行业产业集中度

数据来源：国际钢铁协会、申银万国期货研究所。

很好地反应市场的供需，合理调配资源，全面提高生产效率。

八、废钢也是螺纹钢的原料吗?

根据每吨粗钢制造成本的公式即粗钢每吨制造成本 =（0.96 × 生铁 + 0.15 × 废钢）/0.82，我们可以简单地发现，废钢占到螺纹钢成本的 1/10。钢铁厂生产过程中不成为产品的钢铁废料（如切边、切头等）以及使用后报废的设备、构件中的钢铁材料中，成分为钢的叫废钢，成分为生铁的叫废铁，它们统称废钢。

钢铁工业主要的铁源为铁矿石。每生产 1 吨钢，大致需要各种原料（如铁矿石、煤炭、石灰石、耐火材料等）4～5 吨，能源折合标准煤（指发热值为 7000 千卡/公斤的煤）0.7～1.0 吨。而利用废钢作原料直接投入炼钢炉进行冶炼，每吨废钢可再炼成近 1 吨钢，可以省去采矿、选矿、炼焦、炼铁等过程，显然可以节省大量自然资源和能源。目前，在炼钢金属料中，废钢已占总量的近一半，由铁矿石炼的生铁占总量的 65% 左右。因此，废钢的利用引起了社会的普遍重视，被称为“第二矿业”。许多国家缺乏铁矿或铁矿品位不断下降，就对废钢更为重视。废钢的供销，已成为一个重要的国际市场。20 世纪 70 年代以来，世界上以废钢为原料的电炉钢产量，有较大的发展，这也说明废钢的利用范围日益扩大。由于废钢的大量应用，目前世界生铁产量仅为钢产量的72%。据不完全统计，目前世界每年产生的废钢总量为3亿~4亿吨，约占钢总产量的45%~50%，其中85%~90%用作炼钢原料，10%~15%用于铸造、炼铁和再生钢材。

废钢是钢铁生产的重要原料之一，其来源一是钢铁企业在生产过程中的自产废钢；二是工矿企业生产过程中产生的加工废钢；三是社会生产、生活、国防等废弃钢铁材料的折旧废钢，如报废汽车、舰船、钢结构桥梁与建筑等。西方发达国家利用废钢来冶炼钢铁这种情况所占的比例更多，并且这种利用电炉冶炼的成本远比高炉低。我国主要是利用铁矿石来冶炼钢铁，这一比例占到89.9%。

废钢的价格一方面直接构成一定的螺纹钢的生产成本，另一方面也指导了钢材的价格。钢材价格上涨，废钢价格也会跟涨，进而推动钢材价格上涨；反之，亦然。所以废钢价格也是螺纹钢价格的一个风向标。

延伸阅读：废钢的来源

钢铁厂生产过程中产生的废钢称为“返回废钢”、“自产废钢”或“循环废钢”。钢铁联合企业和普通钢厂自产废钢约为钢产量的15%~25%；特殊钢厂自产废钢约为钢产量的30%~50%。废钢主要产生于炼钢车间、铸钢车间和钢的冷加工和热加工车间。随着钢铁生产技术的发展，钢材收得率增加，自产废钢占钢产量的比例有下降趋势。钢铁产品和工业制造过程中产生的废钢，约占废钢总量的20%~25%。废钢主要为钢料的切头、切尾、切屑、边角料等。各种废旧设备，钢结构件，“报废”的机车、车辆、钢轨、汽车、船舶、工具、用具等也产生大量“折旧废钢”。它在工业发达国家约占废钢总量的25%~30%，占社会上钢材总投放量的1%~1.5%。中国当前每年产生的折旧废钢约300万吨。生活用品废旧钢铁，如罐头盒、家具和用具等，称为“社会废钢”或“垃圾废钢”，数量有时高达钢材投放量的1%。此外，还有从渣中回收的废钢，积存的废钢块，打捞的沉船等，来源颇为复杂。

九、国家节能减排政策会影响螺纹钢期货价格多长时间?

国家节能减排政策对螺纹钢期货有多大影响，我们可以先看以下案例。

【案例3－3】

如果2010年您曾经参与过螺纹钢期货投资，肯定忘不了2010年9月6日这一天。当日，螺纹钢期货主力BR1105合约早盘开于4551元/吨后迅速上攻，盘中一度触及涨停板4735元/吨，最后收于4671元/吨，较前一日大涨4%。

是什么让螺纹钢期货出现如此大的波动呢?结论很简单，仅仅是源于国家针对河北等地钢厂拉闸限电节能减排的政策。

2010年8月26日，国务院组成6个督察组对河北、山西等18个重点地区进行节能减排专线督查，完不成目标的官员将被追究责任。在时间紧、任务重的情况下，限制高耗能企业用电成为部分地区保证目标完成的重要手段。受此影响，部分地方政府采取了一些激进的措施应对，直接限电停产成为完成指标最简单的方式。2010年9月2日，我国钢铁网对全国钢厂进行抽样调研，发现主要只影响到华东区域（以限电为主要手段)、山西区域(临汾地区强迫小钢厂全部停产1个月)，而东北、华北、西北等其他区域钢厂尚未受到影响。但是9月4日风云突变，督察组到达邯郸地区检查，因邯郸钢企、焦化等污染企业7月份限电和节能减排政策执行不积极，部分钢铁企业被强制性拉闸停产，涉及42家钢铁及焦化企业。2010年9月6日当周督察组到达唐山，也影响了唐山地区一段时间的钢铁供应。

这则消息公布时恰逢双休日——螺纹钢期货交易休市时间，虽然期货价格不能第一时间对此进行反映，但已经引发市场人士的担忧。特别是此次节能减排政策针对的绝大多数厂商为建筑钢材企业，故螺纹钢产量或将出现较大幅度下降，造成市场供应不足的情况。因此，周一一开市，螺纹钢期货果然大幅上涨，出现了【案例3－3】讲述的故事。

但是节能减排和拉闸限电并不是一朝一夕的事情，在“十一五”规划的最后一年、最后一个季度，全国各地严防死守，均在为节能减排“十一五”目标进行决战。那么之后螺纹钢期货价格还会出现如9月6日的巨幅上涨现象吗？很遗憾，螺纹钢期货价格没有再接再厉继续上攻。在9月6日收大阳线之后，螺纹钢期货价格连续走阴，甚至回到了此前上涨行情开始的发起点。

可以看出，虽然2010年国家节能减排政策对螺纹钢产量带来很大的限制，对其供需格局也会带来较大的影响，但是螺纹钢期货价格的走势并不会长时间受其左右，只有当突发事件出现时，期货价格才会出现重大变化。图3-16是2010年8月至10月螺纹钢期货日K线图。

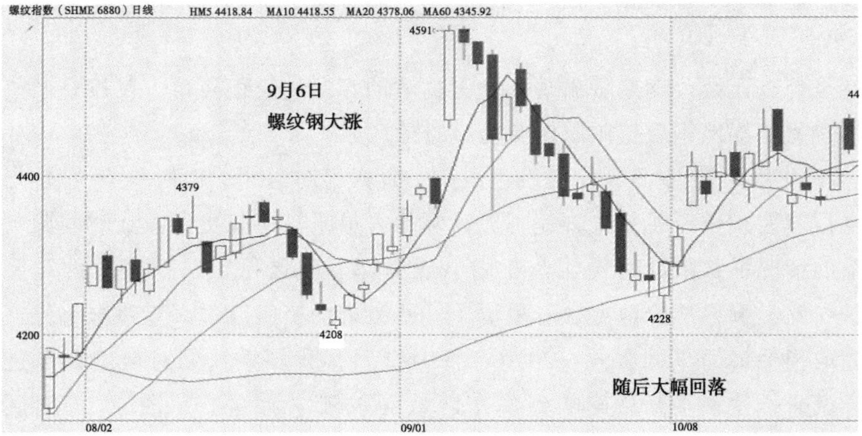

图3-16 2010年8月至10月螺纹钢期货日K线图

数据来源：文华财经、申银万国期货研究所。

2011年3月29日，国家发改委公布了2011年资源节约和环境保护主要目标，其中单位国民生产总值（GDP）能耗目标要比2010年下降3.5%，万元（人民币）工业增加值用水量比上年下降7%，而二氧化硫、化学需氧量、氨氮和氮氧化物四项主要污染物排放量均要比2010年减少1.5%，工业固体废物综合利用率要比2010年提高1个百分点，且城市生活垃圾无害化处理率要达到74%。以上目标明显高于市场预期，这意味着在“十二五”的开局之年，节能和节水的政策措施将尽快出台。

相比2010年底大范围的拉闸限电，2011年节能减排的政策将会更加合理，更加平稳，对钢铁行业特别是螺纹钢生产的影响也会相对稳定。因此，人们有理由相信，现有国家节能减排政策基本已被市场消化，只要不出现较大变动，节能减排政策对螺纹钢期货价格的影响不会很大。

十、钢铁企业盈利能力增加会对螺纹钢价格起到抑制作用吗?

企业的盈利情况决定了企业经营行为。例如，产品利润大增，企业会开足马力生产，行业内的其他企业也会加大生产力度，一段时间以后，产品充实市场，价格随之下跌。反之，企业生产处于亏损状态，生产一吨亏一吨，企业在可能的情况下就会关闭生产线，或仅维持最低产量，一段时间后，市场上的产品少了，价格也随之回升。所以企业的盈利率，决定了企业的生产行为，也决定了市场上产品的供应量，最终影响产品的价格。

中钢协分析，钢铁行业效益偏低的原因有三个。

一是原燃料采购成本大幅上升，压缩企业盈利空间。仅进口铁矿石一项，2010 年进口铁矿石 61864.47 万吨，比 2009 年减少 913.47 万吨，而 2010 年使用外汇 794.27 亿美元，比 2009 年多用外汇 292.8 亿美元，折合人民币 1900 多亿元，全部进入钢铁生产成本。即便在大力开展降本增效工作的情况下，代表钢铁行业生产成本的炼钢生铁制造成本 2010 年仍比 2009 年上涨了 19.67%。

二是国内市场钢材供大于求，推动钢材价格由升转降。从 2010 年 5 月份开始，钢材价格连续 4 个月下跌，8 月末钢材价格指数比 4 月末下降 10.58%。

三是钢材出口困难增多，部分出口钢材转入国内市场，加剧国内供大于求。2010 年 7 月 15 日，国家实施限制低附加值钢材出口的政策，部分钢材出口退税率由 9% 降至零。这一措施使这部分钢材出口成本上升，加上国际市场同时出现供大于求的情况，国际市场钢材价格下跌，国内、国际市场价格差缩小，制约了我国钢铁产品出口。2010 年下半年粗钢净出口比上半年减少 463.9 万吨，下降 29.04%。这部分粗钢由投放国际市场转为进入国内市场，相应增加了国内市场的钢材供应量。

十一、为什么“加薪潮”会带来螺纹钢期货的上涨预期?

2011年年初，全国各地掀起“加薪潮”。截至2011年4月底，已经调整最低工资标准的十多个省市，平均上调工资17%左右。许多人担忧，如果各地工资收入上调幅度超过消费者物价指数（CPI），会使我国陷入物价上涨导致工资上涨，工资上涨再促使物价上涨的螺旋式上升。

对于钢铁行业而言，钢铁产品价格上涨的担忧也是切切实实存在的。人工成本是钢铁行业的重要成本。尽管我国的实物劳动生产率与发达国家存在很大的差距，但单位工时成本（主要是人均收入水平）的差距更大。与世界各国对比，我国钢铁吨发货量中的人力成本约为发达国家的三分之一，国外平均数的二分之一。就国内而言，各钢铁企业间人工成本的差距不太明显。从某种程度上讲，如果现行钢铁企业较低的人工成本出现普涨，钢材成本压力将陡然提高，对成品的价格也会形成较强的支撑作用。

如果我们进行更深层次的分析，会发现人工成本是变化的。比如消费者物价指数（CPI）高企，工人所承受的生活开支压力增大，特别是买房租房的压力增大，导致工人期望的薪资提高。如果企业长时间不提高工人工资，人才就会流失，反向带动企业必须加薪，从而全面提高生产经营成本，最终带动产品的提价，转嫁给消费者。

十二、折旧速度和加息政策对螺纹钢期货价格存在影响吗?

设备投入大是钢铁行业的重要特征。从全球范围看，除日本采用快速折旧外，美国、欧洲、韩国和我国的钢铁企业一般采用正常折旧，而俄罗斯的折旧速度最慢。钢铁行业是资金密集型产业，我国钢铁企业的资产负债率普遍在50%以上，因此国家货币政策的变化将严重影响钢铁企业的财务费用。

一方面，长期来看，对于投资者而言，加息政策反映国家调控的态度，如果存贷款利息不断提高，则势必会影响到市场货币的流动性，同样短期内也会影响投资者的心态，资金可能从高风险高收益的投资领域，转向低风险稳健性的投资产品，从而导致投资领域的资金大幅缩水，进而影响螺纹钢期货价格。

另一方面，对于企业而言，加息政策会压制固定资产投资，提高贷款的资金成本，对钢铁这种资金密集型产业的资金链是个考验，也会对企业产品的需求造成影响。这使企业考虑自我经营扩张的速度和市场整体消费的回落，导致部分企业可能改变经营策略，缩小规模，减少原材料购买，降低产品库存，从而影响整个产业链，如果企业都开始清理库存，那将导致大批钢材产品进入市场，进而引起钢材价格大幅下跌。

自　测　题

一、选择题（不定项）

1. 螺纹钢生产成本的主要影响要素包括(　　)。

A. 铁矿石　　B. 国际航运

C. 废钢　　D. 焦炭

2. BDI 包括(　　)部分。

A. BHI　　B. BSI

C. BPI　　D. BCI

3. 对 BDI 描述正确的选项有(　　)。

A. BDI 是国际波罗的海综合运费指数的简称

B. BDI 仅是一种即时性的综合指数

C. BDI 指数、BCI 指数同螺纹钢期货的价格绝大多数时间呈现正相关关系

D. BDI 可以作为经济的晴雨表

4. 螺纹钢价格对焦炭价格具有指导和牵引作用的原因有(　　)。

A. 焦炭产量的 90% 用于高炉冶炼

B. 钢铁企业的焦炭自给率较高

C. 焦炭现货贸易模式使得钢铁企业更具主动权

D. 价格传导机制使得焦炭价格波动滞后

5. 焦炭价格占据螺纹钢成本的(　　)。

A. 五分之一左右　　B. 四分之一左右

C. 三分之一左右　　D. 二分之一左右

6. 生铁与钢材之间的关系表现为(　　)。

A. 早期，生铁价格的上升一般会引发钢材价格的变化

B. 生铁价格和期货价格之间的变动趋势类似

C. 螺纹钢期货价格先于生铁价格变动

D. 生铁价格先于螺纹钢期货价格变动

7. 螺纹钢最直接的上游产品是(　　)。

A. 生铁　　B. 粗钢

C. 板材　　D. 条钢

8. 2007 年，我国螺纹钢产量是(　　)。

A. 4389.7 万吨　　B. 10136.6 万吨

C. 9512.1 万吨　　D. 10512.1 万吨

9. 我国螺纹钢最大的产区是(　　)。

A. 华北地区　　B. 中南地区

C. 华东地区　　D. 东北地区

10. 废钢的主要来源有(　　)。

A. 钢铁企业在生产过程中的自产废钢

B. 工矿企业生产过程中产生的加工废钢

C. 社会生产、生活、国防等废弃钢铁材料的折旧废钢

D. 报废汽车、舰船、钢结构桥梁与建筑

二、判断题

1. 巴西 CVRD 集团是世界第一大矿石生产和出口公司。(　　)

2. 国际铁矿石贸易量 90% 以上通过海运来完成。(　　)

3. 如果错过了买螺纹钢期货的机会，投资者可以选择在焦炭期货上进行操作。(　　)

4. 生铁对螺纹钢期货价格的影响主要通过供需关系变动的方式。(　　)

5. 虽然国产钢材在国内市场的占有率不断提高，但我国仍需要进口大量钢材。（ ）

6. 废钢价格是螺纹钢价格的一个风向标。（ ）

7. 如果钢材利润大增，那么钢材企业会开足马力生产，进而抑制钢材价格上涨。（ ）

8. 我国钢铁产业的集中度较高。（ ）

9. 钢铁行业是资金密集型产业，人力成本并不重要。（ ）

10. 节能减排政策对钢材期货价格影响不大。（ ）

参考答案

一、选择题（不定项）

1. ABCD	2. ABCD	3. AD	4. ABCD	5. B
6. ABC	7. B	8. B	9. C	10. ABCD

二、判断题

1. √	2. √	3. √	4. √	5. √
6. √	7. √	8. ×	9. ×	10. ×

第四章 钢材期货投资主要关注因素——中游贸易

【本章要点】

本章主要介绍影响钢材价格的主要因素——中游贸易环节的各个要素。掌握贸易流程、新贸易方式、库存消费、进出口政策等要素对钢材价格的影响。

一、钢材是如何从生产端走向消费端的?

中国钢材生产企业销售钢材的方式有三种：一是企业直供；二是通过经销商流通环节销售；三是通过钢厂的分支机构销售。通过流通环节销售的钢材约占国内钢材销售量的60%左右。经销商才是活跃市场的主力军，因为他们既可以投机，也可以接货、抛货。中国各类钢铁企业已达1100多家，经销商更是达到了15万家之多。在调研过程中，一些经销商都表达了对钢材期货的需求。

以上海为例，2009年《上海钢铁贸易发展研究报告》指出，上海钢铁贸易业在经济建设中发挥了很大作用，作出了较大贡献。上海有数量众多的钢铁企业：300多座钢材仓库、100多家钢材加工中心、60余家钢材交易市场。钢材交易市场中最大的一家的驻场的钢铁企业就达1200多家，最小的一般也有100~200家。据国家统计局统计，2007年上海的钢材流入量约占全国钢材销售总量的10%，为3028万吨。据业内人士估算，上海2007年以来的钢材年贸易总量已愈1亿吨，可带来工贸总收入4000亿元，为地方带来近40亿元的税收，提供20余万个就业岗位。此外，钢材贸易还为物流、金融行业带来巨大商机。上海的钢铁贸易业每年可为各类金融机构提供2000亿元以上的融资，所需的物流能折合超过400亿吨公里。

经过20多年的发展，很多地区已形成了规模。以上海为例，上海钢铁贸易行业已经形成明显特征：一是产地性，主要围绕钢铁生产企业。如宝山区域围绕宝钢形成上海北郊的钢铁服务产业圈。二是消费性，主要围绕制造工业带。如上海的松江、金山、闵行、嘉定的沿海工业带，浙江的甬、台、温地区的工业带，江苏的苏、锡、常工业带。三是交通枢纽性，上海是南北交通枢纽，港口、铁路、公路环网发达。因此，上海的钢铁贸易具有复合型特征，已经形成产业集群，发展潜力巨大。

在钢铁贸易的发展中钢材贸易企业遇到了很多困难和问题。

一是钢铁贸易企业自身杠杆较高，风险承受能力较弱。钢铁贸易企业是面临风险较多、抗风险能力较弱、急需避险工具的群体。钢铁贸易行业的融资杠杆率很高，钢铁贸易企业的仓单贷款抵押率在70%~80%。因此，沉淀在钢铁贸易行业的信贷资金不在少数。而其中有相当一部分信贷资金并没有用在钢材贸易上，而是以月息2.5%，即年息30%以上借出。另外，铁矿石涨价也会引发钢材贸易企业囤积钢材的风潮。钢铁贸易商通过反复仓单质押贷款及当地民间资金拆借放大资金杠杆倍数，积累囤积钢材投机资金，造成过高风险。

二是钢材贸易企业分布过于分散。现有上万家钢材贸易企业中，大多数为中小企业。上海钢铁贸易企业年贸易额在1亿元以上的，仅占钢铁贸易群体不到1.5%，年贸易额超过50亿元的企业，不到千分之一，有一定规模和实力的企业很少。能够走出同质化竞争、建立差异化竞争模式的企业有限，很多企业没有创新意识和能力，在经营思路、理念、产品等诸多方面存在“跟风”意识。而在产业结构调整、经济全球化、与世界接轨过程中，上海钢材贸易企业必然面临新的“洗牌”。在这一转变中，容不得市场的无序和恶性竞争。

三是钢材贸易企业生存面临的资金“瓶颈”难以根本解决。钢铁贸易行业是资金密集型行业，资金是钢材贸易企业的经营之本，也是钢材贸易企业赖以生存的生命基础。但因存在信息不对称，且钢材贸易企业绝大部分资产构成是流动资产，出于控制风险及规避过高监控成本的考虑，银行往往不愿给钢材贸易企业授信。而钢材贸易企业对钢厂提货需要全额付款，对下游企业开出应收款，不仅在上游资金链处于劣势，同时也在下游产业中垫付资金。当这上下两端吃紧，又没有任何政策扶持时，所承担的风险迅速增大。

四是价格机制不利于钢材贸易企业的发展和生存。作为流通企业，钢铁贸易商上接厂商，下连用户，上游的资源和下游的需求是钢材贸易企业的生存之本。然而，目前上游钢厂未形成合理的价格机制，擅定价格，也不顾下游用户的承受能力，利用钢材贸易企业多而散不能形成合力的特点，单方面定价。较多的钢厂制定了更贴近市场的销售政策（如追溯或保值），将经销商的利润压缩到最小。以至于拥有钢厂代理资质的钢材贸易企业也只是拥有了一个相当可靠的进货渠道，并不一定就拥有了稳定的利润。钢材市场价格大跌时，钢厂高于市场价格，而钢材市场价格大涨时，钢厂实行追溯，把本该属于经销商的利润抢走了。只有在钢材价格相对平稳的情况下，拥有钢厂代理资质的钢材贸易企业才有一些盈利。

钢材期货的推出，适时地解决了钢材贸易企业所遇到的问题和瓶颈，同时也为钢材贸易企业盈利拓宽了路径。钢铁贸易企业完全可以通过利用期货市场，降低流通环节成本，提高市场效率，促进流通领域的整合。这将有助于优化产业结构，发展优势企业。

同时我们可以发现，钢材贸易企业多年累积下来的行业问题，影响了钢材的贸易流程，也影响了钢材期货的价格。

【案例 4 - 1】

在 2008 年金融危机期间，钢材贸易企业被彻彻底底“清洗”了一把。首先，钢材贸易企业中有一定规模和实力的很少，且盈利不高，一旦遇到几千元，甚至几百元的下跌，就只能关门歇业。其次，上游钢厂未形成合理的价格机制，单方面定价，当市场发生暴跌时，钢厂缓慢下调价格，钢材贸易企业被迫承担大量风险。再次，钢材贸易企业与钢厂交易需要全额付款，而对下游企业则开出应收款。这样钢材贸易企业不仅在上游资金链处于劣势，也在下游产业中垫付资金，使资金链很紧，根本没有后备资金抵抗风险。最后，钢材贸易企业绝大部分资产的构成是流动资产，出于控制风险及规避过高监控成本之考虑，银行往往不愿给钢材贸易企业授信，遇到2008年这样的特殊情况，银行更是收紧信贷，使原本奄奄一息的钢材贸易企业被掐断了生命线。由于钢材贸易企业的民间借贷现象严重，最终导致多米诺骨牌现象：在极短的时间内产业链、贸易链俱断，市场全是抛现货回笼资金的钢材贸易企业，更是将价格推向深渊。

如果要使市场维持理性，就必须给予企业适当的利润空间和生存空间，这样价格才能理性。如果行业现状继续维持，我们很容易看到一荣俱荣、一损俱损的现象，价格也会非理性波动。

延伸阅读：钢材贸易企业的发展方向

《上海钢铁贸易发展研究报告》认为，针对目前上海地区钢铁贸易行业的现状和存在的问题，钢材贸易企业要取得生存和发展，必须转型，向流通服务型企业发展。对于用户，钢铁贸易商要从性能、规格、交货期、付款方式及提供其他增值服务等方面满足用户要求。对于钢厂，贸易商及时找反馈市场供需信息，引导钢厂根据市场需求生产，并制定适时的营销策略。对于金融机构，贸易商需要与其建立稳定合作关系，以降低资金成本，保持稳定的资金流。对于仓储物流，贸易商要与其紧密合作，保障货物的安全，确保货物及时送达。

从远期来看，钢铁贸易商的发展目标，要嵌入供应链，在整个供应链中形成影响力。该报告指出，贸易商需要通过多种手段，为客户提供成本最低的解决方案。例如，通过精加工、深加工、个性化加工、技术解决方案、统筹物流配送，把服务延伸到供应链的末端，节约用户生产成本，使用户逐步向零库存过渡。

钢铁贸易商要完成转型，在未来的竞争中保持领先优势，可采用成本领先战略、差异化战略或集中化战略。策略的有效性取决于企业外部环境中存在的机遇和威胁，以及企业自身独特的资源和核心竞争力，究竟选择哪一种或哪几种战略，取决于企业的长处和竞争者的短处，要与企业竞争能力和环境相匹配。

成本领先战略是什么？对此，该报告解释说：成本领先就是贸易商通过有效途径，使企业的全部成本低于竞争对手的成本，以获得同行业平均水平以上的利润的企业战略。目前，国内钢铁贸易商数量众多，单笔交易量小，与钢厂议价能力弱。交易为粗放式运作，未充分运用电子商务平台，效率低。吊装、仓储、运输等物流环节较多，有进一步优化的空间。

差异化战略，就是钢材贸易企业通过有效途径，使企业提供的产品或服务，形成有别于其他竞争对手，具有独特性的企业战略。为什么要实施差异化战略？激烈的竞争使钢材贸易企业利润空间不断缩小，钢厂直销比例的增加也使钢铁贸易市场空间日益缩小。这要求钢材贸易企业与客户建立更加紧密的关系。市场剧烈波动加大企业经营风险，提供高附加值服务可以有效规避市场风险，获取稳定收效。

集中化战略是指企业集中所有资源，专注于自己所擅长的某一领域或服务于某一客户群体，形成自己的核心业务的企业战略。为什么要实施集中化战略？这是因为上下游产业技术的不断创新和产品的不断升级，势必拓展专业化服务的市场空间。社会分工的不断细化，必然导致对专业化服务的需求。目前，国内有很多具有前瞻性的贸易企业已进入某些细分市场，发展核心业务。钢材贸易企业实施集中化战略，具有一定的基础。

该报告指出，受各种内外因素的影响，钢铁贸易行业的可持续发展受到巨大挑战。由于行业总量已十分庞大，不仅要凭自身的力量寻求发展的突破口，以完成产业转型，更要依靠政策支持方有胜算。因此，建议政府职能部门除了宏观调控外，仍然要运用地方资源和产业布局，对广大钢材贸易企业予以引导和扶持。市场的规范、经营资质的规范乃至钢铁生产商和贸易商之间、贸易商与终端用户之间的规范，都必须由政府行使职能，加强引导扶持。

在政策力度方面，政府应尽快出台关注钢铁贸易企业的相关优惠政策，加大政策扶持力度，以免这些发展中的钢材贸易企业被政策忽略。突破钢材贸易企业在行业上的相关政策藩篱，并制定、规范钢材贸易企业发展的相关规定，包括金融、税收、开设钢材贸易中小型企业专项基金等，以期得到与国有企业在政策对等上的更多、更有实效的支持。

在价格竞争机制方面，政府应尽快出台调控机制，规范产业链和利益相关方参与到价格竞争机制中，避免价格非正常因素涨跌。解决钢材贸易企业在价格失衡的情况下，因过度竞争而造成挤压利润的压力。

在钢材贸易企业经营资金方面，该报告建议在地区开设小额贷款公司的同时，还要考虑以行业为主，利用行业专业优势，在行业内调剂资金的余缺，发行企业债券或设立专项信托基金、互助资金；建议业内已存在的担保公司要在行业监督下形成金融机构的三方合作。

二、新型贸易方式如何影响钢材价格？

20 世纪 90 年代末期，由于国内的钢材资源比较紧缺，再加上信息的不畅通、不透明，拥有钢材现货资源就意味着有钱赚。在这种情况下，钢材贸易商想方设法从钢厂获取资源，主导的贸易方式为钢材贸易商向钢厂订货，交付一定比例的订金，待发货时贸易商全额付款，然后钢材发货。现在钢材市场资源充足，信息灵通，价格比较透明，除了传统的贸易方式外，“厂商银模式”和“仓单质押模式”也成为两种重要的贸易方式。

所谓的“厂商银模式”指贸易商凭借与钢厂的年度订货合同，与银行、钢厂签署三方协议，获得银行的票据融资。其流程为：贸易商向银行缴纳 30% 的保证金→银行向钢厂开具 100% 的承兑汇票（通常为 6 个月，具体时限根据实际情况而定）→钢厂见票后发货至贸易商和银行共同认可的第三方仓库（此时货权属于银行）→在规定的时间内（45 天左右）贸易商分批逐次向银行缴纳剩余70%货款，从而获取钢材的所有权。该模式的资金杠杆比例为1:0.3，即3.33倍。

所谓的“仓单质押模式”，是指贸易商以仓库中的自有产品质押给银行以获得一定比例的资金。贸易商的库存是动态流转的，在日常的进出之余，库存往往处于一个动态的稳定值，因此贸易商可以将一定数量的库存质押给银行，只要保持银行要求的最低限库存即可，这就是所谓的仓单质押模式。目前，上海市场的比例一般为1:0.7，即100万元的货能质押出70万元的资金。

如果钢材价格下跌，将导致抵押金不足，抵押方要么增加库存，要么归还部分资金，而价格的变动又是很快且有可能是连续的，这种动态变化给双方都增加了巨大的风险。其可能的结果之一是，库存继续增加，还有一种就是在信贷适度调控的情况，抵押方可能出现资金紧张甚至资金链断裂的情况。如果这种情况大面积出现，市场风险将非常巨大，其对整个钢材市场的影响不可小视。

【案例4-2】

湖北省国新钢铁销售有限公司是湖北省规模领先的大型钢铁经销企业，注册资本3500万元，年销售额突破20亿元，以直供高科技线材为主。公司每年大量从武汉钢铁股份公司购进钢材，然后在本地销售，公司主要的销售客户包括本地大型建筑公司及钢铁二级批发商等。由于钢材贸易资金占用量比较大，为了加快公司做大做强，公司决定向银行申请厂商银融资。根据武汉钢铁股份公司、湖北省国新钢铁销售有限公司和下游企业签订的三方购销合同订货量，银行为湖北省国新钢铁销售有限公司提供总额14000万元银行承兑汇票额度，保证金30%，授信9800万元，收款人为武汉钢铁股份公司，授信定向用于向武汉钢铁股份公司订购钢材，直供销售给下游客户。银行根据湖北省国新钢铁销售有限公司每次订购合同钢材数量，开立保证金为30%的银行承兑汇票，期限6个月以内，收款人为武汉钢铁股份公司。同时将订购钢材提单质押于银行，待上期钢材销售货款回笼银行，银行即释放与回款等值提单，依次循环，滚动操作。

三、钢厂上调出厂价是否会刺激钢材期货价格上涨?

价格策略是指企业通过对顾客需求的估量和成本分析，选择一种能吸引顾客、实现市场营销组合的策略。钢厂价格政策是指钢厂冶炼企业为了实现产品的销售而制定的产品价格销售政策，通常用来向钢材贸易商和钢材下游终端用户结算。国内钢铁冶炼企业众多，每个企业的销售区域不同，因此每个企业的市场定价策略也有很大区别。

按照价格制定的频率划分，目前国内钢厂的定价策略主要有按照月度定价和按照旬度定价两种策略。第一，按照月度制定价格。国内大型钢厂如宝钢、武钢、鞍钢等一线钢厂均按照月度制定价格，签订合同后锁定价格。该定价方式下全月锁定价格，市场的实际价格可能与合同价格存在较大差异，尤其是在市场行情急剧上涨或是下跌过程中，会增加销售的不稳定性。为了弥补价格剧烈变动带来的负面影响，钢厂通常会出台一些临时性措施进行补充。第二，按照旬度制定价格。为了更加积极地应对市场价格的波动，国内部分钢铁冶炼企业实行旬度定价策略，即每月的 1 日、10 日和 21 日分别制定未来 10 天的价格政策，这种定价方式下最具代表性的钢厂是沙钢。随着铁矿石价格的波动，实行按周、按日进行定价策略已经逐步出现，比如天津江天、唐山宏润。

按照钢厂定价的关注要素划分，可以分为成本导向定价策略和需求导向定价策略。成本导向定价是企业定价首先需要考虑的方法。成本是企业生产经营过程中所发生的实际耗费，客观上要求通过商品的销售而得到补偿，并且要获得大于其支出的收入，超出的部分表现为企业利润。以产品单位成本为基本依据，再加上预期利润来确定价格的成本导向定价法，是企业最常用、最基本的定价方法。就钢厂冶炼企业而言，钢厂最主要考虑的成本要素是铁矿石和焦炭。需求导向定价是指按照顾客对商品的认知和需求程度制定价格，而不是根据卖方的成本定价。这类定价方法的出发点是顾客需求，认为企业生产产品就是为了满足顾客的需要，所以产品的价格应以顾客对商品价值的理解为依据来制定。中国的钢材贸易流通主要是通过钢材贸易商完成的，因此对于钢铁冶炼企业来讲，需求导向定价策略下最主要考虑的就是钢材贸易商的接受程度。

钢厂调价政策对价格的影响主要体现在两个方面：第一个方面是影响钢材贸易经销商的成本，第二个方面是影响市场对后市的价格预期。钢材贸易商主要从钢厂采购货物，然后加上一定的利润后销售给终端消费者。钢厂上调出厂价格将直接增加钢材贸易商的进货成本，进而刺激现货市场的价格上涨，而期货价格表现为现货价格加上合理的持有成本，因此钢厂上调出厂价格将刺激期货价格的上涨。反之，钢厂下调出厂价格将刺激期货价格走低。钢厂调价也影响市场参与者对市场后期走势的预期。一般来说，狭义的预期是指人们对未来商品市场价格波动的预测；广义的预期是指包括投资者、消费者等经济行为主体在作出行动决策之前对未来经济形势作出的预测。在市场价格上涨阶段，钢厂调价通常表现为试探、拉升、急升三个阶段；而在市场下跌阶段，钢厂调价往往表现为硬挺、被动下跌、跟随市场下跌三个阶段。因此，钢厂调价的不同手法极大地影响了市场参与者对未来价格走势的预期，进而导致期货价格的上涨或是下跌。

【案例 4－3——钢厂密集上调出厂价格刺激期货价格涨停】

2009 年 7 月份的最后一周，国内共 60 家钢厂合计 187 次对出厂价格进行了上调，是历史上钢厂对出厂价格调整次数最多的一周，许多钢厂基本每天一次甚至两次对出厂价格进行上调。这在很大程度上形成了市场价格与钢厂价格轮番上涨的局面。尤其是首钢对 8 月份出厂价格大幅上调 450～550 元/吨。在首钢大幅上调价格的影响下，河北钢铁集团在 7 月 25 日和 31 日分别大幅上调螺纹钢价格 170 元/吨和 300 元/吨。钢厂大幅上调出厂价格，极大地刺激了市场的乐观情绪，全国现货市场价格出现普遍上涨格局。华北、西部地区部分主要市场价格一周内上涨幅度超过 400 元/吨，其他绝大多数市场价格上涨幅度也超过 200 元/吨。钢厂大幅上调出厂价格也极大地刺激了期货价格的上涨，7 月 27 日（周一），钢材期货主力合约收盘价 4236 元/吨，之后连续出现上涨走势。期货市场在 7 月 31 日和 8 月 4 日单日分别出现 133 元/吨和 284 元/吨的上涨。

四、贸易商的经营行为如何影响螺纹钢期货价格?

中国的钢材流通主要是通过钢材贸易商销售给终端用户，因此钢材贸易商的经营行为对价格走势有着非常重要的影响。对于钢材贸易商而言，主要是不断地进行钢材与资金的转换。当市场价格较低并且预期未来价格将要上涨时，贸易商将手中的资金转换为资源，囤积钢材产品，以期未来价格上涨后抛出进行获利。当市场价格较高并且预期未来价格将要出现下跌时，贸易商将手中的钢材不断地卖出，转化为资金。市场形象地把钢材贸易商的这种行为称之为“筹码博弈”。“筹码”是钢材现货贸易商手中的资金和钢材（又称资源）；所谓“筹码博弈”，是指资源和资金之间的转换。

当市场资源紧缺时，贸易商急于将资金变成资源，积极向钢厂采购，备货建仓，所以在这个时候，经销商不希望钢价上涨（反正自己没有资源，上涨后也无利可图），而是把价格打压下来，让整个市场处于较低价位，这样向钢厂采购资源时，不至于将出厂价格定得很高（高于市场价格）。同时，在高库存量时，市场价格也处于较高价位，而且这个高价位能持续较长时间。由于贸易商手中资源普遍比较充足，希望价位往上走，越高越好，价格越高，其手中货源的利润空间也就越大。此时，一批终端用户在“买涨不买跌”的心态支配下，采购的欲望增强，使市场需求上升。因而，这种心理起到了促使钢价攀升的“催化剂”效应。

从历年建筑钢材市场的运行格局中，我们总结得出这样一个规律：当市场价格下跌时，资金是矛盾的主要方面，经销商将资源转化为资金（套现）；而终端用户则延缓资金采购资源的进程，所以库存量下降的同时，价格随之而快速下跌。当市场价格上涨时，资源是市场的主要矛盾，经销商将资金转化为资源（囤积居奇）；而终端用户则将资金用来采购资源，从而形成在库存量上升的同时，价格加快上涨。所以，贸易商的“筹码博弈”行为会加速或延缓价格的变动。

在资金和资源供应相对充裕的情况下，钢厂、钢材流通商和终端用户三者之间会出现微妙的平衡，而这种平衡最终会由资金面或资源供应面的变化被打破。在资本市场作用下，市场心态变得更为复杂。很多钢厂宁让利不让市场，开工率始终保持较高水平，新增产能不断释放，导致竞争更趋白热化，影响着钢厂的盈利水平。流通商希望钢厂能给予市场更多的价格空间，需要从钢厂获得最大的优惠，达到获取利益最大化的目的；而钢厂为年度经营业绩的实现和争得市场话语权，欲从价格策略调整方面获得收获。这一博弈，使市场趋势变得更加扑朔迷离。

钢材贸易商的这种经营行为在一定程度上加剧了期货市场的波动。当市场价格较低时，贸易商为获得更加低价的资源不断打压现货价格，出现恶性循环，现货价格一路下泄。

【案例 4 - 4 ——贸易商资金紧张甩货行为导致期货价格出现下跌】

2011 年元旦过后，鉴于国内严峻的通货膨胀形势，中国人民银行连续出台了紧缩性的货币政策。1 月 14 日，中国人民银行决定从 2011 年 1 月 20 日起上调存款类金融机构人民币存款准备金率 0.5 个百分点。2 月 9 日，中国人民银行决定上调金融机构人民币存贷款基准利率，其中，一年期存款基准利率上调 0.25 个百分点，由 2.75% 提高到 3%；一年期贷款基准利率上调 0.25 个百分点，由 5.81% 提高到 6.06%。2 月 17 日，中国人民银行对部分资本充足率较低、信贷增长较快的地方法人金融机构实施了差别准备金要求。2 月 18 日，中国人民银行决定从 2011 年 2 月 24 日起上调存款类金融机构人民币存款准备金率 0.5 个百分点。

同时，国家也对房地产行业出台了新的调控措施。2011 年 1 月 26 日，国务院常务会议再度推出八条房地产市场调控措施（下称“新国八条”），要求强化差别化住房信贷政策，对贷款购买第二套住房的家庭，首付款比例不低于 60%，贷款利率不低于基准利率的 1.1 倍。在央行紧缩货币政策的影响下，贸易商的资金趋于紧张，加上国家出台地产调控政策，贸易商对钢材后市价格走势较为悲观，市场上部分大型钢材贸易商开始甩货，以便回笼资金。在部分贸易商低价甩货的情况下，现货市场价格开始出现下跌。期货市场价格由于受到调控政策以及现货价格下跌的双重影响，钢材期货价格于 2 月 11 日开始下跌，一直持续到 3 月 11 日，跌幅达 500 元/吨。

五、高库存对螺纹钢期货有直接打压作用吗?

从钢材产品流通的产业链分析，钢材库存可以分为钢厂库存、流通库存和终端用户库存。从数据来源看，钢厂库存和流通库存可以获得，终端用户企业库存数据较难获得。

从2006年1月到2011年2月的钢厂库存数据统计看（见图4－1），钢厂存在明显的季节性特征。每年的库存高峰值出现在春季1月份至3月份之间和秋季7月份至9月份之间。每年的低峰值大部分出现在4月份和12月份。库存的季节性特征可以帮助我们直观地将目前的库存和历史上的库存水平进行比较，同时比较流通市场库存的变化，进而帮助我们对螺纹钢期货的走势作出研判。

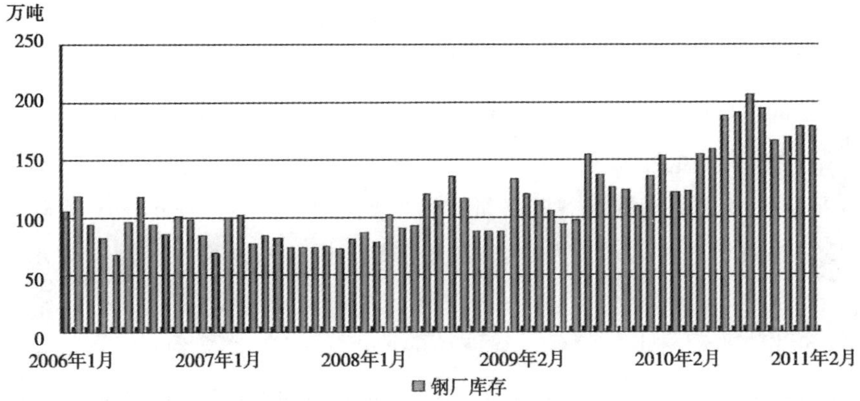

图4－1 国内钢厂库存

数据来源：WIND资讯、申银万国期货研究所。

从2006年3月到2010年12月的流通库存数据统计看（见图4－2），建筑钢材市场库存也存在明显的季节性特征。每年的库存高峰值出现在春季2月份至4月份之间，比钢厂库存的高峰期晚一个月。每年的低峰值大部分出现在11月份。流通库存呈现季节性特征的深层次原因在于两个方面：一方面是由于终端需求的萎缩，建筑钢材的终端需求具有季节性特征，由于阳历新年至阴历春节期间，北方建筑业基本停工，对建筑钢材的需求下降，导致市场积累了大量的库存。另一方面是由于中间需求的增加，春节过后，市场上贸易商预期未来价格走高，开始囤积库存，间接推升了市场库存的走高。

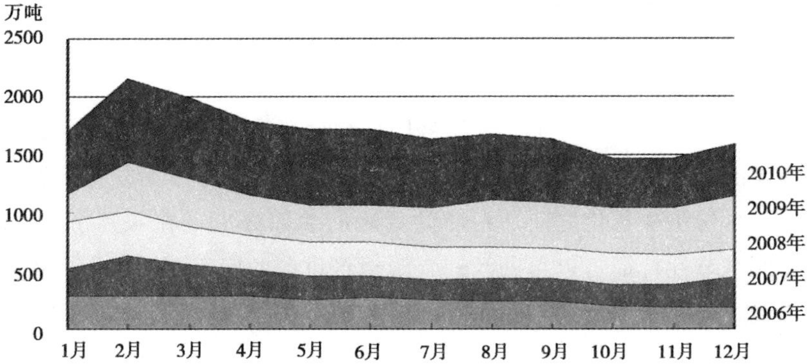

图 4－2　国内钢材现货市场库存

数据来源：WIND 资讯、申银万国期货研究所。

建筑钢材的市场库存水平应当与当时所处的国内国外经济环境、国家货币财政政策、生产能力、下游需求情况等因素密切相关。因此，合理的库存水平应该变现为当期表观消费量的稳定比值。通过对 2006 年 3 月至 2010 年 12 月当月库存占表观消费比的数值进行分析，可以得出合理库存水平为当月表观消费量的 25%（见图 4－3、图 4－4）。

导致建筑钢材市场库存大幅波动的原因之一是市场价格上下波动导致贸易商增加或减少库存。从逻辑分析看，市场价格的上涨与下跌会引起贸易商增加或减少库存的行为，通过对比“我的钢铁网”统计全国 26 个主要城市的建筑钢材库存与“我的钢铁网”的螺纹钢价格指数，可以得出以下结论：库存的高点对应市场价格的低点。从 2006 年到 2009 年的数据分析，市场价格的最低点同步对应于库存的最高点，或者是市场价格的最低点滞后于库存最高点 1～2 周；在库存的最高点出现后，如果伴随着市场库存的连续下降，那么市场价格筑底并走出上涨行情的概率较大；2006 年、2007 年和 2008 年的数据表明，市场库存的最高点与市场价格的最高点相距 3 个月；2009 年的数据表明，二者的时间距离为 5 个月。

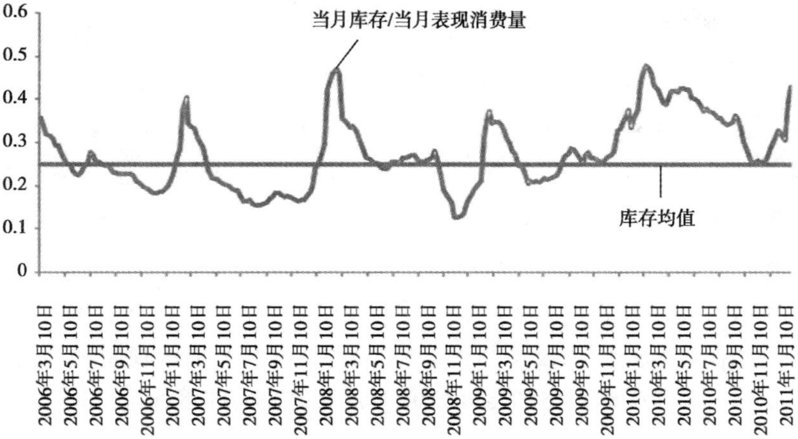

图 4－3　国内钢材现货市场库存与表观消费量比值走势

数据来源：WIND 资讯、申银万国期货研究所。

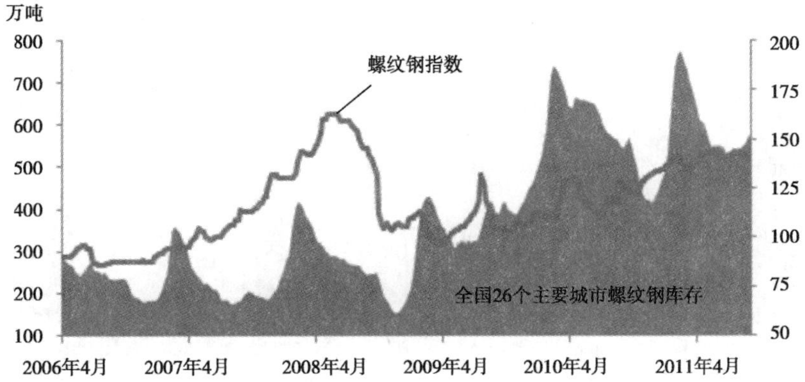

图 4－4　国内钢材现货市场库存与价格指数走势比较

数据来源：WIND 资讯、申银万国期货研究所。

六、钢材进出口如何影响市场价格？

随着世界一体化的推进，国际市场的价格变化对国内市场的价格走势也产生了重要的影响，因此国内钢材进出口数量的变动也成为判断价格走势的重要指标之一。

根据中国钢铁工业协会公布的数据，2004 年以来，我国的钢材出口量呈现出逐年上升的特征，其中 2007 年增长明显，主要是受到国家市场需求旺盛的刺激。2008 年，雷曼兄弟的倒台引发了史无前例的全球金融危机，我国的钢材出口也跌入低谷。之后在全球量化宽松的救市政策的举措之下，我国的钢材出口市场略有好转。进口方面，我国的粗钢产量呈现逐年上升的态势，基本可以满足国内的各种市场需求，因此进口量呈现出逐年下滑的态势。在我国进口钢材的具体品种中，近九成是板材，主要集中在高附加值的冷轧、特厚板、高温合金板等品种，包括厚度小于 1 毫米规格的冷轧薄板带、厚度小于 0.3 毫米规格的冷轧普薄钢带等，取向硅钢的进口依存度更是高达 51.4%。钢材出口数量的增加，将会缓解国内的资源供应压力，刺激国内市场价格的上涨。图 4－5 是国内钢材出口占中国粗钢产量比走势。

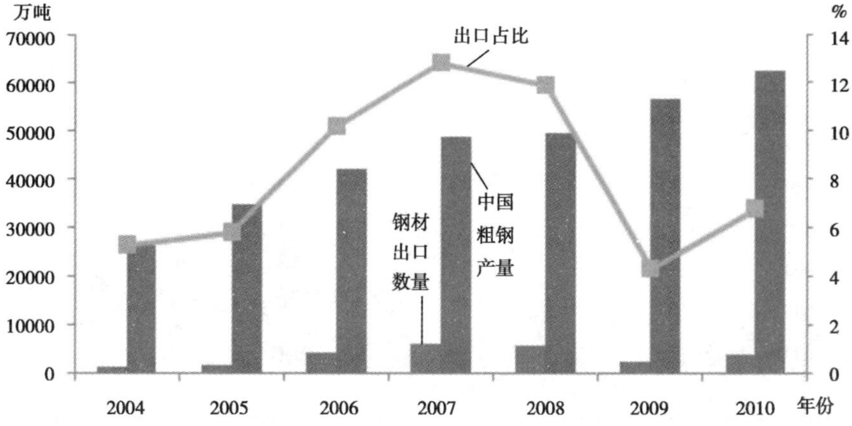

图 4－5　国内钢材出口占中国粗钢产量比走势

数据来源：WIND 资讯、申银万国期货研究所。

图 4－6 是国内钢材进口占中国粗钢产量比走势。

我国的钢材产量中，建筑钢材占据到接近 50% 的比例，几乎可以完全满足国内市场的需求，因此建筑钢材几乎没有进口。由于我国建筑钢材价格优势，每年螺纹钢和线材都有一定比例的出口。2006 年至 2007 年上半年，我国的建筑钢材出口均保持了较快的增长。在 2007 年上半年，钢筋的出口

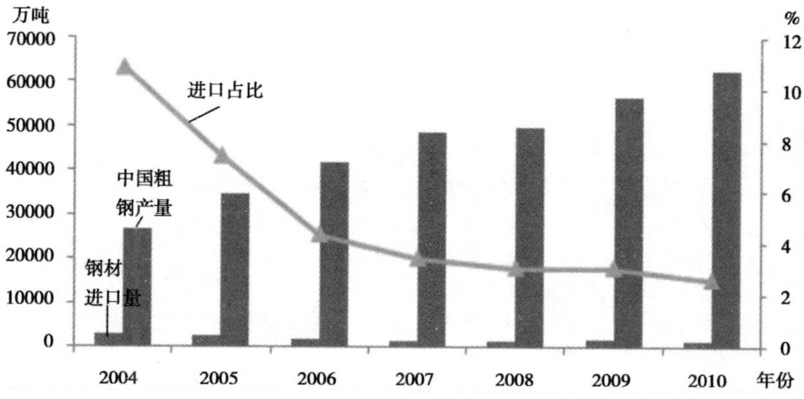

图 4－6　国内钢材进口占中国粗钢产量比走势

数据来源：WIND 资讯、申银万国期货研究所。

占到其产量的 10%，极大地提振了国内螺纹钢的价格。2007 年下半年以来，钢筋的出口持续下滑，到目前为止，出口几乎很少。线材的出口情况和螺纹钢的出口情况稍有区别，线材的出口在 2007 年和 2008 年上半年出现了较大幅度的增长，之后出现滑落，目前线材出口很少。

图 4－7 是国内钢筋出口占月度产量比走势。

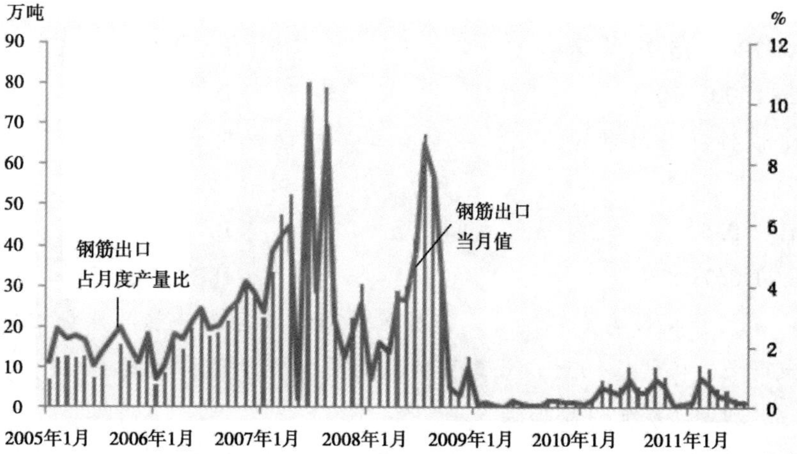

图 4－7　国内钢筋出口占月度产量比走势

数据来源：WIND 资讯、申银万国期货研究所。

自　测　题

一、选择题（单项）

1. 我国的钢材产量中，建筑钢材占据到接近(　　)的比例，几乎可以完全满足国内市场的需求，因此建筑钢材几乎没有进口。

A. 40%　　B. 50%

C. 60%　　D. 70%

2. 我国钢材生产结构性矛盾仍较为突出，部分品种的对外依存度较高，例如(　　)等品种超过半数依赖进口。

A. 硅钢　　B. 钢管材

C. 螺纹钢　　D. 普通线材

3. “厂商银模式”指贸易商凭借与钢厂的年度订货合同，与银行、钢厂签署三方协议，获得银行的票据融资。该模式的资金杠杆比例为(　　)倍。

A. 1.1　　B. 2.2

C. 3.3　　D. 4.4

4. 目前，我国有各类钢铁企业已达(　　)多家，经销商更是达到了(　　)家之多。

A. 700　15 万　　B. 1100　15 万

C. 1500　10 万　　D. 1800　15 万

5. 以目前上海市场为例，钢材仓单质押融资模式一般的提款比例是(　　)。

A. 1:0.5　　B. 1:0.6

C. 1:0.7　　D. 1:0.8

6. 市场预期影响价格波动，钢材贸易商经营行为会加剧期货市场的波动。当市场价格(　　)时，贸易商为获得更加低价的资源进行(　　)现货价格，这加剧了现货价格的偏离。

A. 较低　打压　　B. 较低　抬高

C. 较高　抬高　　D. 较高　打压

7. 通过对 2006 年 3 月至 2010 年 12 月当月库存占表观消费比的数值进

行分析，可以得出合理库存水平为当月表观消费量的(　　)。

A. 25%　　B. 30%

C. 35%　　D. 45%

8. 市场的规范、经营资质的规范乃至钢铁生产商和贸易商之间、贸易商与终端用户之间的规范，都必须由(　　)行使职能，加强引导扶持。

A. 同业工会　　B. 协会

C. 政府　　D. 贸易促进会

9. 国内部分钢铁冶炼企业实行旬度定价策略，即每月的1日、10日和21日分别制定未来10天的价格政策，这种定价方式下最具代表性的钢厂是(　　)。

A. 马钢　　B. 沙钢

C. 武钢　　D. 鞍钢

10. 市场价格的上涨与下跌会引起贸易商增加或减少库存的行为，那么钢材库存的高点(　　)与钢材价格的低点相互对应。

A. 一定是　　B. 几乎是

C. 不是　　D. 无法确定

二、判断题

1. 中国钢材生产企业销售钢材的方式有三种：一是企业直供；二是通过经销商流通环节销售；三是通过钢厂的分支机构销售。(　　)

2. “厂商银模式”指贸易商凭借与钢厂的年度订货合同，与银行、钢厂签署三方协议，获得银行的票据融资。(　　)

3. 按照钢厂定价的关注要素划分，可以分为供给导向定价策略和需求导向定价策略。(　　)

4. 钢厂调价政策对价格的影响主要体现在两个方面：第一个方面是影响钢材贸易经销商的成本；第二个方面是影响市场对后市的价格预期。钢厂调价的不同手法极大地影响了市场参与者对未来价格走势的预期，进而导致期货价格的上涨或是下跌。(　　)

5. 按照价格制定的频率划分，目前国内钢厂的定价策略主要有按照月度定价和按照年度定价两种策略。(　　)

6. 钢材库存可以分为钢厂库存、流通库存和终端用户库存三个方面。 （ ）

7. 上海钢铁贸易企业年贸易额在1亿元以上的，仅占钢材贸易群体不到1.5%，年贸易额超过50亿元的企业，不到千分之一，有一定规模和实力的企业很少。 （ ）

8. 钢材期货的推出，适时地解决了钢材贸易企业所遇到的问题和瓶颈，同时也为钢材贸易企业盈利拓宽了路径。 （ ）

9. 建筑钢材的市场库存水平应当与当时所处的国内国外经济环境、国家货币财政政策、生产能力、下游需求情况等因素密切相关。 （ ）

10. 在我国进口钢材的具体品种中，近九成是板材，主要集中在高附加值的冷轧、特厚板、高温合金板等品种，包括厚度小于1毫米规格的冷轧薄板带、厚度小于0.3毫米规格的冷轧普薄钢带等，取向硅钢的进口依存度更是高达51.4%。 （ ）

参考答案

一、选择题（单项）

1. B　2. A　3. C　4. B　5. C
6. A　7. A　8. C　9. B　10. D

二、判断题

1. √　2. √　3. ×　4. √　5. ×
6. √　7. √　8. √　9. √　10. √

第五章
钢材期货投资主要关注因素
——下游消费

【本章要点】

本章主要介绍影响钢材价格的主要因素——下游消费，同时介绍了国内消费情况、消费领域、地区差异、固定资产投资、保障房等要素对钢材价格的影响。

一、我国的钢材消费状况如何?

世界发达国家的经验表明，一个国家钢材消费的增长与其工业化和城市化进程具有很强的相关性。经济学家钱纳里认为，人均国内生产总值（GDP）在1800～4800美元时处于工业化阶段中期，城市化率在30%～60%之间；人均国内生产总值（GDP）在4800～9000美元处于工业化阶段后期，城市化率在80%以上。

发展阶段的不同，决定了钢材消费强度的不同，并可判断一国钢材消费峰值水平。当一国处于工业化初期和中期阶段，钢材消费强度呈迅速上升趋势，直至工业化后期阶段钢材消费强度增速有所放缓，但还维持在一定高水平上，此时已经接近峰值水平。当该国发展到成熟阶段时，由于有产业结构优化的需要，加上科技进步和居民消费结构的变化，钢材消费强度会缓慢下降。

对于我国钢材消费峰值及其来临时期的判断，中国目前处于工业化中后期阶段，其峰值来临可能在2020年前后。目前，我国人均国内生产总值（GDP）已经接近4000美元，加上受产品替代和我国工业化特征的影响，钢材消费峰值会提前到来。我国2009年城市化率仅为46.59%，如果按户籍标准计算可能会远低于这一数字，仍属于经济增长中期，离稳定增长期的80%水平差距悬殊。我国人均粗钢消费量2009年为423公斤，离美国和日本的消费水平相差得还比较远，更不用说达到韩国超1000公斤的高水平。我国经济发展不平衡现象还非常严重，尽管东部地区工业化和城市化已经达到较高的水平，但中西部地区的发展还具有较大潜力，如果要达到或靠近东部水平，则其对钢材消费的潜力还非常大。

工业化需要钢铁作支撑，随着工业化进程的深入，社会累积钢材存量也会出现大幅增长。从1901年到2007年，各主要工业国钢材累积存量分别为：美国78亿吨、日本46亿吨、苏联64亿吨，而我国同期钢材累积消费总量为40亿吨。我国国土面积大，且正处在重工业阶段，装备的大型化和国产化将大大加强，且钢结构的建筑将会逐步普及，这些都迫切需要钢材提供原料支持，因而钢材累积存量还有很大空间。

纵观历史，我国钢材消费增长经历了上升——下降——再上升三个阶段。1991～1993年为第一阶段，我国粗钢消费量大幅增长，表观消费量（折合粗钢计算）由1990年的6712万吨增加到1993年的12872万吨，增长近1倍，1992、1993年的增长率分别高达22.9%和48.5%。1994～2000年为第二阶段，钢材消费出现负增长或增幅很小，这7年粗钢消费的年均增长率仅为1.1%。2001～2010年为第三阶段，钢消费量大幅增长，由2000年的16993万吨增加到2007年的43436万吨，年均增长率达到14.3%。2008年我国粗钢表观消费量为45285万吨，比2007年增加1271万吨，增长2.89%，增幅回落8.99百分点（见图5-1）。根据中国钢铁工业协会公布的数据，2010年中国粗钢表观消费量预计在5.96亿吨左右。

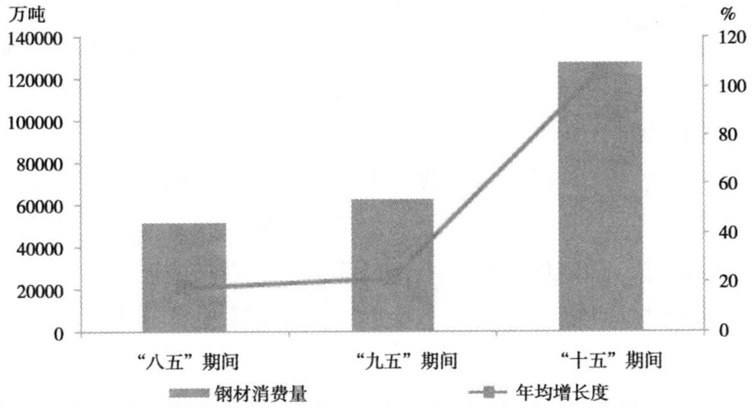

图 5-1 我国粗钢消费量变化情况

数据来源：WIND 资讯、申银万国期货研究所。

二、建筑钢材的消费主要集中于哪些领域？

钢铁素有"工业粮食"之称，钢铁材料是诸多工业领域中的"必选材料"，既是许多领域不可替代的结构材料，也是产量最大、覆盖面极广的功能材料。钢铁工业长期以来是世界各国国民经济的基础产业，在国民经济中占有重要的地位。钢铁工业发展水平如何，历来是一个国家综合国力的重要标志。钢铁产品广泛应用于基础设施建设、房屋建设、机械行业、汽车行业、家电行业以及造船行业。在我国种类繁多的钢材产品中，建筑钢材的产量占据着半壁江山。建筑钢材主要是指螺纹钢和线材。

螺纹钢广泛用于房屋、桥梁、道路等土建工程建设。大到高速公路、铁路、桥梁、涵洞、隧道、防洪、水坝等公用设施，小到房屋建筑的基础、梁、柱、墙、板，螺纹钢都是不可或缺的结构材料。随着我国城镇化程度的不断深入，基础设施建设、房地产的蓬勃发展对螺纹钢的需求强烈。钢筋混凝土结构仍然是当前及未来相当长时期内我国建筑的主要结构形式。因此，可以预期，螺纹钢需求量和产量仍将保持较高水平。据统计，我国建筑业用钢量占钢材消耗总量的 50% 左右。建筑业作为资源消耗量较大的行业之一，要实现可持续发展，就必须调整建筑材料消耗结构，大力应用高强钢筋和高性能混凝土，走节约型发展道路。如果能够将目前使用的钢筋和混凝土提高一个强度等级，则可以节约巨大的社会资源。根据测算，如果能够按照规范的要求，将钢筋混凝土的主导受力钢筋强度提高到400~500牛顿/平方毫米，则可以在目前用钢量的水平上节约10%左右。

线材用途也十分广泛，除直接用作建筑钢筋外，还可加工成各类专用钢丝，如弹簧用钢丝、焊丝、镀锌丝、通讯线、钢帘线、钢绞线等，还可加工成其他金属制品，如铆钉、螺钉、铁钉等。根据资料统计，一般国家线材产量占钢材总产量的5%~15%。我国目前处在经济发展时期，城市建设和解决居民居住条件仍需要大量线材。此外，国内对金属制品需求量增加，国际贸易出口量也不断扩大，我国线材产量占钢材总产量的比例将达到15%左右。近几年来，作为制品生产的基础原材料，我国深加工用优质线材以10%左右的速度发展，其总量和大部分品种已能满足市场需求。2007年线材深加工产品总量超过2000万吨。线材产品质量明显提高，主要表现为：作为制品主要品种的低松弛钢绞线和优质钢丝绳所用线材，无论是从化学成分、物理性能、尺寸及表面精度，还是成材率等指标评价，都可与进口线材相媲美。我国生产的线材不仅能满足国内市场需求，而且部分产品已出口国外。宝钢、武钢、沙钢、鞍钢等钢厂生产的钢帘线用线材也已在国内钢帘线生产厂使用。绝大部分制品用线材已能满足我国生产的需要。

钢筋混凝土结构

混凝土是由水泥、沙子、石子和水按一定的比例搅拌而成。凝固后坚硬如石，受压能力好，但受拉能力差，容易因受拉而断裂。为了解决这个矛盾，充分发挥混凝土的受压能力，常在混凝土受拉区域内或相应部位加入一定数量的钢筋，使两种材料粘结成一个整体，共同承受外力。这种配有钢筋的混凝土，称为钢筋混凝土。钢筋混凝土粘结锚固能力可以由四种途径得到：（1）钢筋与混凝土接触面上化学吸附作用力，也称胶结力。（2）混凝土收缩，将钢筋紧紧握固而产生摩擦力。（3）钢筋表面凹凸不平与混凝土之间产生的机械咬合作用，也称咬合力。（4）钢筋端部加弯钩、弯折或在锚固区焊短钢筋、焊角钢来提供锚固能力。

三、建筑钢材的消费为何具有地区性差异?

众所周知，北京、上海、广州分别立于祖国的北方、东方、南方，近乎经线的贯穿，导致气候上有着明显的不同，分属不同的气候类型。而螺纹钢作为建材品种，天气的阴晴、雨水的多少、气温的高低对其使用、存放都有着极大的影响，从而直接影响到螺纹钢价格呈现地区性强弱差异。广州地理位置偏南，属亚热带季风气候，常年相对高温，比较利于房屋开工、建材的使用和存放，从而导致成交相对活跃，价格也明显的处在高位。上海作为内陆经济龙头，优势凸显：水陆交通便利，地理位置优越，其他省份钢材进入上海地区运输成本相对低廉，上海市场竞争激烈；信息流通迅速，使得钢材贸易商能够及时获得第一手资料，市场反应更灵敏；气温适中，对需求影响相对较小，促进成交。北京地区由于气候差异，夏季天气酷热和冬季天气严寒都导致工地施工出现明显的阶段性停工，从而延缓螺纹钢的需求。

在北京、上海、广州的二级螺纹钢（三级螺纹钢）钢价对比中，整体来说，广州价格最高，北京居中，上海价格最低。三地的气温走势具有明显的季节性特征。夏季，三地气温相仿，最高温30℃左右，基本出现在每年的7月份。冬季，三地气温悬殊较大，整体来说，北京气温最低，上海居中，广州最高（最低温在10℃左右）。钢价整体走势跟随气温波动，呈现出较为明显的季节性特征。这一特征就是当气候变暖，气温走高，市场需求随之逐渐释放，抬升价格；反之，降温会导致需求萎缩，开工减少（0℃以下会直接导致停工），钢价随之回落。除2008年与2011年初由于经济发展和通货膨胀导致的跨年上涨行情外，其余年份的冬季广州价格都会低于当年夏季高点。

在北京、上海、广州的价格对比中，北京地区的螺纹钢价格呈现较为明显的区域波动性，表现为在上海价格与广州价格之间徘徊，时而贴近上海价格，时而贴近广州价格。每年的第四季度到来年的第一季度（2006年9月~2007年5月；2007年10月~2008年5月；2008年10月~2009年2月；2009年9月~2010年3月等），上海与北京地区的螺纹钢价格趋于重合，而此时广州的价格与上海、北京地区的价格则存在着明显的价差（见图5-2）。

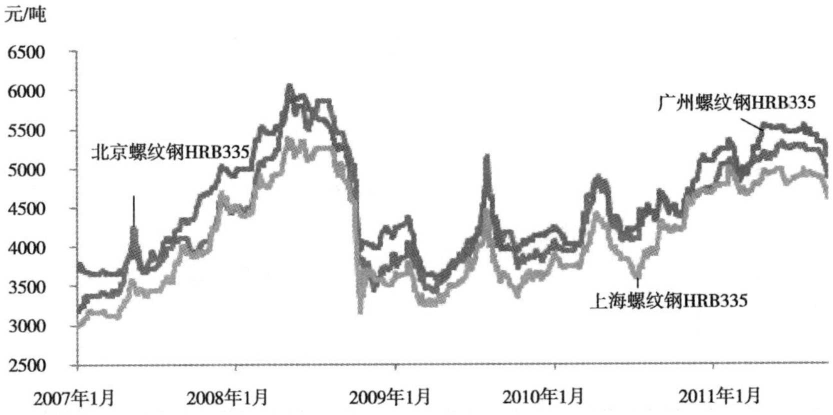

图 5－2　北京、广州、上海现货市场螺纹钢价格走势

数据来源：WIND 资讯、申银万国期货研究所。

因此，气温的高低对螺纹钢价格确实能产生影响，使钢材价格整体走势呈现出季节性特征，气温差导致了同一品种的螺纹钢价格存在着明显的地域性差异（尤其是冬季）。

四、钢材消费与固定资产投资之间具有怎样的关系?

钢铁行业是国民经济的支柱产业，关系到国计民生，在国民经济中占有不可替代的地位。钢铁作为一个周期性行业，受宏观经济的影响较大。西方成熟经济体的经验表明，由于发展阶段和产业结构不同，钢材消费强度是明显不同的。在工业化初期和中期阶段，钢材消费强度呈现迅速上升趋势，而到了工业化后期阶段，钢材消费强度将维持在一定高水平上，之后钢材消费强度缓慢下降。

一般而言，钢材产销量与国内生产总值以及固定资产投资有着较强的相关性。一个国家钢材消费量与该国国民经济发展状况、工业化进程应当密切相关，钢产量和消费量总体上与国内生产总值以一定比例正向增长。国内生产总值的统计构成可以分解为第一产业（农业）、第二产业（工业和建筑业）和第三产业（服务业）。显然，第二产业是使用钢材最密集的行业。在我国钢材的消费需求增长中，固定资产投资的增长起到了非常关键的作用。众所周知，与国外相比，中国的国内生产总值构成中，消费比例严重偏低，以至于国内生产总值的增长主要依赖固定资产投资的增长。固定资产行程过程中必须使用大量钢材，正是由于固定资产的超比例增长才成就了我国钢铁行业的高速增长。因此，研究钢材总需求与固定资产投资之间的关注，也是研究钢材总需求与宏观经济的重要内容。

在表5－1中，国内生产总值、第二产业生产总值以及全社会固定资产投资三大指标均采用当前价格，即未经价格水平调整。钢材表观消费量是指“国内粗钢产量＋钢坯净进口量＋钢材净进口量”。该方法的好处是可以避免国内钢材生产统计中重复计算的缺陷。从图5－3中可以明显地发现，钢材表观消费量与国内生产总值和固定资产投资呈现明显的趋势一致性。

表5－1　　三大宏观经济指标及钢材表观消费量历年情况表

年度	国内生产总值（亿元）	第二产业生产总值（亿元）	全社会固定资产投资（亿元）	钢材表观消费量（万吨）
1981	4892	2256	961	3796
1982	5323	2383	1230	4000
1983	5963	2646	1430	4912
1984	7208	3106	1833	5695
1985	9016	3876	2543	6624
1986	10275	4493	3121	6944
1987	12059	5252	3792	6795
1988	15043	6587	4754	6912
1989	16992	7278	4410	6784
1990	18668	7717	4517	7051
1991	21781	9102	5595	8599
1992	26923	11700	8080	12494
1993	35334	16454	13072	11494
1994	48198	22445	17042	11567

续表

年度	国内生产总值（亿元）	第二产业生产总值（亿元）	全社会固定资产投资（亿元）	钢材表观消费量（万吨）
1995	60794	28679	20019	9944
1996	71177	33835	22914	11062
1997	78973	37543	24941	11376
1998	84402	39004	28406	12196
1999	89677	41034	29855	13494
2000	99215	45556	32918	12685
2001	109655	49512	37214	16914
2002	120333	53897	43500	20465
2003	135823	62436	55567	25707
2004	159878	73904	70477	28562
2005	183217	87365	88774	35521
2006	211923	102162	109998	38795
2007	257306	124799	137239	43735
2008	300670	146183	148167	45565

数据来源：WIND 资讯、申银万国期货研究所。

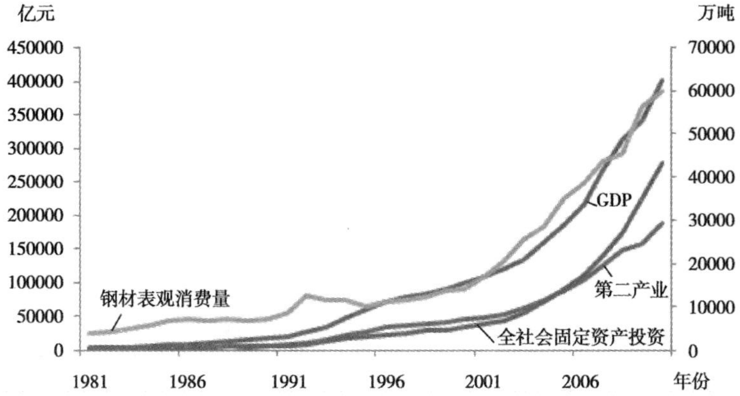

图 5－3　三大经济指标与钢材表观消费量走势比较

数据来源：WIND 资讯、申银万国期货研究所。

为了进一步分析它们之间的关系，可以对表5-1中的数据进行回归计算得到相关系数。测算结果表明三大宏观经济指标之间的相关性在0.98以上，三大宏观经济指标与钢材消费之间的相关性都接近0.98。如此高的相关系数，充分表明我国高速发展的经济对钢材消费的依赖性。进一步，我们可以根据图5-3中的数据计算出固定资产投资与钢材表观消费量的散点图以及拟合线性方程式，拟合结果的线性方程式为：$y=0.2904x+5778.2$，拟合结果的R^2为0.9727，说明二者之间具有较强的线性相关性见图5-4。

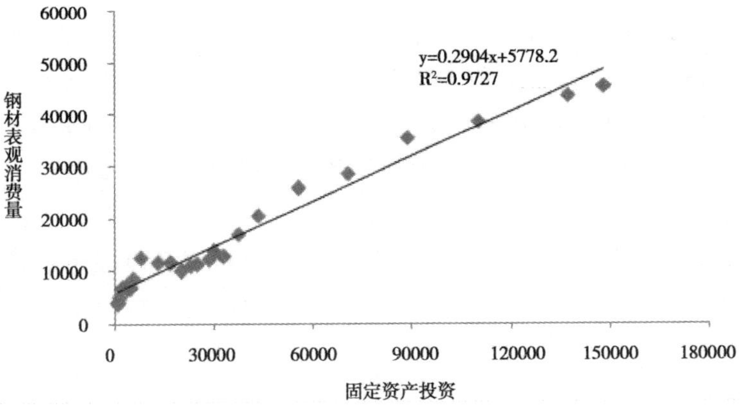

图5-4 固定资产投资与钢材表观消费量之间的线性关系

数据来源：WIND资讯、申银万国期货研究所。

固定资产投资在国内生产总值中占据非常重要的比重，因此钢铁行业的景气程度与经济增长周期密切相关。具体而言，当经济强劲复苏和增长时，钢铁行业也进入较高景气状态；反之，当经济增长速度有所放缓时，钢铁工业景气程度也相应进入下降通道。

1991~1993年，固定资产连续三年高速增长，钢材的消费增长率在1993年达到45%。1991年年底国内螺纹钢、线材的价格大致为1700元/吨；1993年年中，价格已经双双突破4000元/吨。1991年，国内钢材产量为5638万吨，在一路走高的价格刺激下，1994年的产量达到8648万吨，三年内产量增加了50%。

1994 年，国内通货膨胀率高达 20% 以上，经济过热的局面导致政府不得不出台强硬的宏观紧缩政策，固定资产投资增长率进入了 6 年的下降期。钢材需求量在 1994 年、1995 年两年中都是负增长，价格一路回落。1999 年下半年，国内螺纹钢、线材的价格回落至每吨 2200 多元。在价格回落的背景下，钢材企业扩张的动力几乎消失，钢铁行业的固定资产投资连续 5 年负增长，1996 到 1998 年国内自产钢材产量增长率分别只有 4%、7% 和 7.5%。

2000 年开始，固定资产投资增长率又出现连续 4 年不断提高的局面，宏观经济又进入景气阶段。2001 年，钢材需求增长率迅速回升至 30% 以上，并且在接下来的两年内增长率保持在 20% 以上。在需求拉动和供给增长率降低的复合作用下，钢价出现了明显回升，2004 年 3 月，螺纹钢、线材的价格一度又登上 4000 元/吨整数关。钢材价格开始走稳并略有上升，钢铁企业利润率大增。2002 ~ 2004 年，大规模的钢铁投资又出现了，经过两年的建设，大多在 2005 年或 2006 年建成投产，2005 年和 2006 年，国内自产钢材年增长率分别达到了 28.36% 和 23.41%。国内钢铁产能迅速扩张，以至于 2006 年一举改变了我国以往钢材净进口的历史，首次实现了钢材净出口。

2004 年，当经济过热的苗头开始显现时，宏观经济政策开始转向从紧。但在国际经济继续增长的背景下，国内房地产和钢材出口两个轮子高速运转，第二产业和国内生产总值依旧运行在上升通道中。固定资产投资增长率在 2006 年开始逐年回落，受此影响，国内钢材需求增长率也开始回落。但是，一方面由于固定资产投资增长率仍旧维持在 20% 以上，另一方面钢材出口需求的强劲增长也对缓解国内钢材供大于求作出了很大的贡献。然而，这一切都因为 2008 年下半年的金融危机戛然而止。2008 年，三大宏观经济指标和钢材消费的增长率都明显进入了下降通道。

【案例 5-1——四万亿元投资计划刺激钢材价格从底部回升】

2008 年，以美国雷曼兄弟公司破产为标志，国际金融危机爆发并迅速蔓延，全球经济步入衰退周期，导致实体经济大幅下挫，对我国经济产生了重大影响。钢铁行业作为国民经济的支柱产业，影响尤为明显。为了应对金融危机，我国果断决定实行积极的财政政策和适度宽松的货币政策。2008年11月，国务院出台“进一步扩大内需促进经济平稳较快增长”十项措施，内容涉及加快建设保障性安居工程、加快农村基础设施建设、加快铁路公路机场重要基础设施建设、加快生态环境建设等领域，初步匡算，实施上述工程需要四万亿元。住房、交通、机场等行业的投资直接需要钢材，因此加大了对钢材的需求用量。2008年10月，广州现货市场螺纹钢HRB335的价格仅仅为3500元/吨，在国家四万亿元政策的刺激下，国内钢材市场价格开始走出低谷，12月份广州市场同规格的螺纹钢已经销售至4000元/吨。

五、房地产投资对钢材需求能产生怎样的影响?

统计数据显示，钢铁消费数量最大的三大行业分别是房地产、装备制造业和汽车业，其中房地产业消耗了四成以上的钢铁。一般而言，对房地产市场的分析逻辑是销售量和销售价格的上涨将降低市场上现有房屋供给，使开发商得到充裕的回笼资金，同时，持续的销售量和销售价格回升将改善开发商对未来的预期，对未来良好的预期将导致开发商增加施工面积和新开工面积，从而最终带来线材和螺纹钢的用钢需求。房地产投资的活跃转换为线材和螺纹钢用钢需求必须体现为施工和新开工面积的增加。随着房地产竣工面积的持续增加，建筑项目将逐步减少，后期施工面积的增加只能来自于新开工面积的增长。能够带来房地产新开工面积增长的条件有三个：第一，房地产销售量和销售价格的持续向好改善房地产商心态，其对未来房地产市场的良好预期将带来新开工项目；第二，房地产开发商资金面宽裕，可以支持新项目投资；第三，房地产价格水平足以覆盖开发商拿地及建设成本。

从房地产行业的新开工面积与建筑钢材的实际需求关系看，二者一般大约有3个月的时间滞后。产生滞后的主要原因是我国的统计口径所致，当房地产开发企业拿到开工许可证以后，国家统计局就会纳入新开工面积统计。但是房地产企业从施工队招标到实际开工建设，还需要一段准备时间，因此，建筑钢材的实际需求会滞后于新开工面积的统计数据。

图5-5是房地产市场开工流程图。

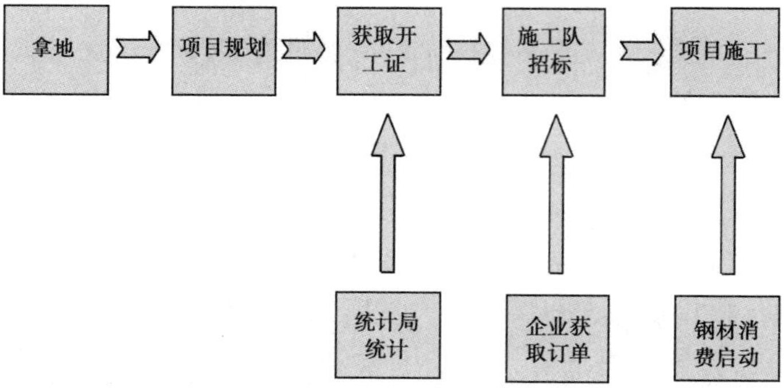

图 5－5　房地产市场开工流程图

数据来源：WIND 资讯、申银万国期货研究所。

从 2003～2009 年的历史数据表明，房地产新开工面积增速分别在 2004 年、2006 年和 2008 年出现了大幅的下滑。从 2003～2008 年的钢筋表观消费量以及表观消费增速走势可以看出，钢筋的表观消费增速分别在 2004 年、2006 年和 2008 年出现了明显的下滑。从 2003～2008 年房屋新开工面积增速与钢筋表观消费增速的走势对比看，二者在 2005 年和 2009 年呈现出明显的反差。从图 5－6 中我们可以明显的发现，房地产新开工面积将对拉动螺纹钢的需求产生极大的促进作用。

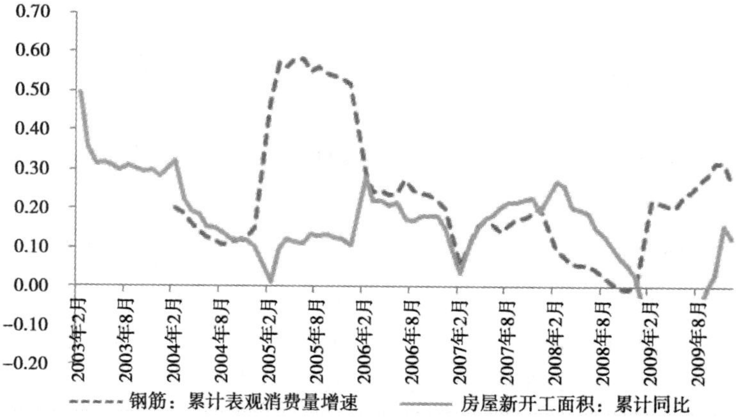

图 5－6　房地产新开工面积与钢筋表观消费量走势图

数据来源：WIND 资讯、申银万国期货研究所。

【案例 5－2——严厉地产调控政策促使钢材价格从顶部回落】

2008 年年底以来，随着国家信贷的大量投放以及对房市刺激政策的出台，投资和投机的炒房者利用廉价的资金和较高的资金杠杆，极大地推动了国内房价的上涨。2009 年 12 月开始，国家就陆续出台了抑制房价过快上涨的政策，然而并没有产生明显效果，房价仍旧大幅上涨。因此，国家在 2010 年 4 月 17 日出台《国务院关于坚决遏制部分城市房价过快上涨的通知》。随后，北京市政府迅速制定并于 2010 年 4 月 30 日发布《北京市人民政府贯彻落实国务院关于坚决遏制部分城市房价过快上涨文件的通知》；深圳、上海、合肥、青岛等其他城市都积极制定了房地产调控细则。地产调控政策主要是从两个方面影响钢材市场价格：第一，通过金融市场间接影响钢材市场走势，主要体现在市场信心发生变化。近期房地产调控新政出台后，国内股市出现了明显下跌，进而带动钢材期货和电子盘下跌。钢材期货和电子盘的下跌又进一步引导钢材现货价格步入调整，调价灵活的中小钢厂则根据现货价格的调整下调了出厂价，从而打压了现货价格。第二，调控政策出台后，房地产企业可能会放缓投资速度，进而减少对建材的需求。调控政策将导致房地产市场出现观望，商品房销售面积将大大减少，进而影响最终消费者对家电、门窗等产品的需求量，钢铁下游产品的门窗、家电需求可能出现萎缩。在地产调控政策的影响下，国内钢材期货价格从 4 月中旬开始下跌，一直持续到 7 月中旬，下跌时间长达 3 个月。

六、国内保障性住房是否加大了螺纹钢的需求？

2010 年的中央经济工作会议指出，要加快推进住房保障体系建设，强化政府责任，调动社会各方面力量，加大保障性安居工程建设力度，加快棚户区和农村危房改造，大力发展公共租赁住房，缓解群众在居住方面遇到的困难，逐步形成符合国情的保障性住房体系和商品房体系；要积极稳妥推进城镇化，合理确定大中小城市和小城镇的功能定位、产业布局、开发边界，形成基本公共服务和基础设施一体化、网络化发展的城镇化新格局。

城镇化建设和保障性住房建设成为钢材需求拉动的亮点。保障性住房建设的加快发展，将带动螺纹钢、线材、圆钢等建筑钢材需求的增加。据统计显示，我国建筑用钢占整个钢材消费量的50%左右，其中房地产建设用钢又占整个建筑用钢的60%以上。

根据住建部发出的通知，2011年计划建设保障性安居工程的任务是1000万套，各地方政府还有“2009～2012年三年保障性住房建设规划”和地方“十二五”期间保障性住房建设规划。2011年1000万套保障性安居工程建设计划，远超此前市场预期，相比2010年的580万套亿房，增长72.4%，计划新增420万套住房。2010年全国保障房投资应超过7800亿元，而2011年1000万套保障房的建设目标，其建设投资将超过1.3万亿元，达到全国房地产投资规模的五分之一左右。

2011年，新建保障性住房1000万套，投资1.3万亿元，对钢材市场来说无疑是重大利好，尤其是对螺纹钢、线材等建筑钢材市场注入了强大的动力。根据住建部2010年4月相关文件规定的廉租房50平方米、经济适用房60平方米的标准，我们取55平方米中值计算，那么2011年1000万套的保障性住房和棚户区改造房总计开工5.5亿平方米。

我们再来算一下1000万套保障性住房的用钢需求量，一般高层建筑每平方米用钢80公斤左右（0.08吨）；多层建筑则每平方米用钢50～60公斤；6～8层的小高层住宅每平方米的耗钢量在58～65公斤之间（上海建工设计研究院数据），主要是用螺纹钢、线材、圆钢等。如果按照6～8层的小高层住宅每平方米的耗钢量在58～65公斤的数据来算，2011年的保障性住房用钢量将达到3190万～3575万吨。由此可以看出，2011年的保障性住房将会营造出一个巨大的建筑钢材市场。

保障性住房

保障性住房，是与商品性住房（简称商品房）相对应的一个概念，保障性住房是指政府为中低收入住房困难家庭所提供的限定标准、限定价格或租金的住房，由廉租住房、经济适用住房和政策性租赁住房构成。廉租房是政府或机构拥有，用政府核定的低租金租赁给低收入家庭。低收入家庭对廉租住房没有产权，是非产权的保障性住房；廉租房只租不售，出租给城镇居民中最低收入者；廉租房户型设定是以一居室、两居室为主，建筑面积原则上是一居室套型建筑面积35平方米，两居室套型建筑面积45平方米，三居室套型建筑面积55平方米。三个项目中的三居都不高于55平方米，是名副其实的“袖珍”小户型。经济适用住房是政府以划拨方式提供土地，免收城市基础设施配套费等各种行政事业性收费和政府性基金，实行税收优惠政策，以政府指导价出售给有一定支付能力的低收入住房困难家庭。这类低收入家庭有一定的支付能力或者有预期的支付能力，购房人拥有有限产权。经济适用房是具有社会保障性质的商品住宅，具有经济性和适用性的特点。经济性是指住宅价格相对于市场价格比较适中，能够适应中低收入家庭的承受能力；适用性是指在住房设计及其建筑标准上强调住房的使用效果，而非建筑标准。经济适用住房面积需要严格控制在中小套型，中套住房面积控制在80平方米左右，小套住房面积控制在60平方米左右。

七、城市轨道建设会对钢材需求产生怎样的影响?

随着我国城市化进程的加快，城市人口急剧增加，交通出行总量快速增长，对城市交通需求与日俱增。为了适应快速增长的需求，国内加大了基础建设投资，城市轨道交通建设迎来一波投资高潮。根据阿尔斯通掌握的资料，未来十年，中国轨道交通市场将建设7395公里地铁线，截至2020年，中国将有33个城市配有177条地铁线。

截至2010年底，中国的有北京、上海、广州、天津、重庆、南京、武汉、长春、深圳、大连、成都、沈阳12座城市，先后建成并开通运营了48条城市轨道交通线，运营里程1395公里。如此大的轨道交通建设规模，也为城市轨道交通建设用钢提供了广阔的市场空间。

城市轨道交通建设用钢主要来自城轨交通线路与车辆车体用钢，还有线路工程中的桥梁、隧道、车站等土建用钢。因为城市轨道运输量、行车密度很大，行车速度高，所以城市轨道交通对钢材质量的要求很高。根据国家铁路的钢轨选型标准，国内的地铁和轻轨线路的钢轨都选用重型钢轨，干线采用每米60公斤的钢轨，车辆段内线路与辅助线路采用每米50公斤的钢轨。表5－2是城市轨道交通部分技术参数。

表 5－2　　城市轨道交通部分技术参数

	单位	轻轨交通	小运量地铁	大运量地铁
线路位置		高架、地面	地下地面和高架	地下地面和高架
设定运输力	人/时	5000～30000	15000～30000	30000～60000
平均站距	米	750～1500	700～1000	1000～1600
最高车速	公里/时	80	80	80
所用钢轨	公斤/米	50	50～60	50～60

数据来源：申银万国期货研究所。

2010 年城市轨道交通 48 条共 1395 公里。若在使用的钢轨类型中，每米 60 公斤与每米 50 公斤钢轨各占一半计算，可以得出以上 12 个城市轨道正线的用钢量就需要 307 万吨。再加上车辆检修线、车辆停留线、线路间的渡线及道岔等辅助线，其用钢量约占正线用钢量的 10%，所需总用钢量约为 337.7 万吨。

在城市轨道使用车辆方面，一般分为碳素钢、耐候钢、不锈钢及铝合金车四种。考虑到车辆重量、行车速度、使用寿命和维护成本，现在碳素钢车和耐候钢车已经很少使用，一般都是不锈钢和铝合金车。北京 8 号线及以后新建的轨道用车都是不锈钢和铝合金车体，而上海地铁、轻轨全部使用的是铝合金车辆。目前，全钢车全部由耐候钢和低合金钢组成；不锈钢车除了牵引梁、枕梁、中梁等受力大的部件尚有采用低合金钢的情况外，其余部分均采用不锈钢；铝合金车由轻型铝合金材料和各类型材组成，车体用铝材密度大约为铁的 1/3。

按照中型车计算（长 19 米、宽 2.8 米、高 3.8 米），依据各个类型车辆的用钢特点得出：全钢车用钢量为 25 吨；不锈钢车用钢量为 23 吨，其中不锈钢用钢量为 7 吨，铝合金车用钢量为 16 吨，而各类铝制合金为 5 吨。各城市轨道的运量、运行速度和停站时间等实践数据表明，每一公里城市轨道线路约需 6～8 辆车辆，按照每公里 7 辆用车，不锈钢和铝合金车各占一半来计算，以上城市各条在建轨道交通线约总共需要 8300 量车，整个车体用钢约 16.2 万吨。

除了轨道线和车辆用钢材外，城市轨道建设中桥梁、隧道，车站和沿途的变电所等都将消耗大量的钢材。与上面轨道线和车辆用钢不同，车站、隧道、桥梁等土建项目主要消耗螺纹钢、线材等建设用钢，而且用钢量巨大。以北京地铁黄庄站为例，两个半黄庄站车站的用钢量就相当于整个国家体育场“鸟巢”的用钢量，达到4.5万吨。而郑州地铁1号线一期工程的钢材用量将达18.6万吨，这其中不包括钢轨和车辆的钢材消耗。

考虑到轨道建设对钢铁、建材、机械和能源工业等一系列产业的拉动作用，我国将会有更多的城市轨道投入到建设之中。到2010年，整个规模将达5000亿元之多。以轨道交通每投资1亿元带动1.12万吨钢材消费计算，5000亿元的规模预计消耗各类钢材5600万吨。

自 测 题

一、选择题（单项）

1. 经济学家钱纳里认为，人均国内生产总值在4800~9000美元处于工业化后期，城市化率是(　　)。

A. 40%~50%　　B. 30%~60%

C. 70%以上　　D. 80%以上

2. 我国2009年城市化率为(　　)。

A. 43.58%　　B. 46.59%

C. 50.48%　　D. 37.54%

3. 据统计，我国建筑业用钢量约占钢材消耗总量的(　　)。

A. 30%　　B. 40%

C. 50%　　D. 60%

4. 从1901年到2007年，各主要工业国钢材累计存量分别为：美国78亿吨、日本46亿吨、(　　)64亿吨。

A. 中国　　B. 苏联

C. 巴西　　D. 法国

5. 纵观历史，我国钢材消费增长经历了上升—下降—再上升三个阶段。1994~2000年为第二阶段，钢材消费出现负增长或增幅很小，这7年我国粗钢消费的年均增长率为(　　)。

A. 0.5%　　B. 1.1%

C. 14.3%　　D. 48.5%

6. (　　)行业是国民经济的支柱产业，关系到国计民生，在国民经济中占不可替代的地位。

A. 螺纹钢　　B. 房地产

C. 建筑　　D. 钢铁

7. 从房地产行业的新开工面积与建筑钢材的实际需求关系看，二者一般大约有(　　)时间滞后。

A. 2 个月　　B. 3 个月

C. 5 个月　　D. 7 个月

8. 我国人均粗钢消费量 2009 年为 423 公斤，离(　　)和日本的消费水平还比较远，更不用说达到韩国超 1000 公斤的高水平。

A. 苏联　　B. 美国

C. 英国　　D. 法国

9. 保障性住房建设的加快发展，将带动(　　)、线材、圆钢等建筑钢材需求的增加。

A. 螺纹钢　　B. 碳素钢

C. 耐候钢　　D. 不锈钢

10. 截至 2008 年全国已建成轨道交通线路超过 800 公里，达到 802.71 公里，线路条数达到(　　)。

A. 25 条　　B. 31 条

C. 39 条　　D. 41 条

二、判断题

1. 根据对我国钢材消费峰值及其来临时期的预测，中国目前处于工业化前期阶段，其峰值来临可能在 2020 年前后。(　　)

2. 我国经济发展不平衡现象还非常严重，尽管南部地区工业化和城市化已经达到较高水平，但西部地区的发展还具有较大潜力，如果要达到或靠近南部水平，则其对钢材消费的潜力还非常大。(　　)

3. 钢铁素有“工业粮食”之称，钢铁材料是诸多工业领域中的“必选

材料”，既是许多领域不可替代的结构材料，也是产量最大、覆盖面极广的功能材料。（ ）

4. 钢材消费数量最大的三大行业分别是房地产、装备制造业和汽车业，其中汽车业消耗了四成以上的钢铁。（ ）

5. 城市化建设和保障性住房建设成为钢材需求拉动的亮点。（ ）

6. 根据中国钢铁工业协会公布的数据，2010 年中国粗钢表观消费量预计在 5.96 亿吨左右。（ ）

7. 在广州、北京、上海这三地的价格对比中，上海地区的螺纹钢价格呈现较为明显的区域波动性。（ ）

8. 城市轨道交通建设用钢主要来自城轨交通线路与车辆车体用钢，还有线路工程中的桥梁、隧道、车站等土建用钢。（ ）

9. 钢筋混凝土结构仍然是当前及未来相当长时期内我国建筑的主要结构形式。（ ）

10. 随着我国城市化进程的加快，城镇人口急剧增加，交通出行总量快速增长，对城市交通需求与日俱增。（ ）

参考答案

一、选择题（单项）

1. D	2. B	3. C	4. B	5. B
6. D	7. B	8. B	9. A	10. B

二、判断题

1. ×	2. ×	3. √	4. ×	5. ×
6. √	7. ×	8. √	9. √	10. √

第六章 钢材期货投资主要关注要素——期货市场信息

【本章要点】

本章从投资者和现货商的角度出发，通过对期货市场特有信息的介绍和分析，使投资者了解期货市场有别于现货市场的投资特点，帮助投资者更好地参与期货交易。

一、为什么现货指标在期货市场上经常失效？

在期货市场上，有许多现货商的期货交易席位，如果长期跟踪这些交易席位，会发现这样一个现象，有些现货商的操作有时与行情的走势背道而驰，有些席位的操作在市场上某个时段甚至被看成反向指标。为什么有些现货商会成为反向指标呢？

一方面，现货商在期货市场上主要进行的是套期保值业务，因此很容易被看成反向指标。以螺纹钢生产商为例，只要价格合适，无论期货价格走势如何，它们都可以进行卖出套期保值业务；另一方面，有些现货商由于长期专注于现货，在进行期货交易时，往往保留了对现货市场信息的高度敏感，而忽略了期货市场的一些特有的信息，诸如成交量、持仓量以及仓单等，从而在操作上不能很好把握期货价格涨跌的节奏。期货市场和现货市场是两个不可分割的市场，相关性也很强，投资者尤其是现货商买卖期货合约时，了解和分析期货市场的信息还是极为重要的。

【案例6－1】

2009年7月中旬到8月，螺纹钢期货市场出现了波澜壮阔的行情，在四万亿元工程基建项目、热火朝天的股市以及经济恢复良好的乐观预期的共同作用下，螺纹钢期货合约价格在半个多月的时间里暴涨了1000元/吨。通过半个月的跟踪观察，可以发现，在行情初始，某钢铁厂在螺纹钢期货RB0909合约3900元/吨附近开仓近几万手的空单。随着行情的不断深入，至8月初螺纹钢期货价格达到高峰的5000元/吨。通过研究分析，发现该钢铁厂在螺纹钢期货价格达到最高时，空头仓位悉数撤离。也就是说，在这半个月的上涨行情中，该钢铁厂将在低位3900元/吨持有几万手的空头，在高位5000元/吨空头全部减持，而刚刚减持完，行情就急转之下。可以说，在这次的上涨行情中，该钢铁厂扮演了期货市场的反向指标。

如果将该钢铁厂在上涨初期有的几万手的空单理解为卖出套期保值，那么丝毫不能将该钢铁厂看做一个反向指标，因为套期保值与单纯的投机完全不同，不能单纯的看该钢铁厂在期货市场的盈亏，还应该结合该钢铁厂的现货方面。假设该钢铁厂做了这几万手的卖出套期保值，但是从事后来看，该钢铁厂的此次套期保值操作不是非常成功，或者退一步说，这一操作还有许多值得完善的方面。究其原因就是该钢铁厂太注重现货市场，忽略了期货市场的一些重要信息，当时在持仓量和成交量配合下价格陡然上升，很明显处于一个上涨市场，该钢铁厂忽略了期货市场的价格趋势，从而在一个不恰当的价位建立了卖出套期保值头寸，又在高价位，把空头仓位全部减持，最终使得此次套期保值业务效果不甚理想。

由此可以看到，即使是卖出套期保值业务，如果忽略了期货市场中的重要信息，而仅从现货市场出发，也可能会成为一个反向指标，无论是投机还是套期保值交易。

【案例 6 - 2】

如果是因为从事套期保值业务而被指为反向指标，难免有点冤枉，但是许多时候，现货商习惯根据现货市场的信息来进行期货市场的投机操作从而成为反向指标。2009 年 8 月 2 日，某钢铁集团宣布螺纹钢每吨提价 600 元，某贸易商根据此消息在期货市场上建立多头部位。当时螺纹钢期货已经从 7 月中旬上涨到 8 月初，就在某钢铁集团宣布上调价格两天后，螺纹钢期货市场行情突变，当日主力合约大跌 200 元/吨，随后价格一路下跌 800 元/吨之多，使得该贸易商在期货市场上损失惨重。

不难看出，该贸易商根据现货市场螺纹钢的提价消息来进行期货操作，因而损失惨重。在某钢铁集团宣布螺纹钢提价消息前，螺纹钢期货市场已经上涨了半个多月，而且涨幅惊人，半个多月的上涨早已对此次调价 600 元/吨有所预期，而当宣布提价后，利好兑现，行情马上就急转之下。

通过以上案例可以看出，期货市场自身特有的信息非常重要，因此现货商在进行期货市场的操作时，应当积极关注期货市场的信息，比如价格趋势、成交量、持仓量、仓单以及金融市场的联动等，有利于提高期货操作水平。

二、期货市场有哪些重要的信息是现货市场没有的?

期货市场有许多信息是现货市场没有的，投资者在进行期货交易中需要积极关注这些信息，有助于更好地把握期货价格的走势。

期货市场的信息可以分为盘中信息和盘后信息。盘中信息分为直接信息与间接信息。直接信息包括行情软件上显示的期货价格（包括买价、卖价、最新价、开盘价、最高价、最低价、均价、收盘价和昨日结算价等）、涨跌、涨跌幅、现手、仓差、成交量、持仓量、内外盘以及盘口（盘口主要显示时间、价格、现手、仓差和性质，性质包括多开、多平、多换、空开、空平、空换）等（见图 6 - 1）；间接信息主要是由直接信息计算和分析而得的，包括换手率、大单比例等。

螺纹1110(010610)			
卖出	4844		162
买入	4843		276
最新	4844	均价	4844
涨跌	14	昨结	4830
幅度	0.29%	开盘	4841
总手	223322	最高	4857
现手	2	最低	4831
持仓	778594	仓差	6324
外盘	115154	内盘	108168

北京	价格	现手	仓差	性质
10:04	4843	110	+0	多换
10:04	4843	2	+0	多换
10:04	4843	6	+6	双开
10:04	4843	12	+2	多开
10:04	4843	2	+2	双开
10:04	4843	8	+8	双开

图 6－1　行情软件上的螺纹钢期货合约行情信息

资料来源：博易、申银万国期货研究所。

盘后信息主要有交易所权威公布的交易快讯、交易排名、交易参考价、仓单日报、交易综述、结算参数表、库存周报、交易保证金比例的调整提示、套期保值持仓（郑商所提供）交割配对、期转现统计以及月度交割等，其中每日交易排名尤为重要，几乎是所有期货研究员盘后的必修课，甚至研究人员会根据交易所公布的盘后，作出相应的直观的图表进行全面的分析。图 6－2 是 2011 年 5 月 10 日螺纹钢期货 RB1110 合约交易排名。

三、保证金上调是否会打压螺纹钢期货价格?

对于期货投资者而言，期货保证金是一个出现频率较高的词。与现货市场交易或者股票交易不同，有了保证金制度，投资者只需要支付合约价值的

交易品种：RB1110　　　　　　　　　　　　　　　　　　　　交易日期：20110510

名次	会员简称	成交量	比上交易日增减	名次	会员简称	持买单量	比上交易日增减	名次	会员简称	持卖单量	比上交易日增减
1	海通期货	35028	-3877	1	光大期货	26077	889	1	浙江中大	27055	-781
2	银河期货	24562	-2781	2	国泰君安	21698	-1957	2	中财期货	22800	439
3	南华期货	21213	-9029	3	新湖期货	21433	570	3	浙江永安	22795	414
4	国泰君安	20488	-5219	4	南华期货	20453	616	4	海通期货	22420	-2991
5	渤海期货	19852	5860	5	银河期货	20436	836	5	国泰君安	17646	697
6	北京中期	19298	-471	6	浙江永安	20129	-857	6	银河期货	14520	-662
7	光大期货	18088	5149	7	中钢期货	18198	-1973	7	华泰长城	13897	4778
8	华泰长城	17738	-6964	8	海通期货	15966	-3137	8	华安期货	13495	1050
9	浙江永安	16845	-16033	9	广发期货	9802	-258	9	中国国际	11506	-3856
10	申万期货	16348	1050	10	安信期货	8759	1466	10	新纪元	9348	-54
11	鲁证期货	16069	-7542	11	东证期货	8627	-241	11	鲁证期货	8476	-106
12	浙江新华	15996	-1367	12	国贸期货	8126	95	12	申万期货	8060	-1852
13	上海中期	15290	343	13	鲁证期货	7549	481	13	浙商期货	7939	54
14	江西瑞奇	13971	6332	14	中财期货	7225	-793	14	南华期货	7740	-1101
15	华元期货	11997	502	15	中粮期货	6423	-232	15	中证期货	6542	105
16	中国国际	11665	-15955	16	摩根大通	6000	0	16	中钢期货	6166	1064
17	上海大陆	11465	-151	17	东吴期货	5701	1367	17	信达期货	5954	-130
18	国贸期货	10960	4273	18	华泰长城	5595	616	18	渤海期货	5792	2314
19	浙商期货	10736	-16406	19	宝城期货	5427	-30	19	格林期货	5647	1399
20	神华期货	10215	-8440	20	长江期货	5255	31	20	一德期货	5482	315
合计		337824	-70726			248879	-2511			243280	1096

图6-2　2011年5月10日螺纹钢期货RB1110合约交易排名

资料来源：上海期货交易所。

一定比例（保证金）便可参与期货合约的买卖。保证金交易可以降低成本，提高资金利用率。以螺纹钢期货RB1110合约为例，在现货市场买5吨螺纹钢所需的资金在期货市场上可以买30吨的螺纹钢期货。

那么，保证金调整是否会影响螺纹钢期货价格呢？

如果螺纹钢期货保证金上调，那么同样规模的账户可持有的螺纹钢期货合约数量必将减少，或者持有相同数量的螺纹钢期货所需的资金量将上升，即意味着交易成本的增加，这在短期内必将影响螺纹钢期货的价格走势。但是保证金上调是否会打压螺纹钢期货价格呢？

以螺纹钢期货为例，上海期货交易所会在节假日前提高螺纹钢期货的保证金水平。如果在节假日前，螺纹钢期货上涨趋势较为明显，根据历史经验，可以判断节假日后延续节前价格趋势的概率较大，那么上调保证金可能使空头率先平仓从而使价格继续上涨。反之，如果在节假日前，螺纹钢期货的下跌趋势较为明显，那么上调保证金或将使多头率先止损出局，从而进一步打压螺纹钢期货的价格。因此，保证金上调可能打压螺纹钢期货价格，也可能助涨价格。投资者在进行交易时应积极关注保证金的变化以及由此可能引发的对螺纹钢价格的影响。

延伸阅读：

2011 年 4 月末，白银价格创下历史新高。当日，伦敦现货白银价格盘中最高上涨至 49.81 美元/盎司的历史顶点。如果从 2010 年 8 月算起，白银价格累计涨幅更是高达 150%，从 19 美元/盎司上涨到 48 美元/盎司。就在此时，芝加哥商品期货交易所意外宣布，大幅提高白银交易保证金，使投资者交易成本大增。合约初始保证金从 12825 美元上调至 21600 美元，维持保证金从 9500 美元上升至 16000 美元，调整幅度均接近 70%，使得投资者要么付给交易商更多保证金，要不就卖掉期货合约。5 月初开市后，伦敦现货白银大幅下跌，短短几天下跌了 20% 多。

2011 年 5 月 9 日，美国交易所运营商芝加哥交易所集团（CME Group）宣布，5 月 10 日起将大范围提高原油产品交易保证金要求。受此影响，国际原油期货在亚洲电子盘时间段下挫。纽约商品交易所（NYMEX）6 月交割的原油期货下跌超过 2 美元/桶，逼近每桶 100 美元的水平。

四、股票的量价齐升在螺纹钢期货市场有用吗？

在股票投资的过程中，经常可以看到一波上涨行情中出现价格上涨，同时成交量大幅上升的情形，那么如果将相应理论应用到期货市场上，尤其是螺纹钢市场是否还有用呢？

对于螺纹钢期货而言，基本因素如供求、政策和经济是影响其价格走势的主因。在很多时候，有利多信息，但资金不入市交易，利多也只能停留在纸面上；在利空的时候，卖压不能抵达市场，那么价格下跌也无从谈起。因此，决定价格涨跌的力量，还是来自市场本身的买卖行为，而市场的买卖活动透过成交量和价格来反映，可以说价格是方向，而成交量是动力。

【案例 6 – 3】

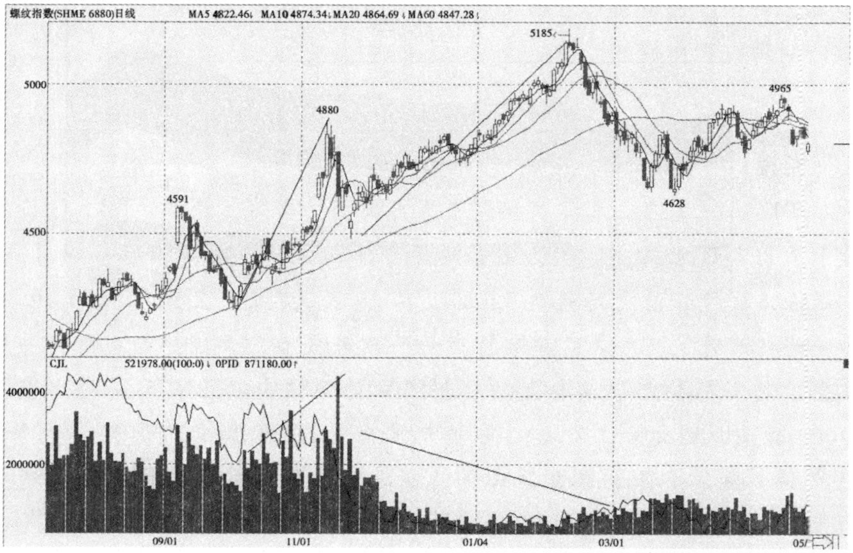

图 6 – 3　螺纹钢期货指数量价图

资料来源：文华财经、申银万国期货研究所。

从图 6 – 3 中可以看 2010 年 10 月初，螺纹钢期货指数从 4200 元/吨涨到 4800 元/吨左右，价格的上涨伴随成交量的大涨，说明上涨的动力较为充分，价格将继续上行。而 2010 年 11 月中旬，价格从 4500 元/吨上涨到 5100 元/吨左右，此时伴随价格上涨的是成交的萎缩，虽然当时有政策性的因素在内，但是在一定程度上说明上行的动力开始不足。2011 年 2 月初，价格触及 5100 元/吨后，开始下跌（注：螺纹钢期货指数为文华财经根据期货各合约的加权平均价编制的指数）。

如果注意到，2010 年 11 月中旬的上涨过程中没有成交量的配合，即上涨动能不足可能不能持续，那么投资者后期躲过大跌的机会将大增。因此，投资者在进行交易的时候应积极关注成交量与价格的配合情况，这将对后市的预测带来具有建设性的启发（成交量的萎缩已剔除交易所提高保证金等因素）。

五、螺纹钢期货持仓量该怎么看？

在分析螺纹钢的持仓量前，首先要明确多空交易行为会引起持仓量怎样变化。首先，如果买方多头开仓，而卖方空头开仓，则持仓量增加，称为双向开仓（双开）；如果买方多头开仓而卖方多头平仓，则持仓量不变，称为多头换手；如果买方空头平仓，而卖方空头平仓，持仓量也不变，称为空头换手；如果买方空头平仓，而卖方多头平仓，则持仓量减少，称为双向平仓（双平）。表 6－1 是多空交易行为与持仓量关系表。

表 6－1　多空交易行为与持仓量关系表

	买方	卖方	持仓量变化
1	多头开仓	空头开仓	增加（双向开仓）
2	多头开仓	多头平仓	不变（多头换手）
3	空头平仓	空头开仓	不变（空头换手）
4	空头平仓	多头平仓	减少（双向平仓）

资料来源：申银万国期货研究所。

在理解了多空双方的交易行为与持仓量关系后，我们将螺纹钢期货日内价格走势和持仓量相结合，通过价格和持仓量的变化，分析背后的原因，从而更好把握价格走势。

【案例 6－4】

2011 年 3 月 16 日是周三，螺纹钢期货 RB1110 合约在邻近收盘 1 个小时出现了减仓上涨的走势，即价格上涨而持仓量在下降，分析背后原因可能是空头止损，也可能是空头获利了结。结合当时的价格走势，我们发现螺纹钢期货已经连续上涨三天，由此可以判断出空头止损的概率较大，因而短期内价格应继续上行。

3 月 17 日（周四），RB1110 合约最后一节交易时间内出现了减仓下跌的走势，分析背后原因可能是多头获利了结，也可能是多头止损出局。我们看到当时的走势是螺纹钢期货连续上涨了几天，而当日走势为冲高回落，由此判断多头获利了结的概率较大，如果此时空头发力，那么短期内下跌概率较大。

3 月 18 日（周五），空头果然发力，RB1110 合约当天走势为增仓下跌，也就是空头完全占据了主动权，短期内价格继续下跌的概率较大。3 月 21 日（周一），市场走势是继续增仓下跌。

3 月 22 日（周二），早盘 15 分钟内，一波增仓下跌后，开始出现减仓上行的态势，价格上涨而持仓量下降说明此时空头开始获利了结。午后，持仓量仍然继续减少，而价格开始停滞不前，出现了减仓滞涨的情况。此时多空都开始减仓的概率较大，多头并没有因为空头的离场而介入，说明多头较为疲软，短期内价格将继续下行的概率较大。图 6-4 是 2011 年 3 月 16 日至 22 日 5 分钟价格和持仓走势图。

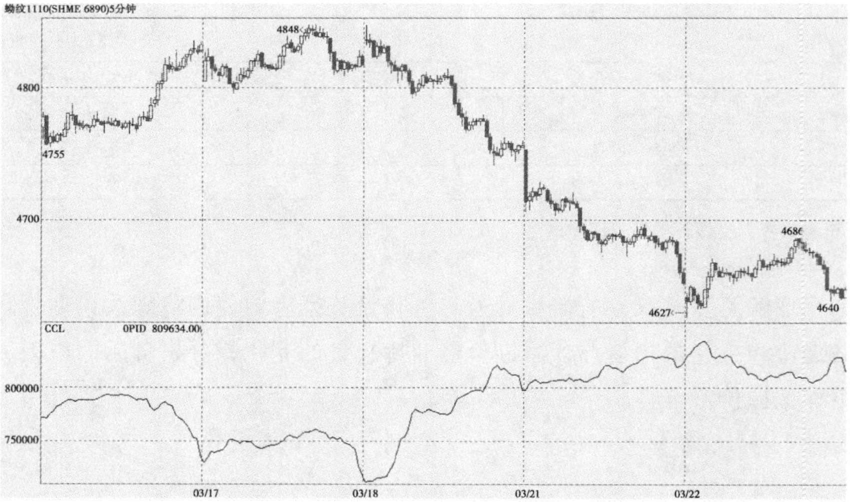

图 6-4　2011 年 3 月 16 日至 22 日 5 分钟价格和持仓走势图

数据来源：文华财、申银万国期货研究所。

期货价格走势和持仓量变化可以有增仓上行、增仓下跌、增仓不涨、减仓滞涨、减仓上涨以及减仓下跌等。通过以上案例分析，可以看到持仓量在分析期货价格走势时（特别是盘中走势）很有参考意义，通过价格的涨跌和持仓量的增减，能够判断多空的行为，提高把握价格走势的能力。

六、螺纹钢期货持仓排名真的没有用吗？

在螺纹钢期货每日交易结束后，上海期货交易所会公布各交易席位的持仓排名（按照持仓量的多少从高到低进行排序），包括持仓量、持仓增减量以及成交量。持仓排名中蕴含着丰富的信息，对行情走势的把握很有帮助，因此持仓排名分析是各大期货公司分析师每日收盘后的必修课。

【案例6-5】

螺纹钢期货价格连续上涨，通过收盘后持仓排名发现，螺纹钢期货市场上排名靠前的空头是具有现货商背景的交易席位以及几家期货公司，而排名靠前的主力多头则是由多家期货公司组成的。通过对螺纹钢期货持仓排名的长期跟踪分析，发现排名靠前的空头席位可能是套利力量、生产商保值盘，因为这几家交易席位的持仓长期稳定性很高，而且成交一般不活跃；而多头排名靠前多家期货公司可能是投机性力量，因为这几家期货公司的持仓稳定性偏弱，而且成交较为活跃。在确定了排名靠前的主力多空的性质，进一步分析发现，主力空头的加仓幅度稍大，且增仓主要集中在空头前两位，它们分别增仓5000多手和2000多手，增仓的集中度较高；而主力多头的增仓较为分散，有各家期货公司零散地持有几千手到几百手，持仓的集中度较差。

基于排名靠前的主力的多空性质判断以及增仓集中度的分析，可以判断价格的上涨可能会受阻，而随后的价格走势确实也验证了这种判断。

虽然像上述案例中所述的持仓排名分析并不是每次都能奏效，但通过结合其他螺纹钢期货信息，确实可以提高投资者对价格走势的把握能力。当然，各商品的持仓排名分析难度较大，因为不但需要长期追踪，而且许多交易席位的持仓平平很难判断其性质，因此持仓排名分析适合较为资深的投资者。对于普通投资者而言，可以在进行期货交易时适当参考持仓排名。

七、螺纹钢期货仓单有效期也影响价格吗？

期货标准仓单（简称仓单）是期货库存数据的重要组成部分，也是判断市场涨跌的重要信息依据之一，螺纹钢期货仓单数据包括仓单日报、库存周报，及特有的仓单有效期。

许多现货商在期货交易时，常常忽略对于期货标准仓单的分析，标准仓单隐含着一些重要的信息，比如说，螺纹钢期货仓单有效期为90天，而螺纹钢期货市场近两年的主力合约呈现1月至5月再到10月的顺序，螺纹钢期货仓单90天的有效期意味着在前主力合约接到的仓单无法直接转抛到下一主力合约上。如果忽略了这个细节，那么在进行期货操作时将十分不顺利，尤其对于没有现货背景的投资者而言。此外，如果将仓单与持仓相结合，可以分析出当前某期货合约属于空头合约还是多头合约，从而提高判断市场的准确率。

【案例6-6】

2010年3月下旬，螺纹钢期货RB1005合约价格为4360元/吨，持仓量为20万手左右，上海地区螺纹钢现货报价为4200元/吨，上海期货交易所螺纹钢期货库存1.2万吨。从当时持仓量和仓单的对比来看，20万手（单边100万吨）的持仓量却只有1.2万吨的注册仓单。很显然，在距离RB1005合约交割只有一个月的情况下，仍然存在大量没有仓单撑腰的投机性空单。一旦进入4月，在逐步提高保证金比率的情况下，投机资金必将向远月移仓，如此大的虚盘因为无法交割而主动性离场必将导致价格上扬，从而走势将对空头非常不利，也就是说，RB1005合约是一个多头合约。基于RB1005合约是一个多头合约的判断，未来期货走势上涨的概率较大（见图6-5）。

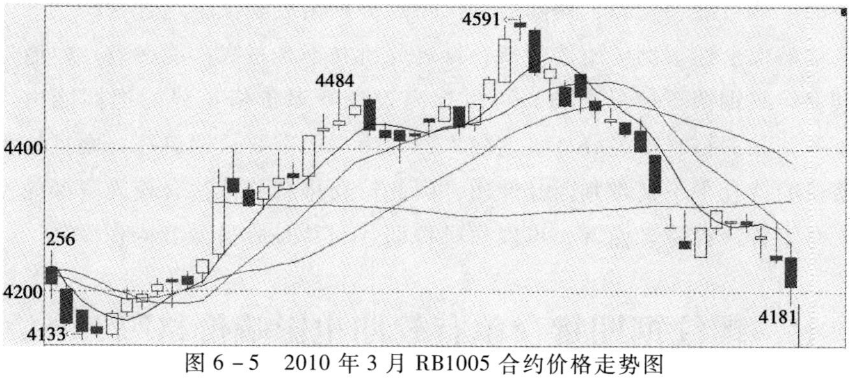

图6-5 2010年3月RB1005合约价格走势图

数据来源：文华财经。

【案例 6－7】

进入 2010 年 4 月，随着螺纹钢 RB1005 合约持仓的减少，未平仓的投机多头将面临很大的接货压力，特别是一旦较大的资金从该合约上完全撤退后，该合约只剩下少量投机盘和仓单实盘，最后不愿接货的分散多头会主动砍仓退出导致价格下跌。造成多头不愿接货的大部分原因在于螺纹钢仓单的有效期只有 90 天，因而在 RB1005 合约上交割的仓单是不可能转抛到 RB1010 合约上的。

从以上两个案例可以看到，仓单的信息直接影响到期货市场中多空双方的交易行为，利用仓单的信息，结合期货市场中其他信息，从而提高了对期货走势的判断力。

图 6－6 是 2010 年 4 月螺纹钢期货 RB1105 合约的标准仓单到期数量图。

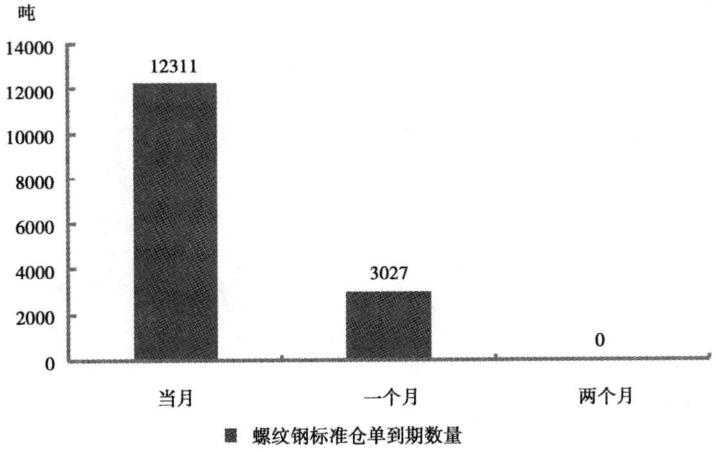

图 6－6　2010 年 4 月螺纹钢期货 RB1105 合约的标准仓单到期数量

数据来源：上海期货交易所、申银万国期货研究所。

期货标准仓单是指由期货交易所统一制定的，交易所指定交割仓库在完成交货商品验收、确认合格后发给货主的实物提货凭证。标准仓单自交易所签发之日起有效。注册仓单是当现货商把符合交割标准的货物交到交易所的交割仓库，交割仓库检验合格后，给货物持有人开具标

准仓单，货物持有人可以拿着标准仓单到交易所的交割部办理注册手续。根据有关规定，商品只有符合期货交割要求并经过检验注册入库才可以成为仓单，从而参与期货交易。

八、技术分析是分析吗？

进行螺纹钢期货交易时，许多投资者会依据螺纹钢的基本面分析来参与交易，但是有时基本面分析对于普通投资者而言过于复杂，因为基本面分析需要关注太多的方面，比如天气、供求、政策和宏观经济等。特别对于螺纹钢而言，由于其上、中、下游的产业链过长，产业信息量大且复杂多变，没有现货背景的投资者很难进行甄别并加以利用分析。

相对于基本面分析而言，技术分析更易于使用，因为技术分析认为市场行为包容消化一切，而价格是市场行为的体现。对于螺纹钢期货而言，其价格的变化已经将天气、供求、政策和经济等基本面因素包含在内，因此投资者只需要通过技术分析，即关注价格走势的变化来寻找在期货市场上盈利的线索。

技术分析的理论框架以及基本应用已经被市场所熟知，在此不进行赘述。由于螺纹钢期货价格变动具有其自身的特性，在技术分析时应积极关注这些特性，以取得更好的分析效果。

【案例6－8】

通过对比螺纹钢期货和沪铜期货的日K线走势图（见图6－7），可以看到相对于沪铜频繁的跳空缺口而言，螺纹钢期货的日K线走势更为连续，跳空缺口出现得相对较少。产生这种现象的原因主要是沪铜的走势易于受到隔夜伦铜的影响，隔夜外盘的走势对国内沪铜期货的开盘价影响较大。螺纹钢期货没有直接相对应的外盘品种对其产生重大影响，因此前收盘价与当日开盘价较为连续。

相对于其他较容易受到外盘影响金属品种而言，螺纹钢期货隔夜持仓风险相对较低，很适合中长线的趋势投资。

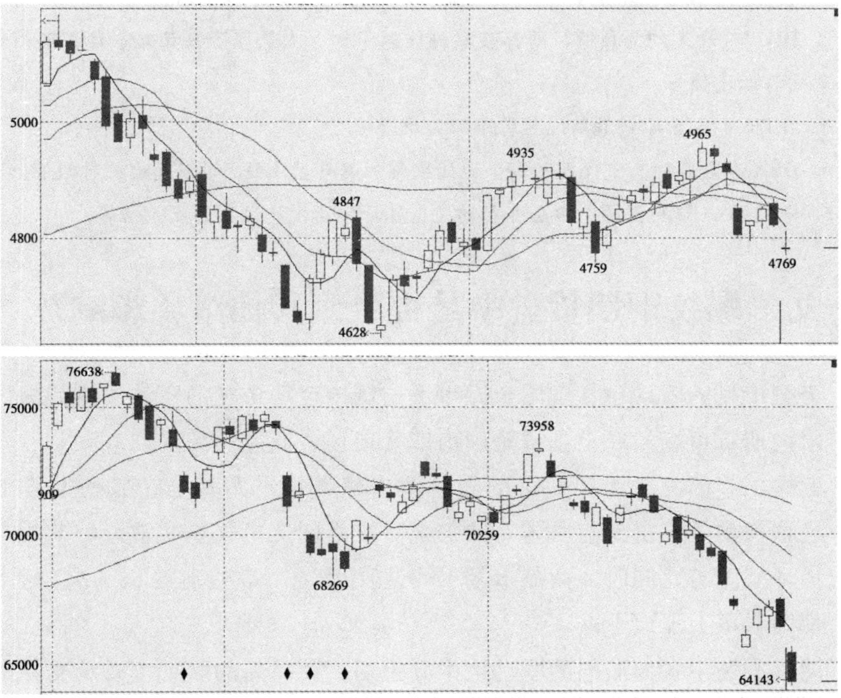

图 6－7　螺纹钢期货指数（上图）与沪铜期货指数（下图）日 K 线对比

数据来源：文华财经、申银万国期货研究所。

常用分析指标应用

MACD 指数平滑异同平均线，该指标主要是利用长短期二条平滑平均线，计算两者之间的差离值。该指标可以去除掉移动平均线经常出现的假讯号，又保留了移动平均线的优点。但因为该指标对价格变动的灵敏度不高，属于中长线指标，所以在盘整行情中不适用。图中柱线由绿翻红是买入信号，由红翻绿是卖出信号。MACD 曲线由高档二次向下交叉时，则股价下跌幅度会较深。MACD 曲线由低档二次向上交叉时，则期价上涨幅度会较大。期价高点比前一次高点高，而 MACD 指标的高点却比前一次高点低时，为牛背离，暗示期价会反转下跌。

参数：SHORT（短期）、LONG（长期）、M 天数，一般为 12、26、9 天。

应用法则：

1. DIF 与 DEA 均为正值，即都在零轴线以上时，大势属多头市场，DIF 向上突破

DEA，可作买入信号；如果 DIF 向下跌破 DEA，只可作为平仓信号。

2. DIF 与 DEA 均为负值，即都在零轴线以下时，大势属空头市场，DIF 向下跌破 DEA，可作卖出信号。

3. 当 DEA 线与 K 线趋势发生背离时为反转信号。

4. DEA 在盘局时，失误率较高，但如果配合 RSI 及 KD，可以适当弥补缺憾。

5. 分析 MACD 柱形图，由正变负时往往指示该卖出；反之为买入信号。

九、螺纹钢期货盘中是否受到其他市场影响？

金融市场的联动包括国际金融市场与国内金融市场的联动，或是国内股市与国内期货市场的联动，或是国内期货市场各商品间的联动。

近些年，国内股市和期市的联动越来越密切，尤其是在股指期货上市后，这种联动效应得到前所未有的加强。股市的交易气氛常常影响期货市场的交易环境。与此同时，商品市场的率先上涨或下跌也容易成为先行指标，从而带动股市上涨或下跌。

期货市场中各商品间的联动也十分密切，商品间的联动主要从交易气氛上影响其他商品。一个颇具人气的商品，其涨势或跌势，往往能影响到整个市场的交易氛围。比如，橡胶常常被作为期货市场的先行指标，其涨跌往往会带动其他商品。

【案例 6－9】

2011 年 4 月下旬，螺纹钢期货主力 RB1110 合约价格稳步上涨，资金介入明显。从时间上讲，马上要进入 5 月。在楼市，5 月通常被称为“红五月”，楼市进入“红五月”必将对螺纹钢市场产生有利的影响。与此同时，由于马上要进入夏季用电的高峰期，国内许多省份实施了限电的政策，此举必将影响到钢厂的生产，从而造成螺纹钢价格的波动。

基于以上两点原因，某投资者认为进入 5 月螺纹钢期货市场将会上涨，因此在 RB1110 合约建立多头部位。进入 5 月的头一个交易日，螺纹钢期货确实争气，主力 RB1110 合约每吨上涨了 60 元，同时持仓大幅增加 7 万多手，技术上也突破前期高点。技术上具备上涨的条件，同时消息面也利好频吹。该投资者对上涨确信无疑，然而接下来的连续 3 天，RB1110 合约放量下跌，几乎将 4 月下旬的涨幅全部抹去，该投资者也认赔出局。

该投资者感到十分不解，明明显示出良好的运行态势，为何期价就急转直下呢？结合整个期货市场包括股市的运行来看，当时整个期货市场和股市都呈现出下跌的态势，像橡胶、棉花等前期领涨品种更是大幅下跌。虽然螺纹钢略显强势，但在整个市场都疲软的情况下，螺纹钢很难独善其身。尤其在国际市场动荡，国内市场更是泥沙俱下，螺纹钢期货也只能应声下跌。

从以上案例中可以看到，商品市场联动性在期货市场至关重要，商品会普涨，也会普跌。投资者不仅需要对单个品种敏锐的洞察力，还要从整体上把握商品市场的走势，具有大局观。

【案例 6－10】

2011 年 5 月 10 日，上证指数和螺纹钢期货合约的日内走势（见图 6－8），虽然在幅度上有所差异，但两者的走势几乎相同，在日内低点和高点的产生时间上也惊人的一致，两者联动性相当明显。

对于许多喜欢看现货做期货的投资者而言，螺纹钢现货价格确实会对螺纹钢期货价格产生影响，但是如果从日内的走势分析，股指期货可能在更多时候对螺纹钢的影响更大，因此在期货市场进行交易时要时刻注意股市与期货市场的相互影响。

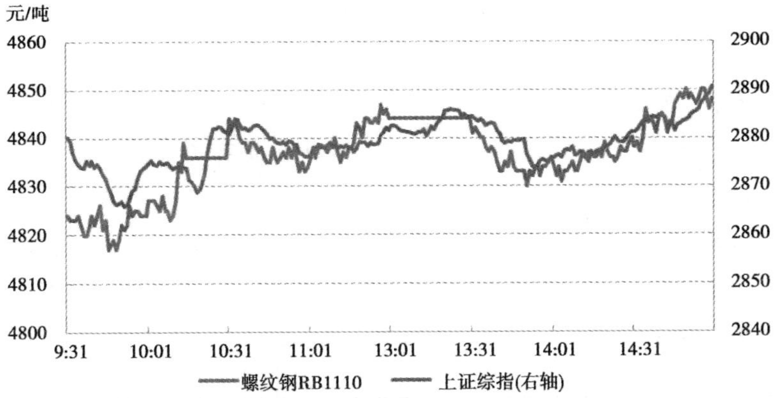

图 6－8 2010 年 5 月 10 日上证指数和 RB1110 合约日内走势对比图

数据来源：申银万国期货研究所。

自　测　题

一、选择题（不定项）

1. 下列(　　)因素会影响螺纹钢期货的价格。

A. 持仓结构　　B. 保证金水平

C. 标准仓单的规定　　D. 其他金融市场的表现

2. 持仓量保持不变可能是因为(　　)。

A. 多头开仓同时空头开仓　　B. 多头开仓同时多头平仓

C. 空头开仓同时空头平仓　　D. 空头平仓同时多头平仓

3. 螺纹钢仓单有效期为(　　)。

A. 10 天　　B. 30 天

C. 60 天　　D. 90 天

4. 保证金比例上调对投资者的影响有(　　)。

A. 同样规模的账户可持有的螺纹钢数量减少

B. 持有相同手数的螺纹钢期货所需的资金量将上升

C. 交易成本的上升

D. 心理发生变化

5. 技术分析包括(　　)。

A. 均线理论　　B. MACD 以及 KDJ 指标

C. 库存分析　　D. 持仓结构分析

6. 技术分析包括(　　)。

A. 均线理论　　B. MACD 以及 KDJ 指标

C. 库存分析　　D. 货币政策分析

7. 在螺纹钢期货每日交易结束后，上海期货交易所会公布各交易席位的(　　)。

A. 持仓排名　　B. 持仓量

C. 持仓增减量　　D. 成交量

8. 仓单数据包括(　　)。

A. 仓单日报　　B. 持仓报告

C. 库存周报　　　　D. 现货市场价格

二、判断题

1. 市场参与者的心理因素对钢材期货价格没有影响。（　）

2. 当商品市场出现普跌的时候，如果螺纹钢基本面较好，则完全不受市场的拖累。（　）

3. 当市场价格处于底部时，如果成交量和持仓量同时放大，则未来价格上涨的概率较大。（　）

4. 交易量是指一段时间内买入的合约总数或是卖出的合约总数。（　）

5. 螺纹钢期货价格影响因素与现货价格影响因素完全一致。（　）

参考答案

一、选择题（不定项）

1. ABCD　2. BC　3. D　4. ABCD
5. AB　6. AB　7. ABCD　8. AC

二、判断题

1. ×　2. ×　3. √　4. ×　5. ×

第七章 钢材期货投资策略

——套利

【本章要点】

本章首先介绍了螺纹钢期货套利的基本概念，然后具体深入分析了各种套利方式，并从实务的角度出发，讨论了投资者如何参与钢材期货的套利。

一、螺纹钢期货趋势明显，有必要套利吗？

前几章我们了解了螺纹钢期货的投机交易，原理很简单，投机遵循商业原则，即低买高卖。套利交易也不例外，它实质就是较为复杂的投机形式，是多次简单的投机交易的组合，同时两次买和卖就是套利交易。投资者买进被低估的合约，同时卖出被高估的合约。如果价格的变动方向与当初的预测相一致，即买进的合约价格走高，卖出的合约价格走低，就能获利；反之就有损失。因此，投资者只需要关心两者之间的相对价格变动。显然，进行套利的两个合约之间要有一定的相关性，相关性越大，说明其影响因素越一致，这样就越能把握好其价格相对变动的规律。

一般来说，套利交易有如下四种方式：

（一）期现套利

期现套利是指当期货市场与现货市场在价差发生不合理变化时，投资者通过在两个市场进行反向交易，利用价差变化获利的行为。可以说，期现套利是套利交易的基本形态。在成熟的期货市场，交割是现货市场与期货市场的连通器，当某一期货合约的价格与现货价格出现较大偏离时，就会出现无风险套利机会。本章首先会介绍螺纹钢期现套利的计算方法。

（二）跨期套利

跨期套利是指利用同一交易所的同种商品但不同交割月份的期货合约的价差进行套利。比如，螺纹钢期货 RB1105 合约（见图 7－1）与 RB1110 合约之间的价差变动在上市两年以来出现一定的规律，我们可以进行规律性的套利。

（三）跨品种套利

跨品种套利是指利用两种（或以上）不同的但相互关联的商品之间的期货合约价差进行套利。螺纹钢的产业链条长，相关品种丰富，之后我们会谈到线材期货与螺纹钢期货之间的套利就是其中一种。

（四）跨市场套利

跨市场套利是指在某个交易所买入（或卖出）某一交割月份的某种商品合约，同时在另一个交易所卖出（或买入）同一交割月份的同种或关联商品合约，并在有利时机分别对两个交易所的合约平仓了结。比如，期货与电子盘的跨市场套利机会。

但是，投资者会发现，螺纹钢期货上市以来，价格呈现明显的趋势，很少出现像其他品种一样横盘振荡的行情。这就产生了一个疑问：在趋势中，单边投机的收益不是更大吗？还有必要做套利吗？

可以说，套利交易相对投机交易最大的优势就是有优越的“风险收益比”。因为套利交易博取的是不同合约的价差收益，而价差的一个显著优点是具有较低的波动率，所以套利者面临的风险较小。例如，螺纹钢期货价格的每天变化一般为 50 元/吨至 200 元/吨，但是相邻交割月份之间的价差每天变动仅仅为 30 元/吨至 50 元/吨。如果一个账户的资金波动很剧烈，投机者必须存入更多的资金来防止可能的损失。利用套利交易，就不会有这样的担忧。

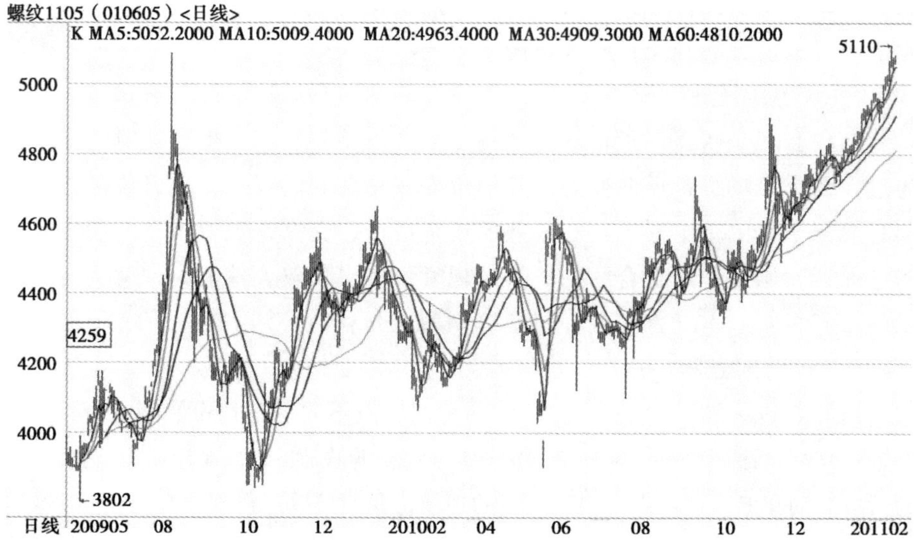

图 7－1 螺纹钢期货 RB1105 合约走势图

资料来源：博易、申银万国期货研究所。

另外，因为政治事件、天气和政策等，期货价格也可能暴涨暴跌，有时甚至价格封死在涨跌停板上而无法成交，一个做反了的单边投机交易者在能够平仓之前会损失惨重，很可能造成账户亏空，面临追加保证金或砍仓的境况，而套利交易者却大都因为持有反向头寸而受到保护。

因此，进行套利交易的意义就在于，通过对市场的深入分析与规律总结，寻找那些低风险而较高收益的投资机会。

二、螺纹钢期货期现套利的“无套利区间”怎么计算？

首先我们来说明什么叫“无套利区间”。当价差位于持仓成本上、下边界之间时，投资是无利润的甚至亏损，投资者是没有动力去进行套利的，这个上下边界之间的区域就称为“无套利区间（见图 7－2)”。确定了两个标的价格之间的无套利区间，便能直接通过观察价差发现几乎无风险的套利机会。

在期货与现货市场之间，如果期货价格比现货价格高出的价差超过无套利区间的上界，就可以进行买现货、卖期货的套利，这就是正向期现套利；而当期货价格比现货价格低的价差超过无套利区间的下界时，我们就可以买入期货合约抛到现货市场上去，这称之为反向期现套利。

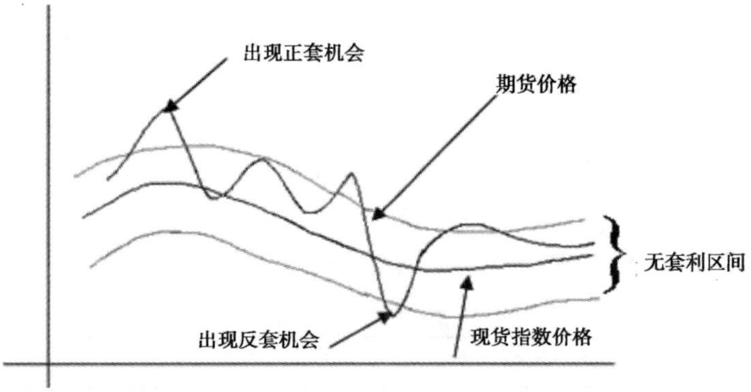

图 7－2　无套利区间示意图

资料来源：申银万国期货研究所。

显然，在期货与现货两个市场上套利，持仓成本必然以持有现货到期交割为基础，下面以正向期现套利为例说明如何计算无套利区间的上界。

在一般情况下，当螺纹钢期货价格对现货价格的升水大于持仓成本时，投资者可以进行正向期现套利，即买入（持有）螺纹钢现货的同时卖出同等数量的期货，等待期现价差收敛时通过平仓或交割结束套利。这种方式比较适合钢厂和有库存的钢材贸易商，因为如果最后以交割结束套利，需要卖出螺纹钢实物，而钢厂和钢材贸易商的经营目的正是卖出螺纹钢，两种交易方式是同方向的。

从表 7－1 可知，第（7）项中交割月最后交易日结算价与现货的价差是估算的，实际交割时很难一致；第（8）项中的利率也可能会发生波动。除此之外，其余都是固定费用，可准确计算。因此，螺纹钢期现套利持仓成本包含固定费用与浮动费用两部分。

表 7－1　　螺纹钢期货卖方交割的费用

内容	计算方式
(1) 交易手续费	交易所手续费：成交金额的 0.04% ＋期货公司手续费，约 2 元/吨
(2) 交割手续费	3 元/吨
(3) 运输费	约 30 元/吨/百公里×运输距离
(4) 入库费	专用线 18 元/吨，码头和自送均为 15 元/吨
(5) 仓储费	0.15 元/吨/天×天数
(6) 增值税	由于上海期货交易所开票价为合约最后交易日结算价（含税价），因此增值税成本即为两次开票的税差（即交割月最后交易日结算价与现货的价差）/（1＋17%）×17%
(7) 资金利息	持仓占用保证金×年利率×持有时间所占年比例
(8) 仓单升贴水	不同等级交割品相对标准品所设升贴水

资料来源：申银万国期货研究所。

【案例 7－1】

2009 年 8 月 4 日，上海地区 HRB400 20 毫米螺纹钢价格为 4500 元/吨（理计），期货主力 RB0909 合约 4900 元/吨，期货比现货高 500 元/吨。某钢材贸易商通过计算持仓成本来计算进行正向期现套利的可行性。以持有期 60 天计算，该期现套利成本如下：

固定费用＝交易手续费＋交割手续费＋运输费＋仓储费＋入库费

$=2+3+0+0.15\times60+18$

$=32$（元/吨）

其中，运输费计为零（该钢材贸易商拥有自有车队），入库费以最大值计。

浮动费用＝增值税＋资金成本

$=200/(1+17\%)\times17\%+(4635+4900\times15\%)\times6\%\times60/360$

$=81$（元/吨）

其中，由于螺纹钢现货市场与期货市场的计量有所差别，需将理计的螺纹钢现货价格换算成过磅价格，一般需增加 3%。本例中 4500 元/吨的 HRB400 螺纹钢，换算为过磅价格需增加约 135 元/吨，即 4635 元/吨；增值税的税差估算为 200 元/吨；年利率按 6% 计。

因此，两个月时间内，不考虑运输费用的螺纹钢正向期现套利成本约为：

32 + 81 + 135 = 248（元/吨）

可见，在8月初，螺纹钢期货RB1009合约价格升水现货500元/吨的情况下（见图7-3），将会吸引有货源的投资者进行买现货抛期货的套利，价差将逐渐缩窄。

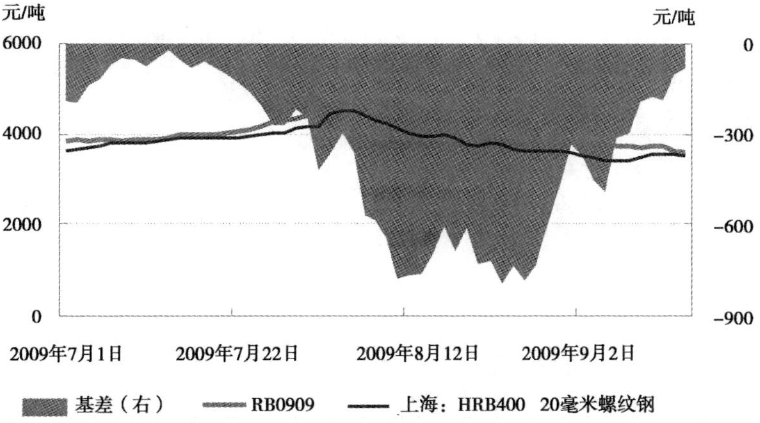

图7-3 螺纹钢期货RB1009合约与现货基差

资料来源：申银万国期货研究所。

读者看了上述案例，可能会有疑问，在期现套利操作中，持仓成本中的浮动部分不能准确计算，会不会引起风险呢？下面我们作进一步的深入介绍。

（一）增值税风险

因为螺纹钢的交割结算价是交割月最后交易日的结算价，这是在前期套利方案制订时无法准确预估的。因此，增值税是套利持仓成本中的变量。如果套利期间，螺纹钢价格大幅上涨，期货结算价也相应提高，使套利者在卖出交割时需要支付更多的增值税额。我们沿用上述案例说明。

【案例7-2】

螺纹钢现货买入价为：4500 + 135 = 4635（元/吨）

螺纹钢期货 RB0909 合约卖出价为：4900 元/吨

套利的目标利润为：4900 − 4635 = 265（元/吨）

预计所缴纳增值税为：265/（1 + 17%）× 17% = 38.5（元/吨）

但如果到 2009 年 9 月合约的最后交割日，交割结算价上涨了 200 元/吨，即 5100 元/吨，此时期货空头合约亏损 200 元/吨，但现货相应盈利约 200 元/吨，总利润 265 元/吨依旧不变，但增值税却出现了意想不到的变化：

（5100 − 4635）/（1 + 17%）× 17% = 67.5（元/吨）

也就是说，投资者对每吨螺纹钢需要多缴纳：

67.5 − 38.5 = 29（元/吨）

即套利收益减少了 29 元/吨。

反之，如果交割结算价下跌了 200 元/吨，即 4700 元/吨，那么增值税变化为：

（4700 − 4635）/（1 + 17%）× 17% = 9.5（元/吨）

投资者对每吨螺纹钢可以少缴纳：

38.5 − 9.5 = 29（元/吨）

很明显，增值税的变化导致了盈利的不稳定，甚至有可能使套利出现亏损，严重威胁了资金的安全，所以我们必须采取措施来防范增值税风险。

增值税风险源自于交割价的变动，那么我们从这方面着手，采取控制期货头寸的方式来控制交割价的变化，因为：

1/1.17 × 17% = 14.53%

卖方交割缴纳增值税约 15%，所以只要在套利期间持有 85% 的期货空头仓位，在最后几天甚至最后交易日再将 15% 的空头头寸补回，就能规避增值税涨跌的风险。在上述案例中，假设交割 1000 吨螺纹钢，按原方案，预计毛利为：

（4900 − 4635 − 38.5）× 1000 = 226500（元）

若先以 4900 元/吨卖出 850 元/吨，最后几个交易日，价格上涨 200 元/吨，即以 5100 元/吨卖出 150 吨，那么毛利为：

（4900 − 4635）× 850 +（5100 − 4635）× 150 −（5100 − 4635）× 1000 × 14.53% = 227435（元）

反之，若交割结算价下跌 200 元/吨，即 150 吨在 4700 元/吨卖出，那么毛利为：

$(4900-4635)\times850+(4700-4635)\times150-(4700-4635)\times1000\times14.53\%=225555$（元）

从以上分析可以看到，经过头寸规模的处理，增值税的风险被成功回避（如表 7－2 所列）。

表 7－2　　规避增值税风险与原方案的对比

	1000 吨螺纹钢的期现套利毛利（元）	
	不做增值税规避	15% 头寸最后回补
结算价不变	226500	226500
结算价上涨 200 元/吨	197500	227435
结算价下跌 200 元/吨	255500	225555

资料来源：申银万国期货研究所。

（二）利率风险

如果在套利期间有宏观经济政策出台，导致利率变动，将直接导致原方案中资金成本的计算出现误差。由于 2010 年下半年开始，国内通货膨胀形势愈加严峻，央行连续进行调高银行准备金率和存贷款利率的宏观调控。显然，利率提高抬高了资金成本，使套利收益缩水。

三、为什么有些钢材贸易企业会进行反向期现套利？

在反向市场中做期现套利，就是当期货对现货的升水过小甚至贴水时，构建现货空头和期货多头。因为现货市场不存在做空机制，所以通常只有拥有库存的钢材贸易商或钢厂为了降低库存成本才会考虑。这是因为现货市场升水（价格偏高），将暂时不用的库存在现货上卖出，同时在期货市场上买入相应数量的远期合约，既能赚取其中的价差，还能省下一段时间的仓储成本。这也称作“库存套利”。

【案例 7－3】

上海某钢材贸易商根据经营要求，需要长期保持 2000 吨的库存。2009 年 10 月底，他观察到螺纹钢期货 RB0911 合约在 3600 元/吨附近小幅波动，而上海地区螺纹钢现货供给比较紧张，理计价已达到 3700 元/吨，再换算成过磅价达到 3810 元/吨，比期货市场升水 210 元/吨。于是他 11 月初在 RB0911 合约上建立多单，均价为 3610 元/吨，同时将库存以 3800 元/吨（稍低于现货市场价）的价格销售掉（见图 7－4）。到了 11 月中旬，按交割结算价 3644 元/吨接到期货仓单后，顺利通过交割程序将 2000 吨螺纹钢补充入自己的库存中。

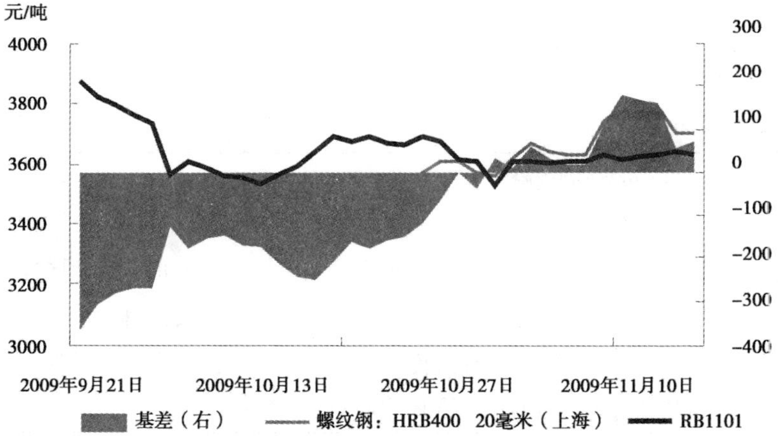

图 7－4 螺纹钢 0911 合约与上海现货螺纹钢价格走势图

资料来源：申银万国期货研究所。

基差与正向、反向市场

基差是指某一时刻、同一地点、同一品种的现货价与期货价的差，反映的是现货价格与期货价格的相对变化，即基差＝现货价－期货价。

图 7－5 是基差示意图。

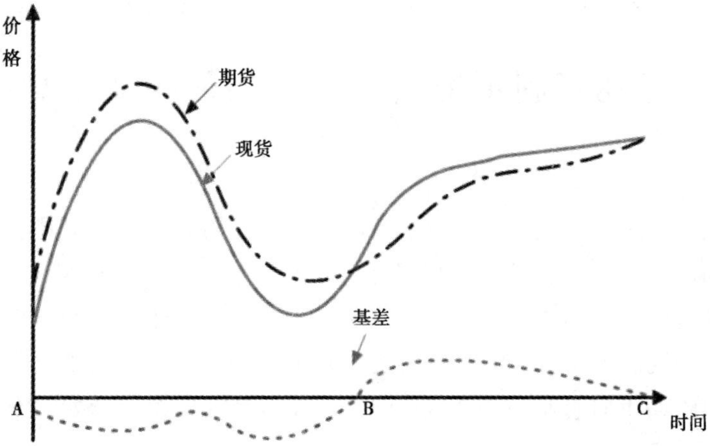

图 7－5　基差示意图

资料来源：申银万国期货研究所。

基差分为负数、正数以及零三种情况。

图 7－5 中 AB 段表示的是基差为负的情况，称为正向市场，即期货价格高于现货价格。一般情况下，商品供应正常，因为存在持仓成本，期货价格高于现货价格。

图 7－5 中 BC 段表示的是基差为正的情况，称为反向市场，即期货价格低于现货价格。这种情况一般出现在现货市场供给短缺，供不应求。

基差为零，即期货价格与现货价格相等，图 7－5 中的 B 点与 C 点的基差为零。

影响基差的因素，归纳起来主要有三方面。

1. 品质。由于期货合同中规定买卖的是基准品级的货物，而现货实际交易的品质与交易所规定的期货合同的品级往往不一致，因此，基差中就包含了这种品质差价。

2. 地区。期货合同规定的货物交割地点是交易所指定的标准交货地点，而实际现货交易的交货地点往往并不是与交易所指定的交货地点一致，因此，两个交货地点之间的运费的差价就造成了一定的基差。

3. 时间。由于现货交易交货的时间与期货交割的月份不一定一致，这就存在着时间差。时间差对基差影响主要表现在仓储费和资金利息上。

四、跨期套利不准备交割，为何也要考虑交割成本？

螺纹钢的跨期套利与期现套利一样，不同月份合约之间的持仓成本决定了无套利区间。一旦远月合约与近月合约的价差大于持仓成本，就可以进行买入近月合约同时抛售远月合约的套利操作，称之为正向套利；反之，则买入远月合约同时抛售近月合约，称之为反向套利。可见，其重点依然是持仓成本，即跨期正向套利的持仓成本 = 交易手续费 + 交割手续费 + 仓储费 + 增值税 + 资金成本。

细心的读者会发现，这里的持仓成本并不包含运输费、质检费和出入库费用。这是因为如果以交割了结套利头寸，是以期货仓单在不同月份流动的形式代替了实际货物在两个市场的流转，并不需要像期现套利那样进行货物的运输、质检和出入库。

有投资者表示不解，如果跨期套利并不打算进行交割，为何仍要考虑交割手续费和仓储费用呢？我们会发现，可能是进场时点把握不好，或者由于市场的突发因素，价差有时仍会继续原有方向而不回归，导致套利浮动亏损。这时候，可以通过交割来解决获得既定收益，或只能亏损离场。实质上，凡是没有准备好交割的套利都是有风险的，是投机性质的，只不过这是对价差的投机而非对价格的投机。特别是在反向跨期套利中，如果投资者没有螺纹钢现货或期货注册仓单，就不能通过交割弥补亏损，只能平仓了结。因此，即使不打算交割，也要把交割成本计算入无套利区间，这样才能尽量做到真正意义的无风险套利。图 7 – 6 就是价差朝不利方向变化的示意图。

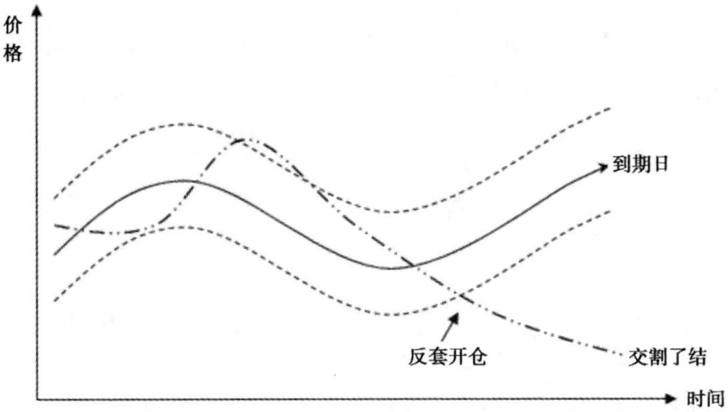

图 7－6　价差朝不利方向变化示意图

资料来源：申银万国期货研究所。

螺纹钢期货的交割规则限制套利机会

实际上，由于仓单有效期的规则，螺纹钢期货能否顺利通过仓单流转来实现交割，也是有不确定性的。上海期货交易所交割规则中明确规定，“螺纹钢、线材标准仓单的有效期为 90 天，如果买方获得的是在下一个交割月最后交割日前到期的标准仓单，不能再次用于下次卖出期货交割”。

从上述规定可以看出，用于交割钢材的每批商品有效期限应在生产日期后的 90 天之内。若考虑到运输、入库等因素，钢材期货仓单生成的实际时间需要增加 1～2 周，这样钢材期货注册仓单可用于跨期套利的最大隔月是两个月。比如，在 RB1001 合约买入的螺纹钢仓单，可以抛到 RB1003 合约上。如果生产日期至 RB1003 合约的交割日期超过 90 天，则只能抛到 RB1002 合约上，而如果生产日期至 RB1002 合约的交割日期超过 90 天，则无法进行跨期套利操作。这就将仓单分成了可以用于下次期货交割的未到期仓单和不能用于下次期货交割的到期仓单。一旦套利交易者获得的是到期仓单，他只能把仓单注销，把螺纹钢卖到现货市场上，而不能再将仓单在期货市场上流转，这样就会对后续的交易风险无法把握。

当然，如果价差按照我们预定的方向变化，就不必通过交割来了结套利头寸，可以直接通过期货市场双边平仓了结。这相当于降低了持仓成本，提高了套利的收益。图 7－7 就是价差朝有利方向变化的示意图。

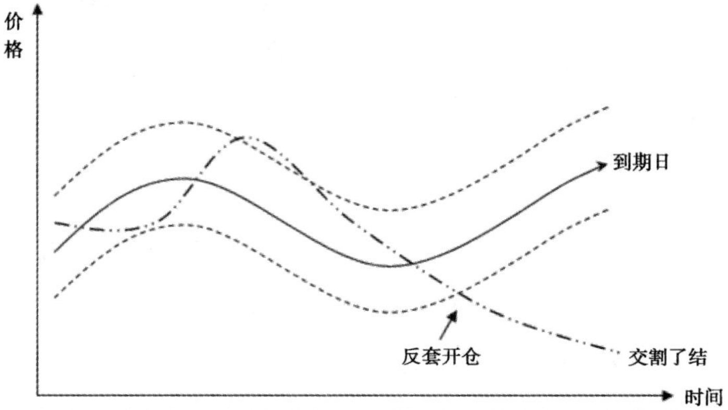

图 7－7　价差朝有利方向变化示意图

资料来源：申银万国期货研究所。

同样，如果在可平仓条件下进行反向套利，也不用考虑螺纹钢现货或者仓单的问题。这种套利机会一般反映的是短期供求关系的失衡，有时候也反映市场投机者偏好对价差的影响。比如，当市场处于明显的投机性看跌氛围，容易在远月合约上形成投机性贴水，近远月合约的价差会出现非合理的扩大。

【案例 7－4】

某投资者以 2009 年 8 月中旬螺纹钢期货 RB1002 合约的盘中价格 4600 元/吨为建仓价，计算一个月的持仓成本（即 RB1002 合约与 RB1003 今约的合理价差）为 55 元/吨，他发现实际两合约的价差在 0 值附近波动。通过对国家宏观调控政策的预测，他认为后市将继续下跌，两合约存在较大的跨期套利机会。于是，卖出 RB1002 合约，同时买入 RB1003 合约。至 2009 年 9 月中旬，价差恢复到该投资者 55 元/吨的合理值附近，该投资者平掉 1/3 套利仓位。至 10 月中旬，价差继续扩大至 100 元/吨，该投资者又平掉 1/3 套利仓位。至 11 月中旬，两合约价差扩大到 150 元/吨，该投资者将余下的头寸全部了结。通过期货市场反向套利操作，该投资者获得了可观的稳健收益（见图7－8）。

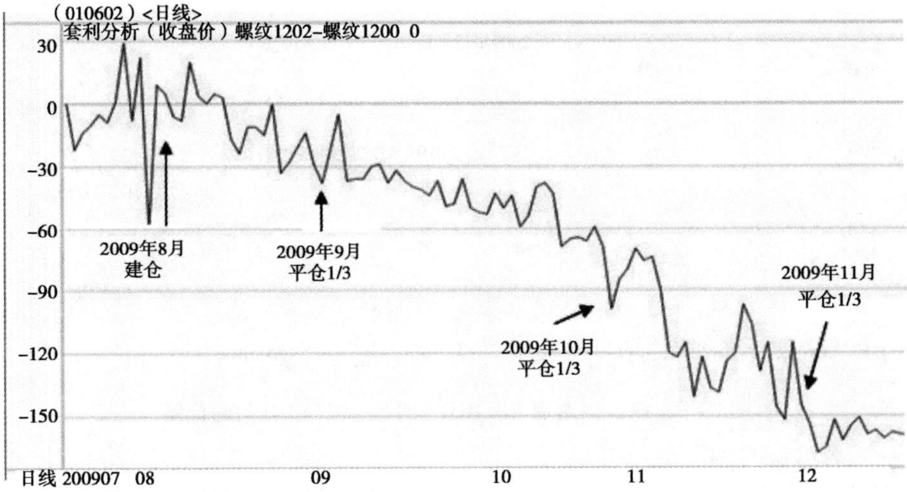

图 7－8　螺纹钢期货 RB1002 合约与 RB1003 合约价差

数据来源：博易、申银万国期货研究所。

五、螺纹钢期货在移仓换月过程中，价差有什么变化？

我们在前文已谈到，螺纹钢期货的主力合约特别钟爱 5 月和 10 月，这是从螺纹钢期货 RB1002 合约开始的。时值 2009 年末，螺纹钢主力合约直接从 2 月跳至 5 月，然后从 5 月合约直接跳至 10 月合约，并且在 2010 至 2011 年继续维持这样的主力合约移仓换月过程。我们通过价差图（见图7－9）可以观察到，每次移仓都出现了明显的价差变动：在 RB1002 合约向 RB1005 合约换月的过程中，二者的价差从 100 元/吨以下扩大至 300 元/吨以上，最高时达到 500 元/吨；在 RB1005 合约向 RB1010 合约换月的过程中，价差从 100 元/吨以下扩大至 300 元/吨以上；在 RB1010 合约向 RB1101 合约换月的过程中，价差从 100 元/吨以下扩大至 200 元/吨。

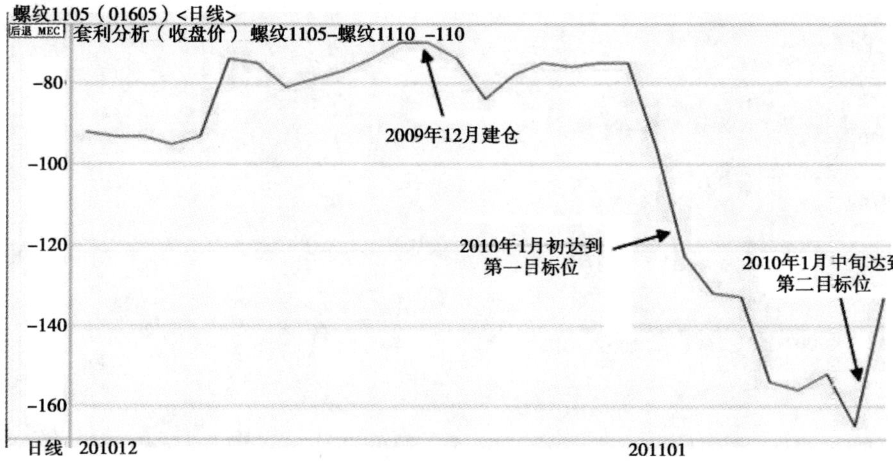

图 7－9　螺纹钢期货 RB1105 合约与 RB1110 合约的价差

数据来源：博易、申银万国期货研究所。

可见，在 2009 至 2011 年的经济复苏、通货胀膨抬头的牛市背景下，螺纹钢期货在移仓换月过程中，远月主力合约比近月主力合约表现强劲，两者的价差呈现扩大之势。而当换月完成时，价差会小幅回落。把握好这一规律，在宏观环境没有变化的情况下，可以在移仓初期进行买入近月合约同时抛售远月合约的正向跨月套利操作。

【案例 7－5】

2010 年年底，某投资者根据螺纹钢期货上市以来的移仓周期统计，下一主力合约是在上一个主力合约临近交割月份前 15 周左右的时候开始出现移仓，并大概在前 12 周左右的时间完成。由于 RB1105 合约向 RB1110 合约移仓周期中包括春节假期，也就是说，RB1105 合约大概在 2011 年 1 月初开始进行移仓，并在 1 月末至 2 月中旬完成至 RB1110 合约的移仓。以 2010 年 12 月 31 日收盘价格估算，RB1110 合约与 RB1105 合约的价差为 75 元/吨。参考历史上价差走势情况，预计二者在本次移仓过程中，价差有望扩大至 200 元/吨左右。

另外，根据基本面数据显示，通货膨胀预期将继续推高大宗商品价格，房地产业以及汽车行业这两块领域的钢材消费增速远高于钢材产量增速。

因此，该投资者制定了如下操作策略：在价差70元/吨至80元/吨区间初步建仓，后期跟踪移仓状况进行加仓操作。第一目标价差130元/吨，第二目标价差180元/吨以上。从图7－10可以看到，该策略获得了稳定的套利收益。

移仓换月

持仓量较小的远期合约的成交量逐渐增加，主力合约成交量逐渐减少，并且呈现出远期合约持仓量逐渐增加，主力合约减仓的现象，这种过程称为移仓换月。值得指出的是，移仓并非其字面意义上的“移动”或“迁移”，而是将近月合约上的持仓平仓后，再在远月合约按原持仓相同方向开仓过程，因而是存在交易成本的。在牛市行情中，移仓成本为正；而在近强远弱的熊市行情中，移仓成本为负，即可以获得换月收益。

之所以会出现移仓是由于以下几个因素。首先是期货合约存在最后交易日，在最后交易日来临前，必须将所有非交割的持仓逐渐平掉。其次，交易所的保证金是随着最后交易日的临近而逐渐提高的，主力从资金的运作效率考虑，更愿意将资金逐渐调整到保证金较低的远期合约。最后，交易所不仅在交割月前1个月开始调整保证金，而且对持仓的限额也逐步加强。

在移仓换月阶段，经常出现远期合约价格上涨而主力合约价格停滞的现象。这是因为主力在远期合约积极开仓，散户因为只盯着主力合约，看到价格上涨纷纷跟进，但价格就是在小范围内波动而滞涨。等到散户转到远期合约时，远期合约与近期主力合约不合理的价差又开始向合理价差回归了，散户的心态变得更坏，而主力则借助散户的频繁买卖完成了其战略移仓的目的。

如何判断移仓换月的起止时间呢？一般来说，以远期合约逐步活跃、成为次主力合约开始，当其成交量（持仓量）超过当前主力合约成交量（持仓量），并维持几天至移仓换月完成。

延伸阅读：不同期货品种的移仓换月规律不同（见表7－3）

表7－3　　不同期货品种的移仓换月规律不同

期货品种	移仓规律	主要原因
金属	逐月移仓	有外盘期货特别是伦敦市场的指引，联动性强
化工	1月－5月－9月	以消费季节为主
农产品	1月－5月－9月	上市合约跨度长达两年，以生产和消费季节为主
股指	逐月移仓	主力合约都是近月合约，因为以现金交割，时间跨度过长，资金风险较大

六、螺纹钢期货在什么行情下有套利机会？

前文我们介绍了可以建立规范模型的套利机会，除此之外，市场上每天都充斥着各样的信息。我们常常发现，同样的信息，在期货市场与现货市场的反应却有很大差异，这是期货市场能迅速实现操作（T+0）、所需资金量少（有杠杆效应）的特点所造成的。因此，在某些事件发生后，期货市场会放大影响效果，可能会带来事件型的套利机会，尤其在不同期货合约之间。

（一）重大政策的发布

钢铁行业的下游产业链主要是房地产，因此国内房地产的调控政策对螺纹钢价格有着明显的影响。重大政策的发布足以在短期内造成价格的突变，并且在不同的期货合约上产生不同的反应。一般来说，近期合约的反应最大，此时将出现短期的套利机会。

【案例7－6】

2010年4月14日周三晚，我国针对不断上涨的房价公布了严厉的“国八条”政策，给现货产业链以及金融市场带来极大的利空。某投资者认为螺纹钢期货将进入下跌通道，并且短期内近月RB1005合约会比主力RB1010合约跌幅更深。于是他在4月15日当天卖出RB1005合约，并买入RB1010合约，开仓价差为302元/吨，并将此套利单持有至4月最后一个交易日，以340元/吨的价差获利平仓（见图7－10）。

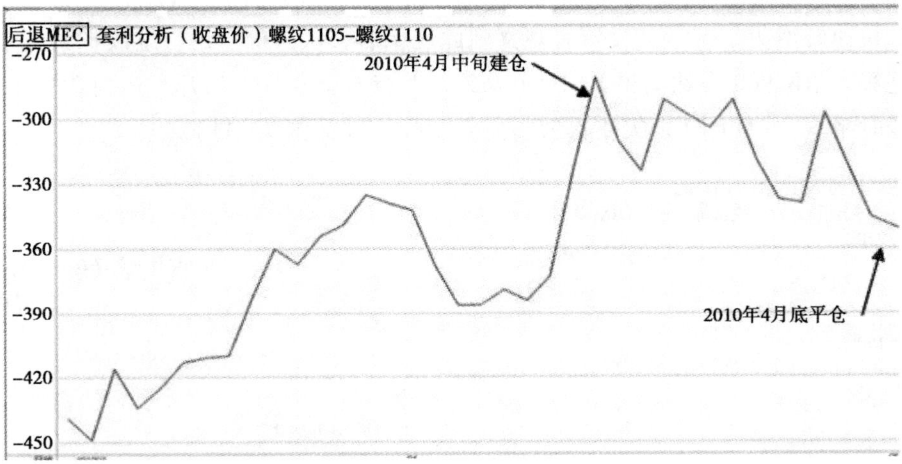

图7－10　2010年4月螺纹钢期货RB1005与RB1010价差

资料来源：博易、申银万国期货研究所。

（二）单边挤仓行情

单边挤仓行情是指交易一方利用资金优势或仓单优势，主导市场行情向单边运动，导致另一方不断亏损，最终不得不砍仓出局。发生挤仓的合约一般为近月合约，多头挤仓会导致近月合约产生资金性升水，空头挤仓则导致近月合约产生仓单压力贴水。这都使价格的正常关联被破坏，从而造就了不同月份间的跨期套利机会。

对于投资者来说，当辨识出潜在的挤仓行为后，可以买进或卖出挤仓合约（近月合约）并在主力合约和次主力合约上（此时一般为远月合约）进行反向持有。

【案例7－7】

2009年7月底，在钢厂不断提价的提振下，螺纹钢期货价格不断创出新高。当时社会库存相对偏少，且注册的期货仓单基本已掌握在多头手中。距离螺纹钢期货RB0909合约交割只有1个多月的时间了，多头主力却大举持有快要到期的近月合约，使该合约持仓量达到1万手之上，形成近强远弱的格局。随着交割日期临近，近月投机空头由于提高保证金以及无法实现交割而被迫砍仓，导致 RB0909 合约减去 RB1001 合约之间的价差从合理的贴水快速转变为平水。某投资者观察到此现象后，认为价差还会继续扩大，于是买入 RB0909 合约卖出 RB1001 合约，并持有至 8 月上旬升水达到 250 元/吨时平仓，短短 10 余天获得较高的套利收益（见图 7－11）。

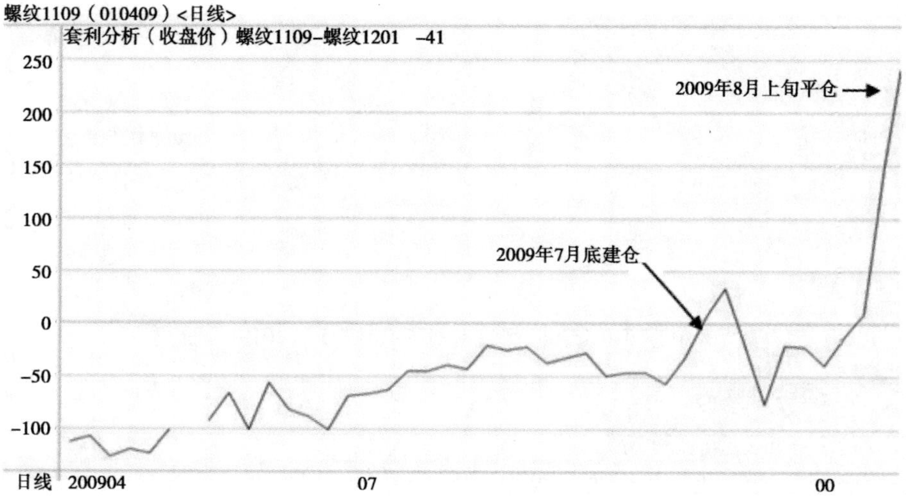

图 7－11 2009 年 9 月螺纹钢期货 RB0909 与 RB1001 价差图

资料来源：博易、申银万国期货研究所。

延伸阅读：

萨缪尔森效应指出，“在低库存水平下，现货（近月）的波动率要高于远期”。对于期货市场而言，较低的交易所库存必然使得近月空头持仓止损出局，或者迁仓远月。参与期货市场的大机构经常利用这一效应，通过操纵交易所显性库存，逼空近月空头，牟取高额利润。

萨缪尔森效应认为，在低库存水平下，现货（近月）的波动率要高于远期。低库存情况下，容易引发市场对近期供应紧张的忧虑，使现货价格对各种信息源的反应程度比远期合约更强烈。事实上，不仅是低库存情况下如此，从市场实际数据来看，近月合约的价格波动性最强。近期合约与远期合约的波动性的差异，使得同一商品不同交割月之间的价差经常会在瞬间偏离均衡状态，从而不断为套利投资者带来获利机会。

七、线材期货与螺纹钢期货怎样进行套利?

我国的线材期货交易并不活跃，但对于资金规模较小的投资者，也可以通过线材期货对螺纹钢期货进行跨品种套利。

首先，螺纹钢与线材均属于长材。两者的生产原材料相同，成本因素保持一致使得价格波动性趋于一致。从图 7 - 12、图 7 - 13 可以看出，螺纹钢期货和线材期货在 2009 年 3 月 27 日上市以后，价格走势保持共振，相关系数高达 0. 98。

图 7 - 12　螺纹钢期货指数和线材期货指数价格走势

资料来源：申万期货研究所。

其次，螺纹钢和线材在建筑业应用中常常是共同使用的，其终端需求一致。螺纹钢与线材之间的现货生产成本大致相差 100 元/吨。对两者期货指数的价差进行统计后发现，有 90% 的概率落在 75 元/吨至 155 元/吨之间。因此，投资者可以尝试，当价差高于 155 元/吨时，买入线材合约同时卖空螺纹钢合约；价差低于 75 元/吨时则买入螺纹钢合约同时卖空线材合约。

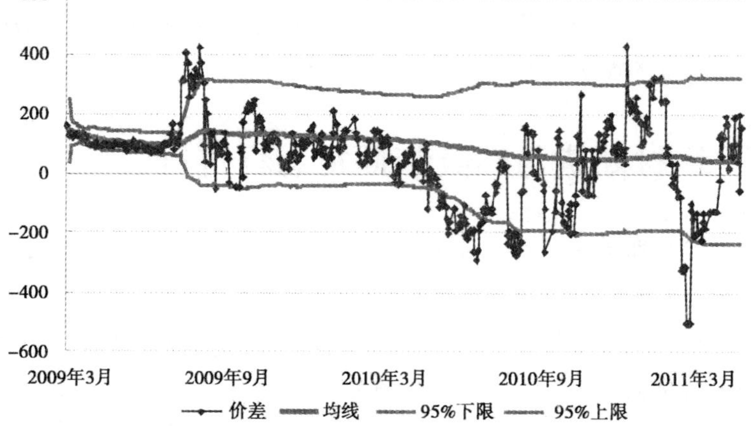

图 7-13　螺纹钢期货和线材期货统计套利

资料来源：申万期货研究所。

【案例 7-8】

2010 年 11 月，螺纹钢期货主力合约为 RB1105 合约，线材期货为 WR1105 合约（见图 7-14）。11 月下旬，RB1105 合约为 4600 元/吨，WR1105 合约为 4700 元/吨，两者价差为 -100 元/吨，远低于统计价差的下边界，存在买螺纹钢期货、卖线材期货的套利机会。以上述价格为建仓价格，投资者选择持有至价差回归至 75 元/吨上方附近时平仓，即 2010 年 12 月 14 日平仓，平仓价分别为 4780 元/吨和 4700 元/吨，价差为 80 元/吨，获利 180 元/吨，即 80-（-100）=180 元/吨。

什么是统计套利

统计套利即用统计方法来确定套利区间。该方法不涉及对期货价差的理论定价，而是单纯考察历史价差的变化规律，并以历史数据（样本）去推断未来的价差变化（总体），从而制定交易策略。研究统计方法的目的在于，统计方法在实际价差持续偏离理论价差的情形下更加有效。

常见的统计套利方法包括平均值法和协整法。

1. 平均值法

平均值法是指将一定时间内历史价差的均值作为合理价差，当实际价差偏离该合理价差一定幅度之后，则入场交易。这里，最重要的是合理价差的计算，即“一定时间”和“历史跨期价差”的选取。

根据正态分布的特性——样本落在均值前后一个标准差范围内的概率为 68.27%，落在均值前后 1.96 个标准差范围内的概率为 95%，我们可以制定这样的交易策略：当实际价差大于（或小于）平均价差的幅度为历史价差标准差的一定倍数时，就能进行卖出（或买入）价差的套利操作。

2. 协整法

协整理论是 Engle 和 Grange（1987 年）首先提出的，主要用于分析非平稳变量之间的长期均衡关系。根据协整理论，我们可以进一步得到协整套利模型，它只是平均值法的一个更严密形式。

如果构成套利的两个期货合约存在协整关系，那么它们的价差就会呈现向均值回归的特点。一般，当价差向上偏离均值一定幅度之后，我们可以合理地预计价差会在均值回归的过程中变小，因此可以卖出价差，待实际价差回归至均值附近时平仓，赚取卖出价差时的实际价差与平仓时的实际价差之间差额的部分。同理，当价差向下偏离均值一定幅度之后，我们可以买入价差，待其再次回归至均值附近平仓。

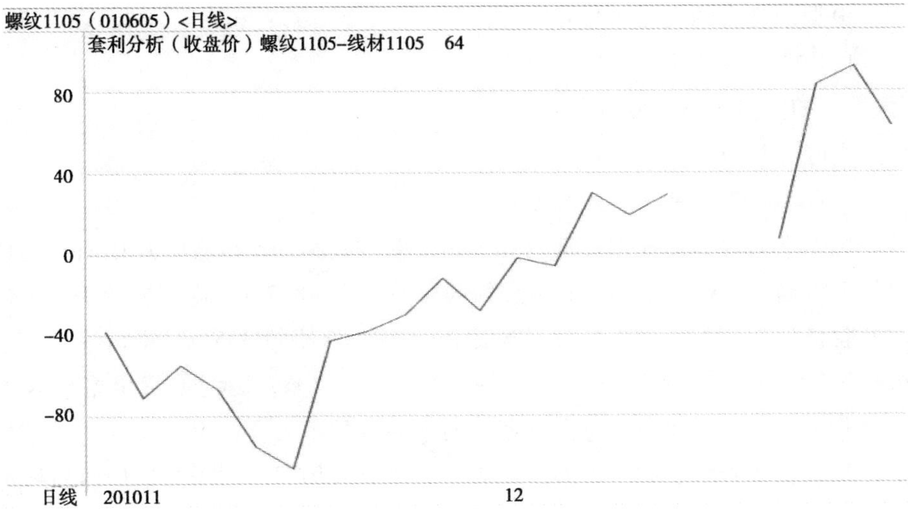

图 7－14 螺纹钢期货 RB1105 合约与线材期货 WR1105 合约价差

资料来源：博易、申银万国期货研究所。

八、螺纹钢期货与焦炭期货的价差是简单的“产品—原料”关系吗?

2011年4月15日，焦化企业翘首以盼的焦炭期货终于上市了，螺纹钢期货的市场主体——涉钢企业也对此特别关注。两品种的关系非常密切，我国焦炭产量的90%用于高炉冶炼，且主要用于冶炼钢铁。冶金焦炭已经成为现代高炉炼铁技术的必备原料之一，被喻为钢铁工业的“基本食粮”。因此，焦炭与钢材是产业链的上下游关系，焦炭期货推出后，将与钢材期货形成合力，实现焦炭、钢材整个产业链的联动。

套利的内在机理之一是两者价格相互影响、相互制约，内在机理之二是两者之间有大致的数量关系。焦炭与螺纹钢，显然是原料与产品之间的关系，两大条件都满足，可以进行产业链的跨品种套利。

按照行业平均生产工艺，目前钢铁行业中平均生产1吨炼钢生铁需要1.6吨铁矿石、0.45吨焦炭，因此，计算价差的比例为：

1吨螺纹钢:2吨焦炭

根据期货合约交易单位：

1手螺纹钢期货=10吨螺纹钢

1手焦炭期货=100吨焦炭

实际交易数量比例为：

5手螺纹钢期货:1手焦炭期货

接下来，要如何根据计算两者期货价差来判断操作机会呢？比如在焦炭期货上市当天，螺纹钢RB1110合约的收盘价是4827元/吨，焦炭J1109合约的收盘价是2247元/吨，按上述比例计算的价差为333元/吨。显然，这个数值并不等于现货生产中“产品—原料”的价差，因为期货价格包含了大量非生产工艺方面的信息和预期，两个品种的主力合约也不一定是同一月份。我们更关心的是这个价差是否表明有机会入场呢？这需要根据两品种价差走势的特点来进行判断。

由于焦炭价格的变化相对迟缓，且相对螺纹钢价格存在明显的滞后性。一般滞后期为半个月至一个月，因此该跨品种套利存在明显的趋势性机会。

由于螺纹钢的波幅大于焦炭，趋势性套利机会与单边趋势保持一致。在价格上涨过程中，螺纹钢与焦炭的价差呈现扩大趋势，在套利操作中可采取买入螺纹钢合约同时卖出焦炭合约的策略；在价格下跌过程中，螺纹钢与焦炭的价差呈现缩小趋势，可采取买入焦炭合约同时卖出螺纹钢合约的策略。所以，上段提到的问题，333 元/吨的价差能不能入场套利，关键在于对当时螺纹钢趋势行情的判断。

但是焦炭价格的滞后性也带来另一个问题：在拐点行情中，当螺纹钢价格由上涨转向下跌时，焦炭价格却因为滞后可能继续保持惯性上涨，所以可能会导致短时间内价差迅速缩小。当螺纹钢价格由下跌转向回升时，焦炭价格可能继续下跌，导致价差短时间内迅速扩大。因此，在实际操作中，要把握好滞后的节奏。

九、还有哪些品种能与螺纹钢期货进行套利组合?

现在我们把讨论的范围扩大，谈谈螺纹钢期货的套利组合。我们已经了解到，需要对相关品种或合约之间的关系尽量数量化，才能更为准确地进行套利。而套利组合并不必然如此，它本质是一种对冲，可根据难以数量化的相关品种甚至无相关品种之间在某一阶段的强弱关系来降低投资风险，甚至获利。

（一）聚氯乙烯（PVC）期货

对于螺纹钢期货而言，现在国内期货市场上除了线材期货和焦炭期货外，还有 PVC 期货与之在产业链上有较大的相关性。

从上游分析，我国 PVC 生产主要以电石制法为主，电石占生产成本的 65% ~70%，而电石在生产过程中需要消耗焦炭。因此，焦炭价格对 PVC 生产成本具有间接作用，在原料方面 PVC 与螺纹钢具有相关性。从产业政策分析，2010 年下半年以来，国家为完成“十一五”节能目标，全国各地节能减排，限电、限产等措施纷纷而来，对氯碱行业以及钢铁生产均造成了不小的冲击，PVC 期货和螺纹钢期货所面临的政策压力是一致的。从下游来看，两者均与房地产行业密切相关，随着房地产开工周期的不同呈现出一定的季节性需求特征。通过图 7 - 15 我们可以直观地发现，PVC 期货与螺纹钢期货走势大体一致，且螺纹钢价格变化要先于 PVC，这也与房屋建造过程中对钢铁的需求先于塑料管材和型材的事实相符。

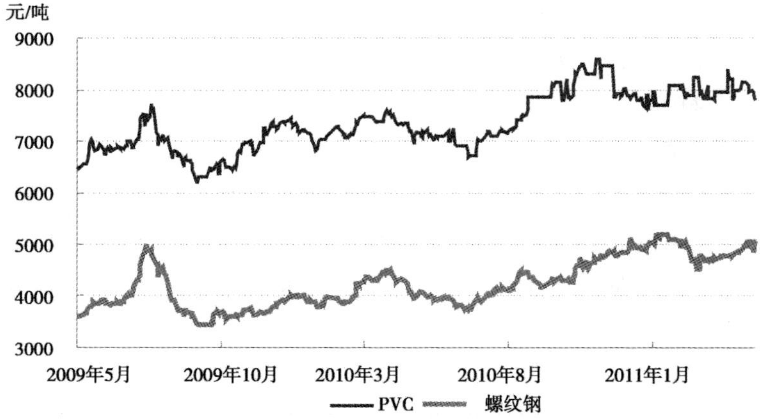

图 7－15　螺纹钢期货与 PVC 期货走势

资料来源：申万期货研究所。

另外，从长期分析，由于螺纹钢价格引导焦炭价格，而 PVC 价格则受制于焦炭价格，焦炭期货在运行成熟后，将会成为两者之间的纽带，在其他重要因素平稳（电价等）的前提下，使 PVC 价格走势跟随螺纹钢价格走势。

无论从原料还是终端都难以把两者的关系数量化，因此我们采取比值的方法，从 PVC 期货与螺纹钢期货的比值图（见图 7－16）可以看出，从 2009 年 5 月至 2011 年 5 月，两者比值的常态波动区间为 1.6 至 1.9，均值落在 1.55。实践操作中，可以采用本章介绍的统计套利方法，计算确定的上下边界来套利。

这一对冲操作需要考虑的要素有两点：第一，房地产的季节性拐点。我们对塑料型材、管材及其附件 2010 年的月度产量环比进行对比发现，四季度塑料型材和管材的月度产量会较 9 月、10 月略有下降，但仍处高点，这意味着 PVC 的下游需求依然强劲。再看螺纹钢，9 月、10 月为建筑钢材消费旺季，然而，从 11 月开始，冰冻天气使得东北及华北地区不适合工地开工，建筑钢材消费也随之进入淡季，而钢材供应量却保持相对稳定，现货库存将会有所上升。加之钢材品种由于缺乏稀缺性和不可储存性等属性，不易受投机资金的青睐，如果贸易企业在年底前提早建立库存的话，又会碰到次

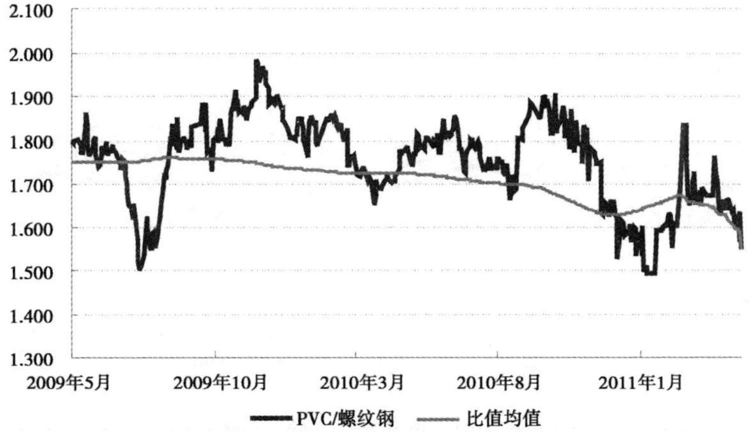

图 7－16 PVC 期货与螺纹钢期货比值

资料来源：申万期货研究所。

年春节后销售螺纹钢生锈等问题。因此，冬季螺纹钢现货价格处于上涨乏力的状况。所以，每年四季度一般会出现 PVC 的产量比螺纹钢的产量偏强的走势（见图 7－17、图 7－18）。

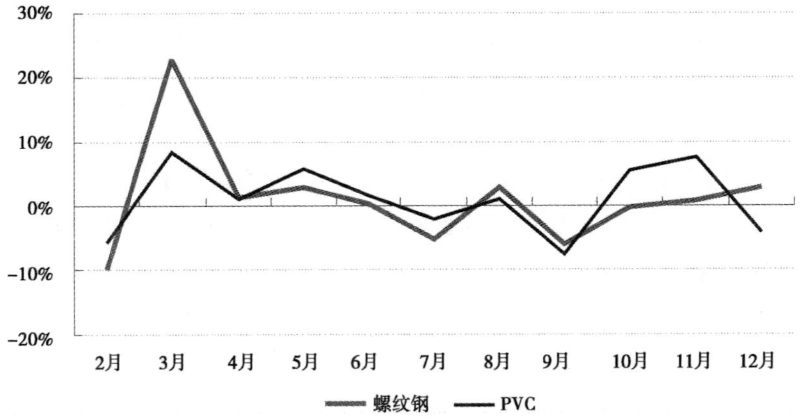

图 7－17 螺纹钢与 PVC 月度产量环比

资料来源：申万期货研究所。

第二，期货交易交割规则。每年 3 月份，PVC 面临着期货注册仓单统一

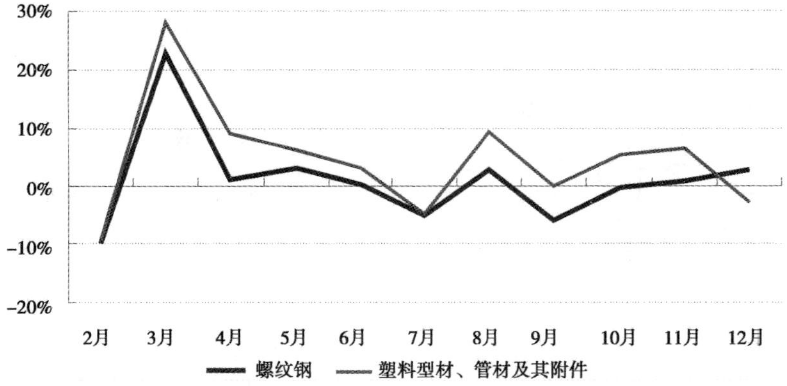

图7-18　螺纹钢与塑料管材、型材月度产量环比

资料来源：申万期货研究所。

注销的规则限制，货源流出，冲击现货市场，价格一般会走低，甚至期货价格还会贴水现货。而螺纹钢却迎来季节性消费旺季，需求缓慢恢复，价格上行的概率较大。届时螺纹钢走势一般强于PVC，这就给投资者又一对冲交易的机会。

（二）沪铜期货

与螺纹钢类似，铜作为重要的工业原料，与实体经济的关系非常密切，特别是同样受汽车、房地产等下游行业的影响。因此，当国内经济发生变化的时候，铜和螺纹钢应出现较为类似的反应。

但是与螺纹钢期货不同，沪铜期货不但受国内环境的影响，还受外盘走势的作用，特别是受伦铜及美元的影响较为明显。因此可以想象，如果国内外经济形势出现了一定背离，那么沪铜期货和螺纹钢期货的价格走势就会出现背离，从而萌发对冲机会（见图7-19）。

从走势对比图7-19中我们可以较为明显看出，两者在总体趋势上大致相同，但在波动幅度上有强弱。通过计算两者的历史比价，维持在12~14的区间，但在2010年10月后，由于美国实行量化宽松政策，美元指数走弱推高伦铜价格，二者的比价区间上升至13~15。因此，沪铜与螺纹钢之间是存在对冲可能的，需要考虑的因素主要有两点：

第一，国内产业政策的变动。虽然铜和螺纹钢的下游产业存在交集，但

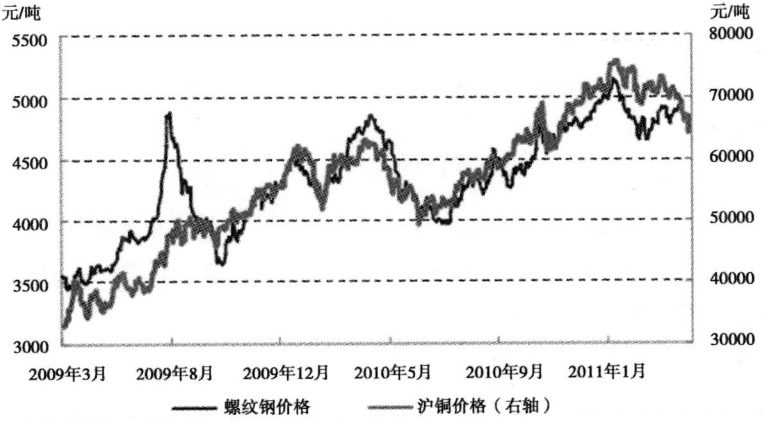

图 7－19 螺纹钢与沪铜期货价格走势图

资料来源：申万期货研究所。

是仍存在一定差异。比如说智能电网的建设对铜的振兴作用较为突出，但是节能限电对钢材企业影响更大。第二，国内外经济环境的变化。中国虽然经过了长时间的改革开放，但是总体上仍然较为封闭。当国外环境出现大幅度波动时，中国往往能够独善其身，不为所动。

【案例 7－9】

2011 年“五一”期间，国外贵金属市场出现大幅暴跌。由于内外盘的联动作用，预计沪铜市场也会受到相应冲击。但是，螺纹钢期货由于受外盘影响较小，价格应保持稳定。2011 年 5 月 3 日，沪铜期货 CU1107 合约开盘价为 69350 元/吨，螺纹钢期货 RB1110 合约开盘价为 4923 元/吨。根据等价值量原则，买入 RB1110 合约 35 手（350 吨），卖出 CU1107 合约 5 手（25 吨）。2011 年 5 月 6 日，隔夜外盘贵金属市场开始企稳，对沪铜的冲击或将结束，因此于 5 月 6 日开盘时平仓，RB1110 合约平仓价为 4850 元/吨，CU1107 合约平仓价为 65550 元/吨。此次对冲操作我们共盈利：

（69350－65550）×25＋（4850－4923）×350＝69450（元）

假设保证金比例为 20%，那么我们此次对冲使用的资金量为：

69350×25×20%＋4923×350×20%＝691360（元）

对冲收益率为：

69450/691360×100%＝10.05%

在不足一个星期的时间，可以获得10.05%的对冲收益。可以看出，虽然这种对冲方式存在一定风险，但收益非常可观。

（三）农产品期货

因为螺纹钢期货没有外盘且相对稳定的特点，所以可以将其视为衡量国内市场系统风险的指标。如果预期某种商品期货品种相对整个商品市场具有超额收益，那么可以通过买该种商品期货抛售螺纹钢期货的方式进行对冲，获取收益。

【案例7-10】

大豆作为农产品中的重要品种，因为2011年相对紧张的供需环境，所以与市场相比更具有投资价值，特别是在2月底3月初，美国库存低迷同时种植相对不旺的情况下，中线投资价值彰显。但是当时国内大宗商品市场面临较为严重的系统性风险，整体处于震荡偏空的格局。为了获得大豆的超额收益，可以进行买入大豆合约同时抛售螺纹钢合约的对冲方式。

2011年3月1日，大豆期货A1201合约开盘价为4445元/吨，螺纹钢期货RB1110合约开盘价为4911元/吨。根据比价关系，卖出RB1110合约9手（90吨），买入A1201合约10手（100吨）。2011年4月1日，美国USDA报告显示大豆供需情况并没有之前期望的那么紧张，因此可以于4月1日开盘时平仓了结。RB1110平仓价为4799元/吨，A1201平仓价为4650元/吨。此次对冲操作共盈利：

（4911－4799）×90＋（4650－4445）×100＝10080＋20500

＝30580（元）

假设保证金比例为20%，那么此次对冲使用的资金量为：

4911×90×20%＋4445×100×20%＝177298（元）

对冲收益率为：

30580/177298×100%＝17.2%

在一个月左右的时间中，可以获得17.2%的对冲收益。因此，在市场处于震荡环境，趋势投资较难把握的情况下，对冲交易非常具有操作价值。

延伸阅读：钢铁股与螺纹钢期货的联动

2010 年 8 月初，我国工信部公布了工业行业淘汰落后产能的企业名单，全国各地开展了新一轮限电和减排措施。江浙地区普遍限电，部分高炉已经开始关停。山西省为坚决响应国家和省政府安排，确保减排任务完成，晋钢已经在 8 月 25 日全面停产了，时间为 100 天。

而 9 月底是工信部公布淘汰落后产能企业名单关闭的最后期限，一些钢厂再度掀起停产、减产风暴。9 月 4 日，河北省武安市钢厂接到通知，辖区内数十家钢厂高炉、轧钢生产线被要求在 5 日零点前全部关停，关停时限暂定为 20 天至 1 个月。

自螺纹钢期货上市以来，现货市场、期货市场和股票市场相互影响，密不可分。此次节能减排的执行力度超预期，将抑制钢铁产量，伴随 9 月中旬开始的旺季需求，将推动钢价继续上涨，为钢铁板块带来投资机会。

9 月 6 日螺纹钢期货开盘后瞬间触及涨停，创下 4 个月来新高。钢材期货的飙涨带动钢铁板块大幅上涨，钢铁板块整体涨幅高达 4.61%，仅次于券商板块。一些钢铁个股表现格外突出，宝钢股份和河北钢铁 5 日分别大涨 7.06% 和 6.89%，凌钢股份涨停。

业内人士称，节能减排让大钢厂的投资空间显现。小钢厂关停，大钢厂则独享涨价利益。钢铁板块领头个股对于此次的节能减排政策反应较为敏感，如宝钢股份、河北钢铁、鞍钢股份等个股后市可进行重点关注。另外，一些受益于区域性需求高增长及弹性较高的钢铁个股也存有短线机会，如八一钢铁、凌钢股份、酒钢宏兴、三钢闽光等。

自 测 题

一、选择题（不定项）

1. 套利分为(　　)类型。

A. 期现套利

B. 跨期套利

C. 跨市套利

D. 跨商品套利

2. 期货市场的定价理论有(　　)。

A. 随机性理论

B. 持有成本理论

C. 传统预期理论

D. 风险溢价理论

3. 合理的期货价格应该是(　　)要素的总和。

A. 现货市场价格

B. 持仓成本

C. 近月合约价格

D. 其他成本

4. 持仓成本包括(　　)费用。

A. 仓储费

B. 交易手续费

C. 交割手续费

D. 资金成本

5. 参与钢材套利交易的基本原则包括(　　)。

A. 买卖方向对应原则

B. 买卖数量相当原则

C. 同时建仓原则

D. 合约相关性原则

6. 螺纹钢期现套利过程中，主要包括(　　)费用。

A. 交易费

B. 仓储费

C. 入库出库费

D. 交割手续费

7. 参与螺纹钢套利要注意(　　)风险。

A. 保质期风险

B. 时间风险

C. 增值税风险

D. 其他风险

8. 螺纹钢每手套利入库出库费成本是(　　)。

A. 专用线 18 元/吨、码头 15 元/吨、自送 15 元/吨

B. 专用线 28 元/吨、码头 25 元/吨、自送 25 元/吨

C. 专用线 38 元/吨、码头 35 元/吨、自送 35 元/吨

D. 专用线 48 元/吨、码头 45 元/吨、自送 45 元/吨

9. 螺纹钢的仓储费用是(　　)。

A. 0.15 元/吨/天

B. 0.25 元/吨/天

C. 0.35 元/吨/天

D. 0.45 元/吨/天

10. 螺纹钢的交割手续费是(　　)。

A. 3 元/吨

B. 4 元/吨

C. 5 元/吨

D. 6 元/吨

二、判断题

1. 参与套利交易一定可以盈利。(　　)

2. 跨市套利是指某种期货合约，当期货市场与现货市场在价格上出现差距，从而利用两个市场的价格差距，低买高卖而获利。(　　)

3. 基差等于现货价格减去期货价格。(　　)

4. 同一品种的不同合约之间一定存在跨期套利机会。(　　)

5. 持有成本理论又叫做存储理论。(　　)

6. 用于交割钢材的每批商品有效期限应在生产日期后的 90 天之内。(　　)

7. 参与钢材期货套利操作的主要原因是套利风险小。(　　)

8. 在套利交易中，价差比价格更加难于预测。(　　)

9. 一旦基差与持有成本偏离较大，就会出现期现套利的机会。(　　)

10. 套利一般要在两个相关性较强的合约间进行，而不是所有的合约之间都可以套利。 (　　)

参考答案

一、选择题（不定项）

1. ABCD　2. ABCD　3. ABD　4. ABCD　5. ABCD
6. ABCD　7. ABC　8. A　9. A　10. A

二、判断题

1. ×　2. ×　3. √　4. ×　5. ×
6. √　7. √　8. ×　9. √　10. √

第八章
钢材期货投资策略
——套期保值

【本章要点】

本章从讲述套期保值的核心价值开始，先说明了企业参与套期保值所需要了解的风险敞口和组织框架，然后从具体案例出发，展现了产业链上各企业不同的基本套期保值方法，并拓展了套期保值的获利新模式。

一、为什么说套期保值能使涉钢企业稳定享受平均利润？

螺纹钢期货的市场参与者从整体上看可以分为套期保值者和投机者（套利者可以看做是对价差的投机）。套期保值者希望通过在期货市场和现货市场的双向操作，使一个市场的盈利能弥补另一个市场的亏损，即在两个市场间建立对冲机制，以规避螺纹钢市场价格波动的风险。

对于未保值的涉钢企业，利润受到前文所述各种因素的影响而波动剧烈，而参与保值的企业利润，则基本能达到行业平均水平，平滑了大部分风险（见图 8－1）。虽然会损失部分超额利润，但也避免了超额损失。从长远来看，如果企业在价格波动的过程中能够有效地应用套期保值，尽量消除每一次交易活动的风险，那么商业活动的风险管理效果将显著提升，企业就能在套期保值的运作中逐步成长为百年老店，这才是套期保值的核心价值。

图 8－1 是保值企业与未保值企业的利润对比图。

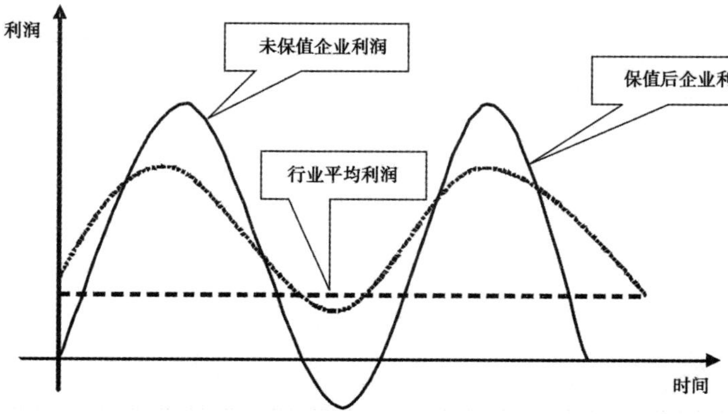

图 8－1　保值企业与未保值企业的利润对比

资料来源：申万期货研究所。

套期保值的四大操作原则

1. 种类相同或相关。它是指期货品种和套期保值者的现货交易商品在种类上相同或有极强的相关性。这样，影响期货价格和现货价格的因素才能趋同，两者的走势也才能一致。

2. 数量相等或相当。它是指期货合约所代表的商品数量与在现货交易的数量相等或相当。这样一个市场上的盈利就能基本弥补另一个市场上的亏损。

3. 月份相同或相近。它是指期货合约的交割月份与现货交易的时间相同或相近，这样两个市场的时间成本才能相同。

4. 交易方向相反。它是指在现货市场上和期货市场上采取相反的买卖行为，这样才能取得在一个市场上亏损的同时在另一个市场上会出现盈利的结果。如果违反了交易方向相反原则，不仅达不到规避风险的目的，反而增加了价格风险，其结果是要么同时在两个市场上亏损，要么同时在两个市场上盈利。

不同企业对风险的态度不同，因此入市的动机也不尽不同，我们可以从四个层面递进展开。

第一个层面，套期保值的目的在于消除价格波动带来的风险。这是根据如下原理：螺纹钢期货价格走势和现货价格走势一致，并且随着交割日期的临近，螺纹钢期货价格与现货价格逐渐收敛。在正常的市场条件下，由于这两个市场都受螺纹钢供求关系的影响，在期货、现货交割制度下，二者价格同涨同跌，如果在这两个市场上进行相反的操作，可以使期货市场的盈利弥补现货市场的亏损。

然而在现实交易中要作出套期保值的决策，并不会如此简单和机械。因为在期货市场上，无论做多还是做空，都有可能和现货交易的要求不一致，导致出现一些差额。而且，从我国期货市场的现实情况来看，期货价格与现货价格在到期日也不一定吻合，因此，相对于消除风险，降低风险更为可行。

第二个层面，套期保值的目的在于降低价格波动带来的风险。现货价格的变动经常会引起期货价格的同向变动，特别是在突发事件发生时，因此基差概念应运而生。基差是衡量现货价格与期货价格关系的重要指标。大量数据已经证明，基差的变动远远小于现货价格或期货价格的单独变动，因此，期货市场可以被看做是有效降低价格波动风险的工具。套期保值者让渡的是能预见的绝对价格变动风险，而承担了基差的变动风险。

第三个层面，套期保值的目的在于从基差的变动中获利。比如，一个钢材贸易商认为自己对库存的预见有优势，那么套期保值的问题就不在于基差，而在于基差的变动能否被预见。因此，扩大的套期保值概念强调了不仅仅要降低风险，还要获得期望利润，这种策略也称做“套利套保”。

第四个层面，套期保值的目的在于在既定的风险条件下获取最大的利润，或者在预期收益的前提下把风险降到最低。这实质上是对现货市场和期货市场的资产进行组合投资。

套期保值的现代定义

20 世纪 70 年代后，美国商品期货交易委员会对套期保值做了现代的定义：套期保值，是指对实物市场进行交易的替代，而在合约市场

交易远期交割的合约，并且在经济上适用于减少商业活动中的操作和管理的风险。也许这个概念和我们前面的理解已经完全不同了，套期保值原来被定义为对实物市场交易的替代，在期货市场交易远期合约，并且在经济上适用于减少商业活动中的操作和管理风险。也就是说，套期保值是对现货市场交易的替代，未来要卖的货物，可以通过远期合约今日就卖出，而且这个操作可以锁定利润，显著减少商业活动的经营和管理风险。

二、产业链上的涉钢企业分别有哪些风险敞口？

钢材的上游联系着铁矿石、煤炭、电力等行业，下游联系着房地产、家电、汽车等行业，在漫长的钢材产业链上，企业都面临着不同的经营风险。

第一是价格波动风险，上、下游的风吹草动都会影响到钢材价格。

第二是财务风险，预付款订货、赊销等结算方式，降低了企业现金流，一旦买方违约，拒绝支付货款，卖方就承担了所有的风险，损失惨重，这就是钢材贸易中经常出现“三角债”问题。

第三是信息不对称的风险。全国各地钢材市场林立，价格信息的传递速度慢。目前，流通渠道主要分为钢厂分公司、钢厂直供和贸易商三种，贸易商是钢材流通的主力，因此钢厂无法及时地从销售一线获得价格信息，而贸易商也必须分析全国各地的钢材价格来判断走势，造成信息不对称。因此，我们非常需要一个透明的价格信息公布和交易平台。

具体地说，钢铁产业链上、中、下游企业的风险敞口分别为：

1. 钢厂——上游闭口、下游敞口；
2. 钢材贸易商、加工企业——双向敞口；
3. 基建、房地产企业——上游敞口、下游闭口。

其中，上游闭口、下游敞口就是销售端风险。一直以来，大钢厂处在销售的相对强势，占据主要市场份额。金融危机后，小钢厂、钢贸企业又面临经济未复苏、钢铁产能过剩、库存处在历史高位的情况，成品销售困难程度增加。

上游敞口、下游闭口就是采购端风险。金融危机结束后，铁矿石、焦炭的价格持续上涨，导致钢厂被动转嫁成本，自 2009 年数次上调价格后，2010 年调价频率更快，钢厂几乎每月提价一次。及时、有效地锁定原材料成本，稳定生产成为这些企业的当务之急。

双向敞口的企业一般处于产业链的中游，他们大部分在中间环节获取核心利润，比如加工费。其风险点主要在于定价方式、定价时间和定价市场的不对称（见图 8－2）。

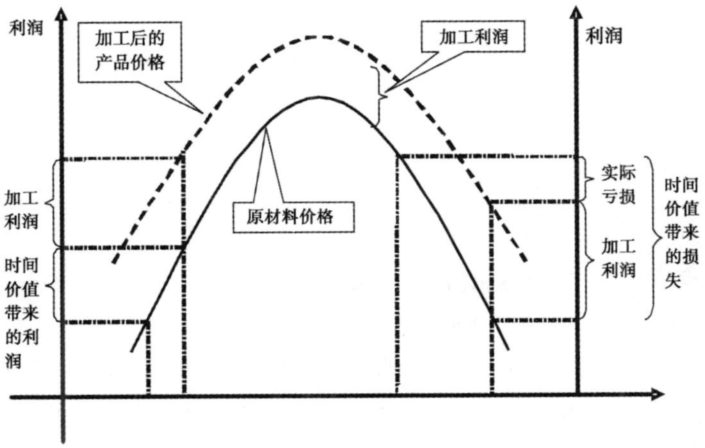

图 8－2　加工企业的风险敞口

资料来源：申万期货研究所。

什么是风险敞口

风险的产生源自不确定性。比如，汇率敏感性资产（负债）就是遇到汇率的变动会使其到期价值产生不确定性的资产（负债）。因为到期价值的不确定，所以会产生增值或减值的风险即汇率风险。

但是敏感性资产（负债）所产生的增值或减值可能会自行抵消。为了减少和控制风险，银行也会人为地安排这种抵消，这称为冲销风险。冲销后仍未能抵减的汇率敏感性资产（负债），即暴露在汇率风险中，则称为“汇率风险敞口”或“汇率风险暴露”。

总的来说，风险敞口就是未加保护的风险头寸或持仓。

在清晰地辨别企业的风险敞口后，如何选择套期保值方式呢？用一句简单的话回答就是：怕什么就做什么。具体操作将在下文分别介绍。

表 8 - 1 是各企业根据风险敞口对应的套期保值方案。

表 8 - 1　　各企业根据风险敞口对应的套期保值方案

企业类型	市场趋势	风险敞口	避险措施
上游——钢厂	跌	库存	卖出螺纹钢期货
中游——钢贸商、加工企业	涨	预售	买入螺纹钢期货
	跌	库存、在途、计划	卖出螺纹钢期货
下游——房地产、基建	涨	原料	买入螺纹钢期货

资料来源：申万期货研究所。

套期保值的两种基本方式

1. 买入套期保值

它是指交易者先在期货市场买入期货，以便将来在现货市场买进现货时不致因价格上涨而给自己造成经济损失的一种套期保值方式。这种用期货市场的盈利对冲现货市场亏损的做法，可以将远期价格固定在预计的水平上。买入套期保值是需要现货商品而又担心价格上涨的投资者常用的保值方法。

2. 卖出套期保值

它是指套期保值者先在期货市场卖出与其将在现货市场上卖出的现货商品数量相等、交割日期相同或相近的该商品期货合约，然后该套期保值者在现货市场上实际卖出该种现货商品时，在期货市场上买入原先卖出的该商品的期货合约，从而为其在现货市场上卖出现货商品的交易进行保值。

三、企业进入套期保值前需要做哪些准备工作?

每个企业的情况各不相同，对套期保值的需求也不尽相同，但是准备工作是一致的，就是明确每一步骤，并设置相应的组织、人员框架。

第一步：风险识别。通过对企业经营流程的分析，确定各类风险，在此基础上进一步确定通过保值可以规避的风险点。

第二步：风险量化。利用各种风险量化的工具，甄选最佳保值策略，主要是套期保值比率的确定。

第三步：保值策略制定。针对风险点和风险程度，采用不同的保值方式。

第四步：保值方案优化。由于基差等因素的存在使得完全保值很难实现，此外，企业逐利的特性也要求在风险对冲的基础上尽可能优化效果，由此产生了很多保值效果优化的策略。这些策略包括：根据期货特征调整现货运营方式；以保值的心态建立头寸，以套利的心态处理头寸；利用市场的一些特征或者短期趋势变化优化效果。

第五步：保值跟踪及风险控制。利用保值报表跟踪保值效果，第一时间发现保值中的风险和问题并及时调整保值策略。

第六步：保值效果评估。建立完善的保值效果评估体系，以确定保值是否达到预期的效果，便于对保值思路、策略进行完善。

套期保值的流程见图 8－3。

同时，企业参与期货市场套期保值，并非是设立一个期货部门即可解决的事情。如何把期货流融入企业原有的经营管理模式中，并且让期货部门处于核心地位，统筹其他部门的运作，是企业是否能成功保值的关键（见图 8－4）。此外，在重新理顺公司经营管理流程的过程中，往往会与现货部门（生产部门、采购部门、销售部门）进行协调，因为新的企业套期保值运营机制必然会对原有的机制形成冲击，所以让现货部门了解期货保值原理，让其现货流的考核与期货流的考核合并，是企业成功保值的又一关键因素。

四、钢厂用螺纹钢期货锁定销售利润有什么窍门?

钢厂作为生产企业，担心的就是销售端的风险，在套期保值方式的选择上一般采用基本的卖出套期保值。我们先来了解一个钢厂实际操作成功的例子。

【案例 8－1】

某钢厂一直关注螺纹钢期货市场。2010 年 4 月中旬，受到高盛事件、希腊事件、央行上调存款准备金率以及我国严厉的房地产调控政策等一系列突发事件的影响，螺纹钢期货 RB1005 合约价格从顶部 4900 元/吨下跌至

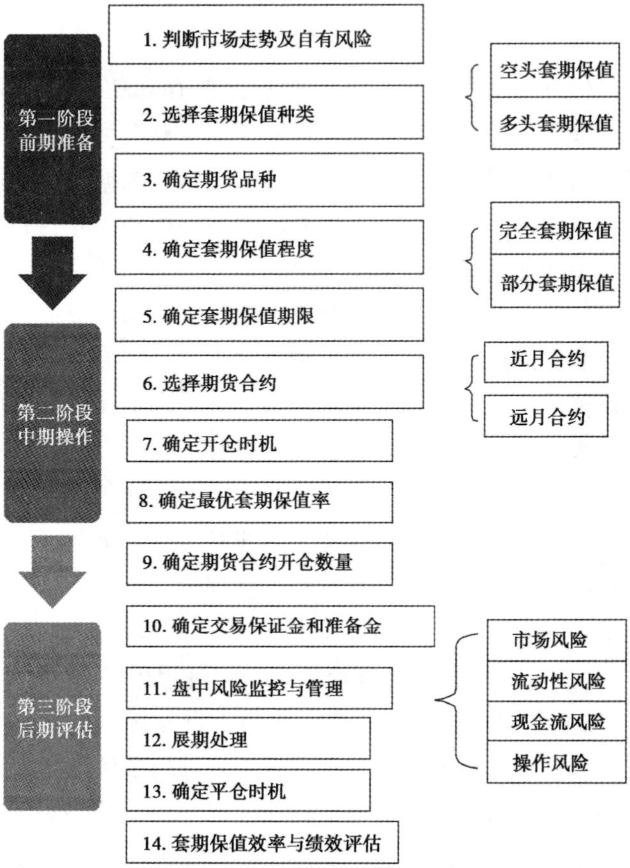

图 8－3　套期保值简易流程图

资料来源：申万期货研究所。

4400 元/吨，跌幅将近 500 元/吨（见图 8－5），现货价格也出现大幅下跌。在此情形之下，该钢厂于 5 月中旬对螺纹钢出厂价格进行了调整，一次性下调 300 元/吨。

然而由于参与了套期保值的操作，该钢厂的利润并未出现大幅受损的情况。从 4 月中旬到 5 月中旬，RB1005 逐渐接近交割日，该钢厂却在 RB1005 上继续增持空单，而在远月合约 RB1010 上基本没有变化。到了 5 月下旬，直接在 RB1005 上实物交割。

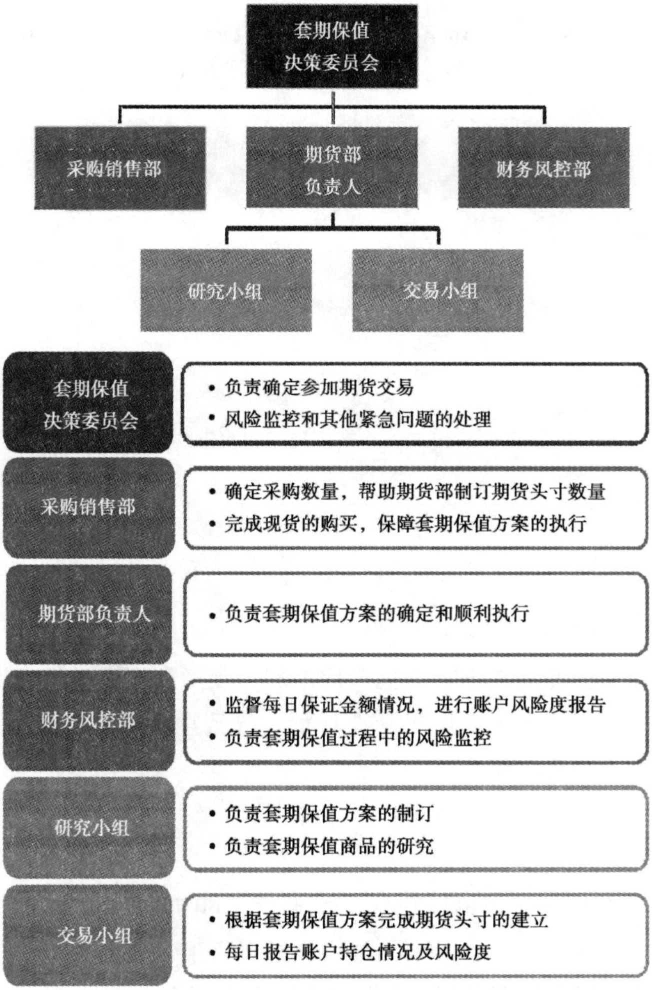

图 8－4　企业参与套期保值的组织机构及其职能

资料来源：申万期货研究所。

在 2010 年 5 月的这次保值过程中，以 4 月 15 日和 5 月 13 日的结算价格 4837 元/吨和 4401 元/吨估算，该钢厂一个月内在螺纹钢期货上每吨收益为：

4837－4401＝436（元）

大于现货降价 300 元/吨，规避了现货价格下跌和钢厂出厂价格下调带来的经营损失。

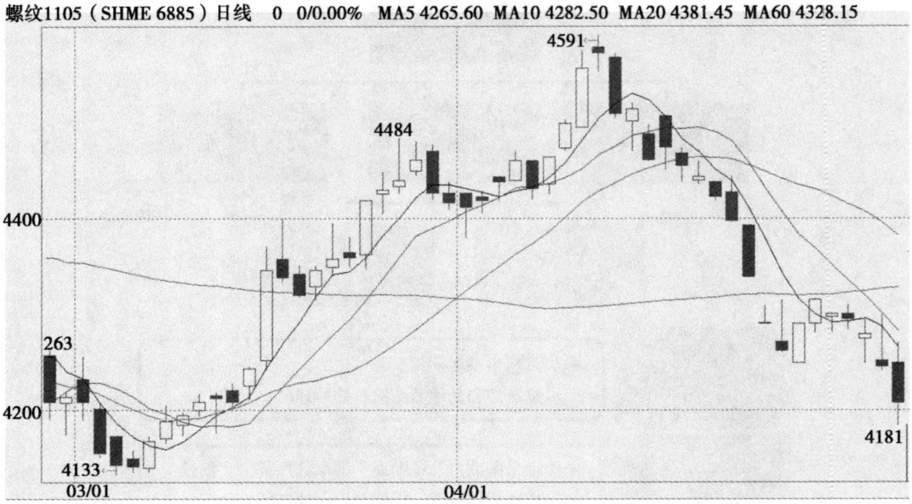

图 8－5 螺纹钢 RB1005 合约价格走势

资料来源：文华财经、申银万国期货研究所。

但是，如果企业只根据现货生产成本加上预期利润来进行套期保值，选择在上涨的牛市行情中入场卖出套期保值，导致期货账面上出现巨额亏损，反而使资金链条变得紧张。

【案例 8－2】

2009 年 4 月中旬，该钢厂在螺纹钢期货 RB0909 合约（见图 8－6）上持有空单 1 万余手，至 5 月中旬大幅增仓至 2 万手，均价约 3600 元/吨。

7 月中旬，RB0909 合约价格突破前期高点，上涨至 4000 元/吨，此时该钢厂的期货账面浮亏近 0.8 亿元：

（4000－3600）×10×20000＝0.8（亿元）

于是该钢厂开始减持。7 月底，螺纹钢期货连续出现两个涨停板，8 月初 RB0909 合约接近 5000 元/吨，较两个月前上涨了约 1400 元/吨。该钢厂此时持仓仍有 3000 余手，浮亏近 4200 万元：

（5000－3600）×10×3000＝4200（万元）

8 月中旬，当期货价格加速下跌，该钢厂的浮亏扩大，只好砍仓离场。

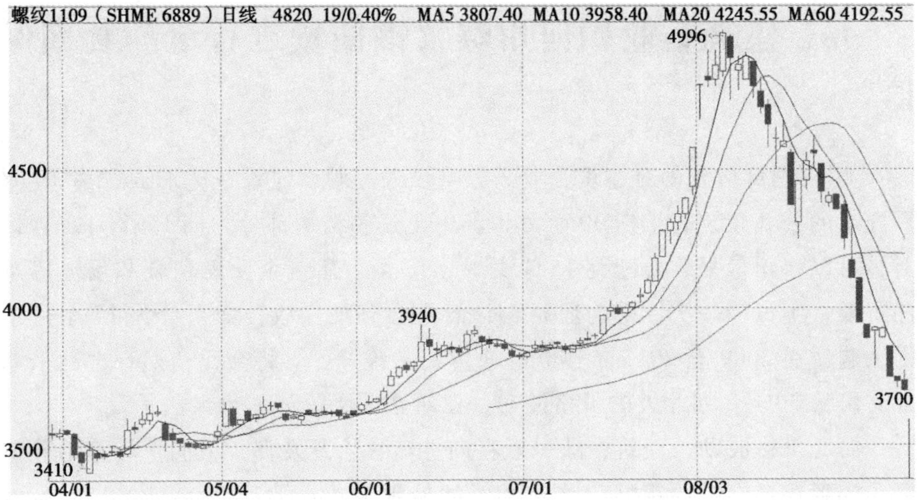

图 8－6 2009 年 4～8 月螺纹钢期货 RB0909 合约走势

资料来源：文华财经、申银万国期货研究所。

反思上述案例，钢厂参与卖出套期保值，入场点的选择非常重要，如果将技术分析纳入其中，即使采用最简单的均线理论，也能明显优化套期保值效果。均线理论主要有两方面：第一，价格在均线以上的时候更容易上涨，价格在均线以下的时候更容易下跌，即助涨助跌效应明显；第二，如果价格离均价较远，则回调均价的可能性很大。

在图 8－6 中，当 RB0909 合约价格处在 4000 元/吨以上的时候，根据判断基差，钢厂的确可以进行套期保值，但是实际的结果却是，价格强行上涨 1000 元/吨到 5000 元/吨，而现货价格则并没有上行这么多，导致钢厂不敢出掉现货库存，因为要防备交割。假设价格上行到了 5500 元/吨，那么钢厂则可能更加吃亏，此时基差肯定拉大更多，只能准备交割。因此，在这种情况下，按照技术分析的指引，价格处在均价以上更能上行，则应该暂缓期货卖出环节。如果等到价格和均价相差过大的时候，比如价格在 4800 元/吨以上，与均线乖离率太大，再进行卖出操作，那么套期保值效果会更加完善。并且，在价格跌破均线时，更应该持有卖出套期保值头寸。

五、建筑企业如何用螺纹钢期货进行滚动套期保值?

螺纹钢价格波动对建筑企业的影响较大。假设建设一座总面积为 10 万平方米的公共建筑，工期 30 个月，其中土建和结构部分为期 15 个月。理论上，可以将用量平均分配到 15 个月，实际上，建筑企业因资金和场地等条件所限，不可能一次性采购原材料，而是会分批完成。如果分为 15 个月平均采购，在 2009 至 2011 年连续的通货膨胀背景下，将会比初期一次性采购多支出约 30%。如此大的价格波动，建筑企业无论如何也无法承受。

面对价格波动，建筑企业一般将向上转移给开发商，或向下转移给分包商，或者在合同中约定好价格波动时的处理方式，波动低于 3% ~5%，由建筑企业承担，波幅大时，由业主方承担。实际上，这几种方法在市场波动很小的时候都是有效的。如果波动过大，就会陷入纠纷，因为没有任何一方愿意无条件承担这么大的损失。

因此，房地产等建筑企业完全可以利用螺纹钢期货锁定采购成本。

滚动套期保值

由于期货合约的有效期通常不超过 1 年，而套期保值的期限有时又长于 1 年，在这种情况下，就必须采取滚动的套期保值策略，即建立一个期货头寸，待这个期货合约到期前将其平仓，再建立另一个远月期货头寸直至套期保值期限届满。

【案例 8 -3】

某房地产企业建设一座总面积为 10 万平方米的公共建筑，计划开工时间是 2009 年 4 月，工期 30 个月，其中土建和结构部分为期 15 个月。按每平方米需要螺纹钢 150 公斤的标准计算，工程所需螺纹钢为 1.5 万吨。工程经过 5 个月的工程准备和土方工程后，预计土建部分将于 2009 年 9 月开始，2010 年 11 月结束。螺纹钢将于 9 月初开始备料使用。

公司经分析认为，开工时的螺纹钢价格处于比较低的有利价位，以后随着国家扩大内需的全面展开，螺纹钢价格上涨概率大，因此公司决定在螺纹钢期货上进行套期保值。初步套期保值方案的设计思路如下：

螺纹钢期货保值量 = 1.5 万吨 = 1500 手期货合约

在首付款到位后，计划于 2009 年 4 月买入螺纹钢期货 RB0909 合约，并计划在 9 月初购入现货的同时，防范因价格上涨带来的损失，将所持多头头寸平仓。

显而易见，这样的套期保值计划是没有实质效果的。在 2009 年 9 月一次性将所需螺纹钢全部购入，却没有对后续长达 15 个月的原料库存进行保值。更现实的是，企业需要占用大量的储存空间，产生巨额的仓储成本；资金占用过大，严重影响其他开支。所以，此方案应进行适当调整，改用滚动套期保值，以符合实际要求。

一般来说，建筑企业要从四个角度确定自己的套期保值方案：工期计划、资金量、螺纹钢期货的活跃月份、现场库存条件。在上例的滚动套期保值中，假设工程平均分为 15 个月，每月钢材用量平均分配；有足够的套期保值资金，但库存条件有限。那么套期保值思路如下：在比实际用料时间提前 4 ~ 5 个月的主力合约上建仓，然后分段平仓。2009 年 9 月因临近使用月份，该月不进行保值，对从次月开始的用钢进行保值（见表 8 - 2）。

表 8 - 2　　滚动套期保值方案

批次	原料使用时间	螺纹钢期货操作			
		时间	合约	数量（手）	方向
第 1 批	2009 年 9 月	2009 年 9 月	1002	500	买开
第 2 批	2009 年 10 月	2009 年 10 月		100	卖平
第 3 批	2009 年 11 月	2009 年 11 月		100	卖平
第 4 批	2009 年 12 月	2009 年 12 月		100	卖平
第 5 批	2010 年 1 月	2010 年 1 月		100	卖平
第 6 批	2010 年 2 月	2010 年 2 月		100	卖平

续表

批次	原料使用时间	螺纹钢期货操作			
		时间	合约	数量（手）	方向
		2010 年 2 月	1005	400	买开
第 7 批	2010 年 3 月	2010 年 3 月		100	卖平
第 8 批	2010 年 4 月	2010 年 4 月		100	卖平
第 9 批	2010 年 5 月	2010 年 5 月		100	卖平
		2010 年 5 月	1010	500	买开
第 10 批	2010 年 6 月	2010 年 6 月		100	卖平
第 11 批	2010 年 7 月	2010 年 7 月		100	卖平
第 12 批	2010 年 8 月	2010 年 8 月		100	卖平
第 13 批	2010 年 9 月	2010 年 9 月		100	卖平
第 14 批	2010 年 10 月	2010 年 10 月		100	卖平
		2010 年 10 月	1101	100	买开
第 15 批	2010 年 11 月	2010 年 11 月		100	卖平

资料来源：申银万国期货研究所。

在这一方案中，期货保证金占用的资金成本约为原方案的 1/4，现货采购螺纹钢每月单独采购，不会造成一次性采购现货所需的大量仓储和资金成本，同时也很好地解决了一次性在螺纹钢期货 RB0909 合约建仓，并不断随着主力合约的转换而移仓带来的成本高、流动性不足等问题，最终取得了规避成本上涨风险的效果。

延伸阅读：德国金属公司的滚动套期保值对冲案例

德国金属公司是一家已有百年历史的老牌工业集团，经营范围包括金属冶炼、矿山开采、机械制造、工程设计及承包等，在德国工业集团中排位约在第十三四名。德国金属公司以经营稳健著称，向来是金融机构和家族投资家选择投资的对象，科威特的艾米尔王族、德意志银行、德累斯顿银行、奔驰汽车公司等都是它最大的股东。

由于德国金属公司具有很强的实业背景，本身就是金属、能源等产品的生产和消费大户，它在世界商品交易市场上相当活跃。例如，著名的伦敦金属交易所，始终保持英国旧式的交易所体制，即只吸纳为数不多的公司作为交易所会员，所有的交易必须通过这十几家会员进行，许多声名赫赫的投资银行和工业集团都无法挤进去成为会员，而德国金属公司却能成为其会员之一，足见德国金属公司的影响和其广泛参与全球商品交易的程度。

德国金属公司介入各商品交易所的现货、期货和期权交易，除为本工业集团服务外，还向其他投资（或投机）和套期保值的企业提供经纪服务。有时，它也以做市商身份出现，直接在店头市场与交易对家达成合约。德国金属公司下属的一家美国子公司名叫德国金属精炼及市场公司（以下简称“德国金属”），专门从事石油产品交易，它在1993年夏天与客户签订了一个长期供货合约。签约之初，恐怕谁也想不到这笔交易给“德国金属”带来的会是怎样的一个噩梦。

这个合约实际上是一个特殊的供货合同加上一些金融衍生交易的成分组合而成的。“德国金属”承诺在10年内以固定价格向美国的油品零售商（以下简称用户）提供汽车油、取暖油和航空燃油。具体供应量分两部分，一部分定期定量交货，另一部分交货时间由用户随时指定。合约的特殊性体现在供货价格长期固定，不像普通长期供货合约一样随通货膨胀因素调整。另外，交货的时间和数量也不完全确定。所谓金融衍生交易成分是指“德国金属”授予用户的一个选择权，在合约的10年有效期内，如果世界油品市场价格有利于用户（即现货市价高于合约定价），用户有权决定是否要求“德国金属”将未交货部分油品以市场价格和合约定价之价差折算成现金收益付给用户，从而提前终止合约。

合约赋予用户的利益是显而易见的：一是长达10年的固定价格；二是选择履约的灵活性。至于“德国金属”，它接受合约条件的原因是多方面的。当然主要是想利用特殊的合约条件吸引住大的用户，开拓市场；其次，德国金属公司曾投资一家美国石油勘探和炼油公司，具有一定的供应商背景。在合约签订时，合约定价比现货市价高出约3~5美元，对供方还是有一点吸引力的。

“德国金属”为这个合约制定了一套套期保值的策略，试图将油品价格变动风险转移到市场上去。具体讲，它采用了在纽约商业交易所买入石油标准期货合同和在店头市场做互换合同的方式来将它与用户契约所引起的价格风险转移。这具有两个特点：第一，通过买进短期（临近交割月份一个月到几个月）石油产品期货合同并不断展期来与供货合约对应。理由很简单，市场上没有直接对应的衍生工具可以利用，商品交易所里时间最长的能源期货合约也远低于10年，长期合约流动性也很差。再则，“德国金属”在供货合约中赋予用户终止合约权，交货时间表也不是完全确定的。因此，很自然地要选择短期衍生交易合约来进行保护。第二，利用能源市场通常呈现现货升水（或称期货贴水）的规律来赚取基差，维持短期期货合约的滚动展期。这样的设想不是毫无道理的，现货升水意即现货价格高于期货价格，若低价买入期货合约，临近到期变成现货合约时以高于买价的价格卖出，再买入新的交割月份的期货合约，达到了合约展期的目的，交易保证金的资金成本和合约滚动的展期成本也得以补偿。

不幸的是，在1993年底世界能源市场低迷、石油产品价格猛烈下跌时，“德国金属”在商品交易所和店头市场交易的用以套期保值的多头短期油品期货合同及互换协议形成了巨额的浮动亏损，按期货交易逐日盯市（Mark to the Market）的结算规则，“德国金属”必须追加交纳足量的保证金。对其更为不利的是，能源市场一反往常现货升水的情况而变成现货贴水（Contango，或称期货升水），石油产品的现货价格低于期货价格。当“德国金属”的多头合约展期时，非但赚不到基差，还要在支付平仓亏损外，贴进现金弥补从现货升水到现货贴水的基差变化。为了降低出现信用危机的风险，纽约商业交易所提出把石油产品期货合约初始保证金加倍的要求，这一下无疑是火上浇油，使“德国金属”骤然面临巨大的资金压力。

当时，德国金属公司自身也面临流动资金的短缺，无法帮助“德国金属”交付巨额的保证金和合约滚动展期的成本。消息传出，金融圈内一片哗然，不光是债权人对向德国金属公司融通资金信心不足，连大股东们对德国金属公司能否渡过危机也十分怀疑。作为德国工业巨子之一的德国金属公司竟然出现了前所未有的融资危机，出人意料地突然滑到了破产的边缘。

六、如何规避期货与现货间的基差风险?

在实际的套期保值过程中，基差也不是一成不变的，如果两个市场价格变化不同步，则套期保值的效果可能加强也可能被削弱，甚至使套期保值失败。这就是常说的基差风险（见表 8 - 3）。

表 8 - 3　　基差风险

套期保值种类	基差不变	基差变小	基差变大
买入套期保值	期现盈亏完全相抵，实现预期效果	效果超出预期，有额外盈利	存在基差风险
卖出套期保值		存在基差风险	效果超出预期，有额外盈利

资料来源：申银万国期货研究所。

从第二个层面的意义来说，套期保值的关键就在于能否通过预判基差的变化来规避风险。在上述建筑企业的滚动套期保值方案中，需要经过几次平仓才实现最终的套期保值目的，因此将面临几个阶段的基差风险。我们在原方案中融入基差因素，深入分析，希望进一步优化保值效果。

基差如何影响套期保值效果

假设在期货市场建仓时某一特定商品的现货价格是 P_0，期货价格是 F_0，基差为 B_0，则建仓时的基差为 $B_0 = P_0 - F_0$；假设在期货市场平仓时现货价格是 P_1，期货价格是 F_1，基差为 B_1，则平仓时的基差为 $B_1 = P_1 - F_1$。

对于买入套期保值者，价格变化带来的总盈亏为：

$$\text{总盈亏} = \text{现货市场盈亏} + \text{期货市场盈亏} = (P_0 - P_1) + (F_1 - F_0)$$
$$= (P_0 - F_0) - (P_1 - F_1)$$
$$= B_0 - B_1$$

如果基差不变，则 $B_1 = B_0$，期现盈亏完全相抵，保值操作将会实现预期效果；如果基差变大，则 $B_1 > B_0$，买入保值者的总盈亏为负；如果基差变小，则 $B_1 < B_0$，买入保值者的总盈亏为正，保值效果将会超出预期，有额外盈利。

对于卖出套期保值者来说，结论恰好相反，价格变化带来的总盈亏为：

总盈亏 = 现货市场盈亏 + 期货市场盈亏

$$= (P_1 - P_0) + (F_0 - F_1)$$

$$= (P_1 - F_1) - (P_0 - F_0)$$

$$= B_1 - B_0$$

如果基差不变，则 $B_1 = B_0$，期现盈亏完全相抵，保值操作将会实现预期效果；如果基差变大，则 $B_1 > B_0$，卖出套期保值者的总盈亏为正，保值效果超出预期，有额外盈利；如果基差变小，则 $B_1 < B_0$，卖出套期保值者的总盈亏为负。

【案例 8-4】

续上述建材企业的套期保值案例。

1. 当出现趋势明显的基差走强时：

（1）若期货价格下降而现货价格上涨就会出现十分被动的情况，因为已在期货市场做多，此时是空头市场，同时现货价格上涨，成本又在上升，所以两边都会出现亏损。此时，若基差为负，应尽快平仓离场，不放大风险；若基差为正，则持有头寸进行即时的期货转现货的操作，或等待一次性交割，从价格更低的期货市场采购螺纹钢。

（2）期货、现货价格同时上涨，而期货价格比现货价格涨幅小，基差走强。这时可以不通过现货市场采购螺纹钢，而是直接在螺纹钢期货市场上采购。

以上一案例第 7 批、第 8 批原料使用时间，持有螺纹钢期货 RB1005 合约套期保值头寸为例见表 8-4。

表 8-4　　持有螺纹钢期货 RB1005 合约套期保值方案

时间	期货价格	涨跌	现货价格	涨跌
2010 年 2 月 22 日	4243 元/吨买入		3780 元/吨	
2010 年 3 月 13 日	4244 元/吨卖出平仓	1 元/吨	3900 元/吨	120 元/吨
2010 年 4 月 13 日	4556 元/吨卖出平仓	313 元/吨	4380 元/吨	600 元/吨

资料来源：申银万国期货研究所。

同样，案例中第 1 批至第 6 批持有 RB1002 合约、第 10 批至第 14 批持有 RB1010 合约的套期保值阶段，也是如此（见图 8－7、图 8－8）。

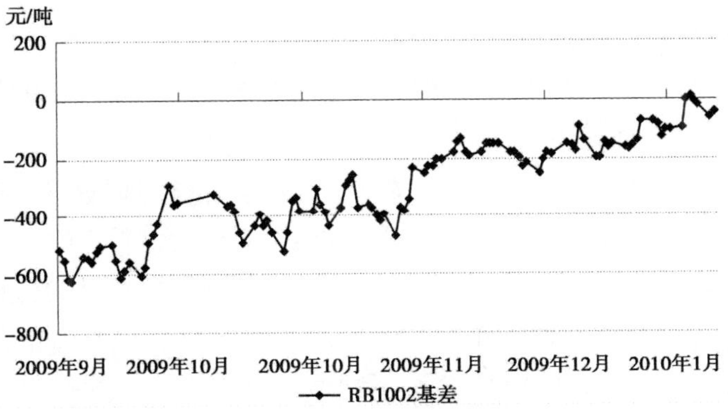

图 8－7　RB1002 合约基差图

资料来源：申银万国期货研究所。

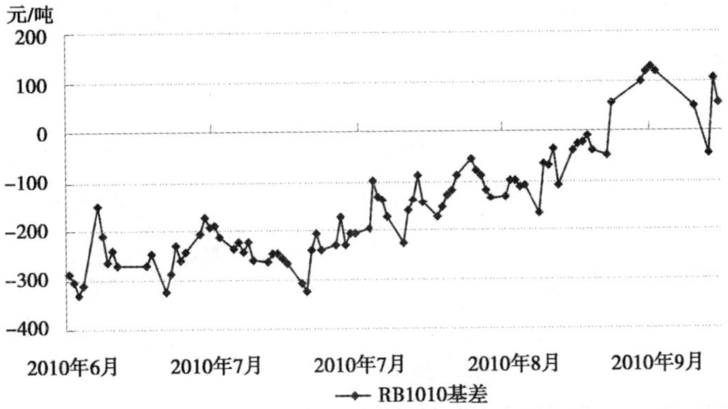

图 8－8　RB1010 合约基差图

资料来源：申银万国期货研究所。

（3）期货和现货均下跌，而期货价格比现货价格跌幅大，若基差为负，则将按原方案将期货平仓，买入现货；若基差为正，也采用上述（1）一样的方式，从价格更低的期货市场采购螺纹钢。

其实，第三种情况下一般是不需要进行买入套期保值的，因为此时采购成本是减少的，但这种情况也不能提前预见，因此仍需要先建仓持有。而前两种方式说明即便是在基差走强的不利情况下，仍然可以通过交割来规避部分风险，把不利因素带来的影响降至最低。

2. 当出现基差走弱，则按原方案保持相应头寸，因为期货平仓后的盈利大于现货成本上涨的亏损，不但完成了套期保值的任务，还获得了额外的收益。

从图 8 -8 中可以看出，在 2010 年 7 月持有螺纹钢期货 RB1010 合约套期保值头寸时，基差比 6 月份建仓的时候走弱，则应以平仓的方式了结。

综上所述，基差的变化对于套期保值效果特别重要，建筑企业在进行螺纹钢期货的买入套期保值操作时，由于是分段进行的，并且持续时间比较长，应有专人跟踪市场的价格变化，随时评估套期保值效果，以便及时采取措施来调整套期保值方案（特别是在期货市场出现负收益而现货价格又不断上升时），尽量规避基差风险。

七、为螺纹钢库存保值时如何运用价差优化套期保值效果?

在本章的第一部分，我们谈到套期保值的第三个层面是企业希望在规避风险的同时也能获得利润。如果充分利用合约月份之间的价差，灵活选择套期保值交割月份，本质上就是用套利的思维来锁定成本。这种方式的优点是风险小，达到优化套期保值的效果。

【案例 8 -5】

2009 年 11 月下旬，某钢材贸易商根据下游的订单预期需要对现有的 3000 吨库存进行保值，预期消化时间约 1 个月。根据套期保值月份相同或相近的原则，企业应该在螺纹钢 RB1001 合约上卖出保值。但经过观察期货盘面，发现当时各合约价格呈近低远高的升水格局，其中 RB1001 合约价格 3900 元/吨，RB1003 合约价格为 4275 元/吨。由于远月升水幅度过大，价差可能缩小，企业决定不选择在 RB1001 合约上进行保值，而选择在 RB1003 合约建仓（见图 8 -9）。

表 8 -5 是不同套期保值合约选择方案的比较。

表 8-5　　不同套期保值合约选择方案比较　　单位：元/吨

日期	套期保值方案 1		套期保值方案 2	
2009 年 11 月 25 日	1001 合约卖出开仓	3900	1003 合约卖出开仓	4250
2010 年 1 月 10 日	1001 合约买入平仓	4000	1003 合约买入平仓	4200
	累计盈亏	-100	累积盈亏	+50

资料来源：申银万国期货研究所。

这样就相当于额外获得了一部分做空价差的盈利，从而使保值效果优化了。

50-（-100）=150（元/吨）

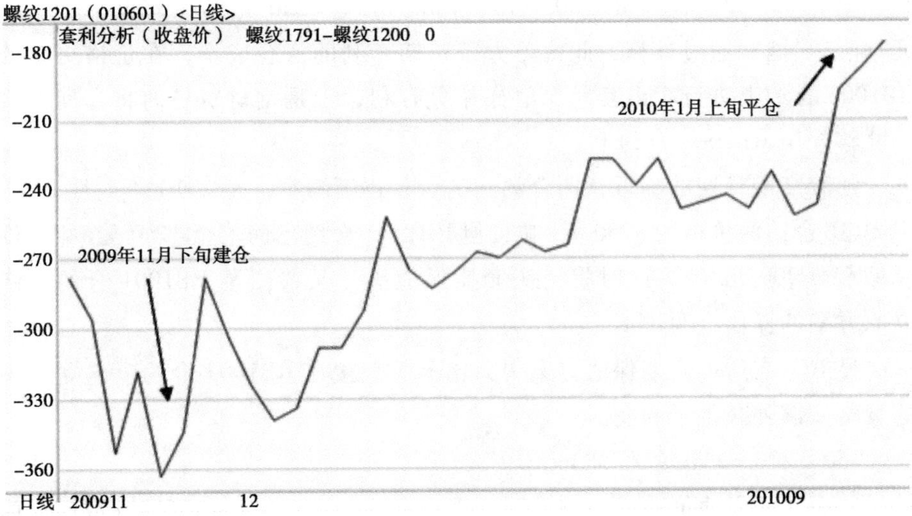

图 8-9　螺纹钢期货 RB1001 与 RB1003 合约价差

资料来源：申银万国期货研究所。

八、套期保值企业只能向远月合约移仓吗？

常见的移仓一般发生在向远月合约展期的过程中，但我们常常看到，在跨度较长的保值过程中，建仓初期的月份之间的价差格局会由于突发因素在短期内发生变化，临近交割月时可能又恢复为初始状态。只要月份之间的价差有利可图，也可以从远月向近月移仓，执行既定套期保值方案。这时候将前文介绍的套利、套期保值策略往复运用，就形成了能够获得新的盈利模式的套期保值方案。

【案例 8－6】

将【案例 8－5】的时间往前回溯。2009 年 10 月国庆节后，该钢材贸易商即对库存持有螺纹钢期货 RB1001 合约的卖出保值头寸，均价为 3700 元/吨，当时 RB1003 价格 3800 元/吨，价差仅为 100 元/吨。

随着时间推移，价差开始放大，至 2009 年 11 月下旬，RB1001 合约价格涨至 3900 元/吨，而 RB1003 合约价格已涨至 4250 元/吨，价差高达 350 元/吨。显然，通过计算，此价差大于跨期套利的持仓成本，在价格更高的 RB1003 合约上进行卖出套期保值操作更有利，于是钢材贸易商将套期保值头寸移仓至 RB1003 合约上。

随着交割日期的临近，两合约间的价差逐渐缩窄，至 2010 年 1 月上旬，RB1001 合约的价格为 3950 元/吨，但 RB1003 合约已回落至 4150 元/吨，价差缩窄至 200 元/吨，此时将空头套期保值头寸又移回至 RB1001 合约，恢复原方案的操作（见图 8－10）。

显然，在这一套期保值方案中，比上一直接在 RB1003 合约上建立空头的策略又额外获得了利润。

350－200＝150（元/吨）

这一套期保值策略的关键在于，当有利价差出现时，就可以进行反复移仓，获得额外的价差收益，这就是“循环套期保值”方式。从本质上说，这种方式拓展了移仓的内涵，不仅覆盖了传统的由近及远的移仓（展期）形式，也创造了由远及近的回移形式，具有更大的灵活性，充分创造了新的盈利机会。

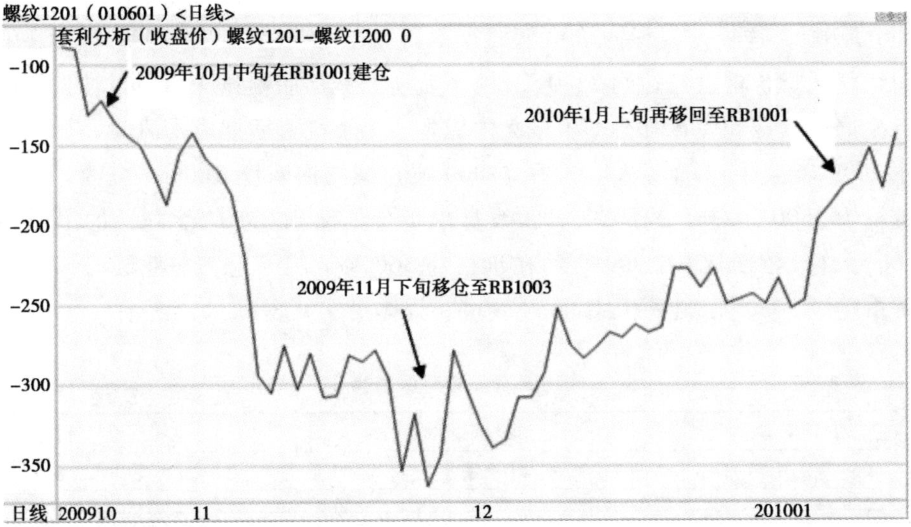

图 8－10 螺纹钢期货 RB1001 与 RB1003 合约价差

资料来源：申银万国期货研究所。

九、相关企业利用螺纹钢期货的套期保值比率一定是 1:1 吗?

通过前几章的现货产业介绍，我们知道，钢铁产业链长，原料、半成品、成品的种类、材质及数量繁多，如铁矿石、废钢、钢坯、冷轧卷、长材、板卷、涂镀产品等，相关企业是否也能利用活跃的螺纹钢期货进行套期保值呢？我们先通过基本的方法来判断是否可行。

【案例 8－7】

线材加工企业一般是下游生产钢丝的小型企业，其主要原材料为线材。企业根据客户的要求加工钢丝，合同供货价格是在线材价格的基础上加上微薄的加工费形成的。

某线材加工厂 2009 年 4 月初签订了一份 1000 吨弹簧用钢丝供应合同，需在 6 月底交货，价格为 3700 元/吨。经成本核算及生产计划安排，加工周期约为一个月，原材料线材1000吨务必在2009年5月底准备好，加工费约300元/吨，这样，线材的价格就要求不得高于3400元/吨。2009年4月中旬线材现货价格已经达到3340元/吨，后期上涨预期较强。如果当时买入进行生产，资金和库存都会产生较大的成本。为了规避后期成本风险，加工厂于2009年4月14日买入100手（1000吨）螺纹钢期货RB0909合约，买入价格为3500元/吨。5月27日，线材现货价格涨到3550元/吨，加工厂将100手螺纹钢期货RB0909合约在价格为3600元/吨平仓，与此同时，在现货市场以3550元/吨买入1000吨线材。具体操作见表8－6。

表8－6　　螺纹钢期货套期保值操作

日期	螺纹钢期货操作		线材现货价格
2009年4月14日	0909合约买入100手	3500元/吨	3340元/吨
2009年5月27日	0909合约卖出平仓	3600元/吨	3550元/吨
盈亏		+100元/吨	－210元/吨

资料来源：申银万国期货研究所。

从该案例我们可以看出，加工企业利用螺纹钢期货虽然没有完全消除线材现货的市场风险，但相比不参与保值而言，仍达到了降低风险的效果，也就是达到套期保值的第二个层次。

但是，对于非螺纹钢的现货企业，套期保值的比率一定是1∶1吗？也就是说，有没有更精确的方法来计算最佳的套期保值比率，提高其他相关品种应用螺纹钢期货的效果呢？

最佳套期保值的比率取决于套期保值的交易目的和现货市场、期货市场的价格相关性。主要方法是根据组合投资的预期收益率和预期收益的方差，确定交易头寸之比，以使收益风险最小化。这一方法通过数量化模型的精确计算，既能加强同一品种的保值效果，又能改善相关品种间的保值效果。

最佳套期保值比率的公式

理论上，有很多种方法可供选择，比较流行的方法有最小方差法和最大效用法。其中，最小方差法中又有很多种模型，具体包括OLS、

ECM、VAR以及GARCH等模型；效用最大化法包括最大化均值—方差套期保值比、夏普套期保值比以及最大化预期效用函数套期保值比等模型。

目前，大部分对套期保值的研究普遍采用的是方差最小化套期保值策略。

设以下参数：

ΔX——套期保值期限内现货价格的变化；

ΔQ——套期保值期限内期货价格的变化；

σ_X——ΔX的标准差；

σ_Q——ΔQ的标准差；

ρ——ΔX和ΔQ之间的相关系数；

R——套期比率；

在套期保值期限内保值者头寸的价格变化为：$\Delta X - R\Delta Q$（或$R\Delta Q - \Delta X$）。

在套期保值期限内，现期两个市场价格的变动服从正态分布，因此保值头寸价格变动的方差为：

$$V = \sigma_X^2 + R^2\sigma_Q^2 - 2R\rho\sigma_X\sigma_Q \tag{1}$$

将方差V看作因变量，套期保值比率R看做自变量，对（1）式两边取导可得：

$$\frac{\partial V}{\partial R} = 2R\sigma_Q^2 - 2\rho\sigma_X\sigma_Q$$

显然，当$\frac{\partial V}{\partial R}$无限趋近于0时，$R$值为最佳，由此可得最佳套期保值比率公式：

$$R = \rho\frac{\sigma_X}{\sigma_Q} \tag{2}$$

该公式揭示出，最佳套期保值比率等于套期保值期限内现货价格变动的标准差与期货价格变动的标准差的商乘以二者之相关系数。

【案例8-8】

某钢板加工企业，冷轧卷（1毫米）是该企业采购的主要品种，年需求量6万吨，月均需求量为5000吨。经营模式是以销定产，并且冷轧卷一般都是通过鞍钢、首钢直接订货，随行就市，对价格决定能力较差。由于对未来的通货膨胀预期，该企业担心钢材价格走高，从而导致其加工利润空间压缩甚至亏损。因此，企业希望利用成交活跃的螺纹钢期货进行套期保值来规避价格风险。

企业先通过分析螺纹钢期货价格和冷轧卷现货价格历史运行情况来确定套期保值比率。经过计算，套期保值比率是0.456。也就是说，螺纹钢期货价格变动 1 元会带来冷轧卷现货价格 0.456 元的变化。为使两者变动相抵，即 1000 吨冷轧卷现货需要 2190 吨螺纹钢期货进行对冲。

2010 年底，按照生产年度计划，企业将于 2011 年 3 月通过和鞍钢签订合同采购 5000 吨冷轧卷，设定目标采购价为 5600 元/吨。在通货膨胀预期影响下，钢材价格可能会出现一定程度的上涨，于是决定选择螺纹钢主力 RB1105 合约进行买入套期保值。

由于冷轧卷和螺纹钢最优套期保值系数为 0.456，也就是说，该企业应在期货市场买入螺纹钢期货 RB1105 合约：

$5000 \times 0.456/(10) = 228$（手）

2010 年 11 月 24 日，冷轧卷现货均价为 5400 元/吨，螺纹钢期货 RB1105 合约均价约 4700 元/吨。企业与供应商签订 5000 吨冷轧卷采购合同。目标采购成本为 5600 元/吨，同时买入 228 手螺纹钢期货 RB1105 合约，价格 4700 元/吨。

2011 年 2 月底，钢材价格上涨。2 月 28 日，企业执行与供应商的现货采购合同，合同价为 5600 元/吨，较 2010 年 11 月 24 日现货价格上涨 200 元/吨，采购成本增加：

$200 \times 5000 = 100$（万元）

当时螺纹钢期货 RB1105 合约价格为 5150 元/吨左右，企业卖出平仓。假设不考虑交易手续费、保证金费用等。企业在期货市场盈利：

$(5150 - 4700) \times 10 \times 228 = 102.6$（万元）

因此，整体保值效果良好。

自 测 题

一、选择题（不定项）

1. 企业参与套期保值可以规避(　　)的风险。

A. 销售风险

B. 采购风险

C. 价格上涨风险

D. 价格下跌风险

2. 企业参与套期保值应该遵循(　　)。

A. 种类相同原则

B. 数量相当原则

C. 方向相反原则

D. 月份相近原则

3. 企业申请套期保值操作需要递交(　　)资料。

A. 上海期货交易所套期保值交易申请表

B. 企业营业执照副本复印件

C. 近两年的现货经营业绩

D. 企业套期保值交易方案

4. 设计套期保值方案的具体步骤是(　　)。

A. 选择合约

B. 确定所需资金数量

C. 建仓价格

D. 平仓价格

5. 在卖出套期保值中，当基差变强时，套期保值的效果是(　　)。

A. 获利大于亏损

B. 获利等于亏损

C. 获利小于亏损

D. 无法判断

6. 在卖出套期保值中，当基差不变时，套期保值的效果是(　　)。

A. 获利大于亏损

B. 获利等于亏损

C. 获利小于亏损

D. 无法判断

7. 在卖出套期保值中，当基差变弱时，套期保值的效果是(　　)。

A. 获利大于亏损

B. 获利等于亏损

C. 获利只能部分弥补亏损

D. 无法判断

8. 在买入套期保值中，当基差变强时，套期保值的效果是(　　)。
A. 获利大于亏损
B. 获利等于亏损
C. 获利只能弥补部分亏损
D. 无法判断
9. 在买入套期保值中，当基差不变时，套期保值的效果是(　　)。
A. 获利大于亏损
B. 获利等于亏损
C. 获利小于亏损
D. 无法判断
10. 在买入套期保值中，当基差变弱时，套期保值的效果是(　　)。
A. 获利大于亏损
B. 获利等于亏损
C. 获利小于亏损
D. 无法判断

二、判断题

1. 正确参与套期保值操作可以有效规避企业运行风险。 (　　)

2. 套期保值可以规避风险的主要原因是同品种的期货价格走势与现货价格走势一致。 (　　)

3. 进行套期保值选择期货合约时需要兼顾现货生产的情况和合约本身的流动性。 (　　)

4. 套期保值原则上以交割为主要了结方式，其次才考虑现货平仓。 (　　)

5. 上海期货交易所交割制度分为“集中交割”和“期转现交割”两种方式。 (　　)

6. 数量相等原则是指在做套期保值交易时，买卖期货合约的规模必须与套期保值者在现货市场上所买卖的商品或资产的规模相等或相当。 (　　)

7. 企业用户和个人投机者都可以参与套期保值操作。 (　　)

8. 企业参与套期保值的主要目的是为了获取收益。 （ ）

9. 当远期合约的价格高于近月合约的价格时，通常被认为是正向市场。 （ ）

10. 期转现使买卖双方可以灵活地选择交货地点、时间和品级。（ ）

参考答案

一、选择题（不定项）

1. ABCD	2. ABCD	3. ABCD	4. ABCD	5. A
6. B	7. C	8. C	9. B	10. A

二、判断题

1. √	2. √	3. √	4. ×	5. √
6. √	7. ×	8. ×	9. √	10. √

第九章
企业灵活应用期货工具
——提升综合实力

【本章要点】

本章将通过生动、形象的案例为您揭示期货这一规避风险的工具，是如何提升企业的综合实力，为企业在激烈的市场竞争环境中良好发展保驾护航的。

一、涉钢企业如何借鉴期货市场安排生产计划?

生产型企业在参与期货市场一段时间之后，经营思想和思维方式都会发生一定转变，企业开始利用期货价格指导现货定价，制订生产计划，而非以前单一的关注现货市场成交情况来制订产销计划。目前，我国大型钢材生产企业一般会根据实际的供需情况，定期或不定期地进行定价。这种定价方式更多掺杂了企业自身意志，具有一定的局限性，难以适应当前变化迅猛的市场。然而，钢材期货推出之后，通过一段时间的磨合和探索后，上海期货交易所的钢材期货价格已经成为现货市场报价的最重要的参考价格之一。而且这种定价方式公开、公平、公正，供需双方对报价都比较满意。

如果市场按照这样的定价方式，那么企业的各项工作计划就能切实围绕着市场变化进行制订，并且可以利用钢材期货价格的超前性，及早安排工作。例如：对于钢材后市看跌时，尽量减少铁矿石的库存，安排设备检修；反之，则多备原材料，开足马力生产。在钢材行业，利用期货价格指导现货销售计划已经成为涉钢企业的共同认识。

【案例 9-1】

某企业是华东地区较大的钢材制造企业，该制造企业的产品质量较好，并且可以维持较低的企业库存。但在没有参与期货市场之前，每当市场价格出现剧烈波动时，很多下游企业都会频繁来电进行讨价还价，使得企业领导及员工忙于应付谈判，无法专心进行生产。随着上海期货交易所螺纹钢期货品种的日渐成熟，该企业开始逐步参与期货市场进行套期保值业务，与下游企业所需产品的定价也更多地参考上海期货交易所的螺纹钢期货均线，并根据实际供需情况，加上升贴水，逐渐实现了企业零库存管理。

2009 年第四季度螺纹钢期货价格大幅下跌，导致企业整体的生产成本与现货售价倒挂，很多企业在当时面临很大的生存危机。该钢材企业原本也打算对电解设备进行检修、调减产量。但此时，上海期货交易所的螺纹钢期货价格连续拉升，成交量、持仓量明显放大，揭示未来价格有很强的上涨动能。因此，公司在发现这一期货价格信号后，果断决定不进行停产、检修，并且适当增加产能。2010 年上旬，价格呈现一路牛市上涨行情，2010 年 4 月螺纹钢最高价格接近 5000 元/吨，不仅使企业年度收益大幅增长，而且还帮助企业在其他行业竞争者减产、检修的当口，抢占了大部分市场份额，可谓利用期货价格制订生产计划的典范。

延伸阅读：企业零库存管理

所谓零库存，狭义上讲就是企业物资部门在物资购、销、存的过程中对某些品种不进行库存，现购现用。广义上讲则是零库存是指企业在生产过程中从原材料到其他半成品、成品的第一供需的存储过程。

零库存管理是一种现代先进的管理方式，它被日本丰田公司首次创立、实施，并对现代管理改革形成了有益冲击。其对现代企业管理的启示意义主要体现在三个方面。

1. 可以提高资金的使用效率。零库存管理应用在存货上就是加快了存货的周转速度。从理论上讲，就是可以做到现购现销、现产现卖，不影响企业资金的流动和保值增值。

2. 从财务管理的角度分析，有利于企业管理费用和存货储存成本的降低。这两项费用和成本都是企业利润的抵减项目，其金额的减少显然会对利润有较大贡献，从而在一定程度上缓解了企业成本与效益之间的矛盾。

3. 从内部控制的角度来说，零库存管理的实施是增强企业注重质量控制和监督的一项有效措施。众所周知，零库存要求管理手段实施的对象除了有稳定的供应链条之外，也要求质量上的一定保证，因此，客观上促进了企业对产品在质量上的监控和防范。

二、企业资金出现短缺怎么办？

钢铁行业利润主要集中在上游铁矿企业，中下游贸易商等相关企业利润普遍不高，因此对于中小贸易商而言，资金利用率和资金链显得尤为重要。从当前全球大宗商品市场走势分析，大宗商品价格受到全球金融因素影响越来越大，价格波动幅度也空前巨大，中小贸易企业的生存环境愈加恶劣，因此，出现资金紧缺的可能性也大大增加。尤其在中小涉钢企业备库期间，如果出现资金紧缺的情况，将会极大影响企业的生产计划。那么，此时期货保证金制度可以有效地帮助企业解决这个难题。

企业资金链

资金链是企业的生命线。所谓资金链是指“现金—资产—现金（增值）”的循环，是企业经营的过程，企业要维持运转，就必须保持这个循环不停的良性运转。企业作为经济活动的载体，以获取利润最大化为目的，但企

业发展到一定规模时，往往会陷入一种怪圈：效率下降，资金周转减速，严重影响企业正常运行。

每个企业在发展初期，资金链都会存在许多问题，但与企业存在的其他问题相比较，资金链对企业的影响并不大，管理者没有重视这个方面的问题。但当企业发展到一定程度，问题就会暴露出来。一些资金链的断裂导致企业失败，表面上看是问题的直接反映，其核心是企业缺乏管理财务风险和控制现金流的能力。所以，资金链是每个企业都必须关注的。

【案例 9－2】

某螺纹钢下游企业在未来 3 个月需要用螺纹钢 3000 吨，市场现货价格大约在 4200 元/吨左右，但由于时至 2010 年年末，企业面临资金链短缺问题，无法在用料前两个月和螺纹钢生产企业签订用料合同，使得未来的生产计划面临很大的不确定性。而且，整体通货膨胀的压力使得未来 3 个月螺纹钢价格上涨的可能性很大，如果拖到 3 个月后再进行备库，可能又将面临成本大幅上升的窘境。企业管理层进行讨论，最后决定利用期货保证金制度建立期货的虚拟库存。2010 年 10 月中旬在螺纹钢期货 RB1101 合约以 4300 元/吨的价格建立期货头寸，仅仅用了 20% 的保证金，之后向交易所申请实物交割。3 个月后现货价格不出意料地上涨至 5000 元/吨左右，该企业通过实物交割在补齐余款后顺利获得了质量良好的螺纹钢。这不仅解决了原料供给，也为企业解决了资金链紧张的问题，更使得企业的生产成本明显低于其他企业，增加了企业在行业内的竞争力。该企业资金使用情况见表 9－1。

表 9－1　　资金使用情况表

	现货市场	期货市场
2010 年 10 月中旬	现货价格为 4200 元/吨	在螺纹钢期货 RB1101 合约以 4300 元/吨建立期货头寸
2011 年 1 月	现货价格上涨至 5000 元/吨	螺纹钢期货 RB1101 合约上涨至 5020 元/吨
备注	如果签署合同，则 1260 万元资金将长时间固定	在期货市场仅用了 400 万元的保证金，就得到了质量较好的货源

资料来源：申银万国期货研究所。

从表9-1我们可以看到，通过期货市场建立虚拟库存，不仅得到的货源质量有保证，而且还大大降低了资金占用率，仅仅为原先资金的三分之一。尤其在年底或者季度末等资金紧张时期，利用期货市场可以很好地解决中小贸易商的资金短缺的难题。

三、企业如何利用期货市场降低财务成本？

钢材贸易企业利润普遍不高，而建筑公司资金较紧，此类企业的资金利用率非常重要。尤其在当前加息周期之中，不断上调的存款准备金率和银行贷款利率都将大幅度提高企业的营运成本。如果把大量资金压在现货上，会大大降低资金使用效率，在无形中也提高了财务费用和营运成本，甚至会影响资金链。在通货膨胀的环境下，如何用更少的钱做更大的生意，加大资金周转力度，可能是大部分企业平稳发展所面临的难题。而此时期货市场的保证金制度可以帮助企业解决这个难题。

【案例9-3】

某钢材贸易企业融资成本偏高，手续繁杂，时间周期较长。正常情况下，该企业一般先买入一批3000吨左右的现货，两个月后卖出，动用资金大约1200万元。大量资金长时间被占用，资金效率偏低。因此，该企业准备通过以下方法提高资金使用效率（见表9-2）。

按正常情况企业先买入现货后，直接交入期货交割库，注册成仓单。然后企业将仓单质押，一周左右的时间70%以上的资金就得以释放。所负担的成本为仓储费、装卸费等（基本与原持有现货的费用相当），交割费、交易费（不足千分之一，基本可以忽略），仓单质押利息（增加的质押利息1.8%远比七成资金的6%的利息要少得多）。一个月后，可以把仓单直接交与下家，甚至减少了异地运输费，也省略了双方互相验货的繁琐程序，大大降低了营运成本。

表 9－2　　资金使用情况表

日期	现货市场	期货市场
2010 年 4 月 9 日	买入现货价格 4000 元/吨 3000 吨，待 6 月出售 1200 万元 签订 6 月 9 日 4200 元/吨卖出协议	
2010 年 4 月 16 日		注册仓单，仓单质押（部分银行可以抵押）获得 840 万元质押款
2010 年 6 月 9 日		企业将仓单直接交与下家，收到货款，归还银行或交易所，了结
结果	如果不利用期货市场，1200 万元资金的 6% 的利息长期被占用	获得 840 万元流动资金 2 个月，支付质押资金利息不到 1%

资料来源：申银万国期货研究所。

延伸阅读：加息如何影响企业营运成本

最近两年时间里，全球超低利率以及全球的量化宽松政策的实施，使得全球货币流动性泛滥严重，“热钱”使全球大宗商品价格上涨严重，通货膨胀的压力席卷全球。而中国作为较早进入加息周期的经济体，整体经济环境出现了较大的转变。那么连续的加息会对企业产生什么影响呢？

加息不仅会引起企业借贷款成本的上升，在资本结构既定的条件下，还会引起企业的综合成本的上升。若不考虑银行借款的手续费，该企业的所得税税率为 33%，则借贷成本公式为：借贷成本 = 年利率 ×（1 − 33%）。综合资本成本一般是指各项长期资本成本的综合体，以各种长期资本占全部长期资本的比重为权数，对各种长期资本成本加权计算的加权平均数。在借贷资本占全部长期资本比重既定的情况下，由于加息引起了借贷成本的上升，进而必定引起企业综合资本成本的上升，尤其是借贷比例较大的企业。

因此，加息对于中小贸易企业来说将是助推成本上移的催化剂，此时更需要期货杠杆工具来降低企业的营运成本，增加企业的综合竞争力。

四、企业如何利用期货有效管理库存?

期货市场的根本特性在于各种远期合约价格的不同，其有形体现便是商品库存。在期货市场上远期月份合约价格反映了仓储成本、资金成本以及对日后商品相对稀缺与否的预测和判断，前两者构成了主要的存货成本。

对于钢材加工企业来说，利用期货市场不但可以使企业提前通过期货市场锁定原材料成本，而且期货市场上不同合约的报价给企业库存管理提供了很好的参考依据。企业可以根据自身的采购和销售计划，在期货市场上建立虚拟库存，也可以抛售现货库存进行保值。如此一来，通过期货交易，用少量的资金锁定期货合约换取存货，不仅降低了购买原材料所占用的资金，而且大大减少了原材料的库存费用，降低了企业的库存成本。

在钢材价格大幅波动的情况下，加工企业还可以通过期货市场对库存进行套期保值的滚动交易，不仅可以摊销库存成本，同时还能避免价格大幅下跌过程中出现的高库存现象。在 2008 年 10 月之后的金融海啸过程中，国内钢材企业由于没有利用期货市场进行风险对冲，绝大多数企业均面临高库存的窘境，资金大量积压，企业利润急剧下降。

比如说，预计未来价格会涨，那么加工企业就会在当期少量出货，未来价格上涨时自然不会出现缺货的情况。当预计价格会跌时，则加量放货，同时可在期货市场上建立适当的虚拟库存。以上两种情况均能合理优化库存，使加工企业在销售环节中达到利润的最优化和最大化。

【案例 9 -4】

2011 年 2 月中旬，在紧缩货币政策连续出台以及房地产行业限购令颁布的双重打压下，钢材市场成交跌入了“冰点”。现货、期货市场上齐齐看跌，螺纹钢价格也一路下跌，其中期货市场螺纹钢主力 RB1110 合约从最高点 5230 元/吨一路回落至 4800 元/吨左右，下跌幅度近 10%。现货市场上企业出货积极性较高，市场看跌气氛浓重。某钢材加工企业面对此局面，决定在保持现货市场稳定出货的前提下，适当在期货市场上建立多头头寸，使用一定量的虚拟库存来防止未来价格的反弹。果不其然，短短一个月后，随着期货价格的企稳，现货市场成交价格逐步回升。当其他企业减少放货，以较高价格开始备库时，此钢材加工企业已经在期货市场上获得了很大的盈利，并有着较大数量的“低成本库存”。为未来激烈的市场竞争打下了良好的基础，为企业未来良好的发展铺平了道路。

我们可以看到，由于企业在期货交易所建立了虚拟库存，根据期货交易所规定，在未完成实物交割之前库存仓储费由卖方支付，这又使得企业减少了 2 至 3 个月的库存场地管理费用，大幅降低了企业的业务成本。

虚拟库存

虚拟库存是虚拟经济的一种形式，通过某种方式形成所需要的资源，而库存中不一定确实拥有。这种社会资源就相当于一个庞大的仓库所具有的库存储备。由于它具有虚拟性，所以称之为虚拟库存。

五、如何利用期货交割库扩大企业销售半径?

钢材现货交易主要以下游贸易商经销为主。而中下游贸易商的特点则是资金少、销售覆盖面小。钢材终端产品价格比较低，运费在现货贸易成本中占有较高的比例，因此钢材销售的地域性很强，螺纹钢和线材属于区域性、通用性很强的产品，一般销售半径在 500 公里以内，利润空间较小，物流成本所占比重越小越好。例如，相对螺纹钢价格 4500 元/吨，100 元/吨的运费占其价格成本接近 2.2%，而精炼铜价格 60000 元/吨，100 元/吨的运费占其价格成本不足 0.17%。因此，精炼铜属于全国性市场，交割库相对集中，不影响异地现货企业参与期货交易和交割。但螺纹钢属于区域性市场，运费成本成为制约异地现货企业参与期货交易的主要因素之一。

俗话说“船小好转舵”，螺纹钢的这一区域性特点对于中小贸易商来说却是一个契机，贸易商是否可以利用期货交割库的地域性进行一定的销售模式的转变来达到降低成本、扩大销售半径的目的呢？答案是肯定的。

【案例 9 -5】

某上海中小钢铁贸易企业由于运费原因，其销售半径仅维持在上海及上海周边地区，销售范围较小。另外，华东地区作为国内钢铁消费的重点地区，云集了众多贸易商，竞争激烈，盈利空间小，企业继续发展遇到了瓶颈。为此，企业通过讨论，准备利用上海期货交易所螺纹钢天津交割库来解决这一发展过程中的难题。公司销售主管根据现货销售情况不定期在期货上买入期货头寸，经交易所配对，获得了天津交割仓库的仓单。而此时该销售主管正好得知一家北京用钢企业需要 3000 吨螺纹钢，销售经理马上联系北京用钢企业，双方很快达成仓单转移协议，并商定转让升贴水价格。该贸易企业直接把天津交割库的仓单出售给了北京用钢企业，不仅以极低的交割成本替代了运输成本，更为自己企业在其他地区打响了品牌，从而达到了扩大公司现货销售半径的目的。

上海期货交易所螺纹钢天津交割库升贴水情况

对于升贴水，上海期货交易所也给出了明确的指示：第一，地区升贴水，天津地区螺纹钢和线材交割贴水 130 元/吨；第二，牌号升贴水，牌号为 HRB335 或 HRBF335 的螺纹钢替代交割贴水 130 元/吨。也就是在天津地区拿货的价格较之上海地区的价格每吨低 130 元，这对于可以在天津周围出货的贸易商来说还是有较大的利润空间进行利用的。

六、如何保障企业获得高质量的钢材？

生锈的螺纹钢可能由于品质相对较差卖不出好价格，比如 6 个月前的“二手”线材和当月的“一手”线材价格也会有一定差异；又比如不同钢厂的产品，市场对其的热衷程度也不尽相同。而在期货市场中，由于期货交割的实物必须是在交易所注册的“标准化商品”，其质量、规格、包装等都有严格规定，通过对不同交割品级的升贴水确定，体现了优质优价的市场规则。因此，企业完全可以利用期货市场提高钢材的品质。

【案例 9-6】

某钢材贸易企业 2010 年 8 月初签订了一份 11 月份的销售合同。该企业有一批 2010 年 8 月刚到的现货存放在仓库里，买方对钢材的各项技术要求比较高，但是在仓库里放置 3 个月后，货物品质可能会发生变化。所以该钢贸企业卖出螺纹钢期货 RB1008 合约买入螺纹钢期货 RB1011 合约，即先把螺纹钢交入交割仓库，然后再在 11 月把货物提出。由于期货交割品质由上海期货交易所、上海期货交易所指定交割仓库和质检机构监督管理，这样完全可以保证货物的品质。该企业既确保了正常履约，又确保了下家买方的利益，为长期合作奠定了基础。

【案例 9-7】

某钢材下游贸易企业，2010 年 7 月至 2010 年 10 月，企业翻新重修导致 6000 吨的螺纹钢库存难以处置。由于企业翻修时间跨度约在 3 个月左右，为了防止螺纹钢腐蚀、生锈，影响未来使用效果，企业决定通过期货市场进行操作，以保证未来货物的品质。于是，该企业在螺纹钢期货 RB1007 合约和 RB1010 合约上分别进行了卖出和买入操作，之后将 6000 吨库存运至交易所指定的仓库并制成仓单在 RB1007 合约上进行实物交割，3 个月后企业在 RB1010 合约上再申请买入交割，顺利把质量上好的螺纹钢取出，保证了未来用料的质量。而且，我们可以发现，在 7 月份交割之后，该企业属于买入方，无需负担任何的仓储费用，为企业减少了存放货物所需的库存费用。

由此我们可以看到，通过期货市场交易，企业不仅可以在货物质量上得到保证，更可以降低很大一部分的库存费用，降低企业的业务成本。

七、如何利用钢材期货打造良好的企业形象？

企业形象是企业稳定发展的根本，某些小型钢贸企业想做大做强，但是由于名气较小、贸易量有限，得不到银行等信贷市场的支持，发展遇到瓶颈。此时期货市场可以有效帮助这些企业做大贸易量，提升企业形象，吸引更多的合作机会。同时，绝大多数银行在进行企业评级的过程中会关注其是否参与期货套保，如果企业长期参与期货套期保值业务，将大幅度提升企业的整体信用评级，得到更多的信贷支持。

【案例 9 -8】

某小型钢材贸易企业开业不久，虽能拿到好品牌的螺纹钢，但在市场上没有名气，银行对其贷款申请一直不批，下游也不敢大量要货，企业发展困难重重。公司老总把期货市场作为突破口，在期货市场直接做空期货合约并且参与交割。月初向钢厂大量拿货，月底抛于期货市场，滚动销售，薄利多销，大幅提高了销售额。半年后，由于贸易量的增加，企业在行业内的名气大振，同时由于企业参与套期保值在银行的评级也得到明显提升，贷款也得以被批准，企业形象的提升也为其获得了更多的合作项目。

八、小型企业如何利用钢材期货茁壮成长?

期货市场除了提供现货贸易企业套期保值的场所外，还给现货贸易企业买卖现货提供了渠道。在国内有色金属、白糖等贸易中，有一定经验的现货企业往往会通过现货贸易批发市场的交收、期货交易和交割，频繁地进行现货交易，一方面依靠薄利多销取得收入，另一方面做大贸易额来维系上下游企业的紧密联系。在他们的理念中，即使是没有利润或是微利，但可以起到维系贸易链的作用，从而提高企业知名度，也可以使小企业茁壮成长成大型企业。

在钢材行业，不少企业或下属贸易公司在从事俗称“搬砖头”业务，即迅速把期货交割来的实物卖给加工企业，或者在批发市场交收给其他贸易企业。有些长期从事该项业务的贸易公司年销售额可达几十亿元。毋庸置疑，这是小型贸易企业走向大型企业的一条捷径。

【案例 9 -9】

一家钢材贸易企业常年利用批发市场和期货市场进行交割操作，主要目的就是增加贸易量，俗称“跑量”。其与线材终端用户都是在季末签订 3 个月的供货合同，通常都会比其他供应商的价格低5%。但是该企业附加两个条件：一是交货日期在每月的月底，二是希望终端用户给予15%以上的预付款。这样，该企业就会使用终端用户的预付款，直接在期货市场进行购买，因为期货市场的最后交割日一般为每个月的20日左右，正好在该时点之前。

不仅如此，如果该企业在2010年3月份签订了2010年4月、5月、6月交货的3份远期现货合同，在期货市场对螺纹钢期货RB1004、RB1005、RB1006合约分别买入，买入价格为4000元/吨、4100元/吨、4200元/吨，每个月交割数量为1000吨。到了2010年4月上旬，贸易商企业看到3个期货合约分别上涨至4150元/吨、4250元/吨、4350元/吨。而此时批发市场螺纹钢价格只有4100元/吨，那么该企业果断地买入5月现货合同，并将在期货市场的持仓进行获利了结。从做大贸易量的角度，该公司可以再去寻找现货的需求方，利用价格较之现货成本更低，促进贸易额的增加，帮助企业茁壮成长。

自　测　题

一、选择题（不定项）

1. 以下(　　)方面不属于套期保值的交割风险。

A. 交割商品价格巨幅波动

B. 交货的运输环节较多，在交货时间上较难保证

C. 交割库会因库容问题导致无法入库

D. 替代品种升贴水问题

2. 某铜加工企业需要1000吨螺纹钢的库存，其较好的做法是(　　)。

A. 买入1000吨的现货螺纹钢

B. 买入1000吨的螺纹钢期货合约

C. 买入200吨的现货螺纹钢和买入800吨的螺纹钢期货合约

D. 买入1000吨的现货螺纹钢和卖出1000吨的螺纹钢期货合约

3. 一个完善的套期保值策略依次顺序(　　)。

A. 从宏观角度确定套期保值策略，从产业角度判读套期保值时机，从

基差角度选择套期保值入场和出场点

B. 从宏观角度确定套期保值策略，从基差角度选择套期保值入场和出场点，从产业角度判断套期保值时机

C. 从基差角度选择套期保值入场和出场点，从产业角度判断套期保值时机，从宏观角度确定套期保值策略

D. 从产业角度判断套期保值时机，从基差角度选择套期保值入场和出场点，从宏观角度确定套期保值策略

4. 下列说法不成立的是(　　)。

A. 当需求大于供给时，社会库存不断降低

B. 社会库存不断降低，市场价格将会上涨

C. 在需求减弱，库存增加的过程中可以选择买入套期保值

D. 在需求走强，库存减少的过程中尽量不进行卖出套期保值

5. 企业进行套期保值交易的组织结构设计原则是(　　)。

A. 决策机构一定要掌握主动权

B. 决策机构必须能对期货运作操盘小组直接下达交易指令

C. 执行机构要严格按照决策机构的指令执行

D. 决策机构和执行机构分离

6. 企业在套期保值中不应有的行为是(　　)。

A. 把期货市场作为博取差价的“赌场”

B. 认为套期保值没有风险

C. 企业参与期货，只按现货思想入市

D. 企业的敞口风险只要在可承受范围之内便可以选择部分套期保值

7. 套期保值的风险主要有(　　)。

A. 管理与运营的风险　　B. 交割风险和操作风险

C. 基差风险　　D. 流动性风险

8. 套期保值的操作方式有(　　)。

A. 碟式套期保值和牛市套期保值　　B. 预期套期保值和策略套期保值

C. 套利套期保值和期权套期保值　　D. 循环套期保值

9. 以下说法正确的是(　　)。

A. 对下游消费企业来说，在商品价格处于生产成本线附近或者低于成

本的时候，就要考虑买入套期保值

B. 如果行业毛利达到负值，生产企业减产的动力就会加强，价格就易涨难跌，生产企业就要选择出场时机或者少进行套期保值

C. 如果行业毛利处于较大盈利状况下，生产企业的产量往往会急剧增加，价格就有下跌风险，这个时候进行卖出保值时机相对成熟，保值力度就可以加大

D. 如果锌矿价格处于成本线之下，这个时候对于锌消费企业来说，战略性的卖出套期保值时机较好

10. 企业进行期货交易应从业务流程来控制风险，主要负责(　　)。

A. 交易品种监督　　B. 交易计划监督

C. 交易过程监督　　D. 交易结果监督

二、判断题

1. 企业在进行套期保值过程中绝不能留有风险敞口。(　　)

2. 基差风险主要来自基差的不确定性。(　　)

3. 如果企业认为未来价格将上涨，那么该企业可能需要在短时间内立即完成采购。(　　)

4. 对于一般企业来说，套期保值的动机是风险最小化。(　　)

5. 企业期货避险的方法一定要和自己的生产经营方式和规模相匹配，即了解企业自身的敞口风险。(　　)

6. 企业进行期货交易的风险控制机制主要关注两个方面：建立严密的风险控制机制；从业务流程来控制风险。(　　)

7. 期货投机是指在期货市场上以获取价格增长收益为目的的期货交易行为。(　　)

8. 企业所处的环境不同，其生产、经营和利润的目标也不尽相同，如何制订适合本企业经营发展目标的交易计划，对参与期货市场交易的企业来说是非常重要的。(　　)

9. 抵押收益或利息收益只适用于那些不使用杠杆的投资者。(　　)

10. 套利交易的本质是一种对冲交易。(　　)

参考答案

一、选择题（不定项）

1. A　2. C　3. A　4. C　5. D

6. ABC　7. ABCD　8. BCD　9. ABC　10. BCD

二、判断题

1. ×　2. √　3. ×　4. ×　5. √

6. √　7. ×　8. √　9. √　10. √

第十章 企业交割实务

【本章要点】

本章详尽地介绍了钢材期货交割流程中的各项流程、标准仓单的相关规定，以及在交割过程中需要注意的细节问题，力求让读者能够对钢材交割的各个环节有清晰的了解。

一、钢材期货实物交割的要点有哪些？

钢材期货作为期货市场的交投主力，每天都有成千上万的投资者通过期货进行交易。根据他们的交易目的进行划分，基本可以将其分为两种类型：投机者和套期保值者。投机者的目的是希望以少量的资金来博取更多的利润，因此他们都会选择对冲平仓了结自己的头寸。套期保值者却不然，他们参与期货交易的主要目的是利用期货市场进行保值交易，减少价格波动带来的风险，确保生产和经营的正常利润。因此，套期保值者了结头寸的主要方式是以实物交割的方式进行。作为期货市场中最重要的一个环节，实物交割是一个综合复杂的过程，这也是本章将重点介绍的概念。

对冲平仓

对冲平仓是指持有头寸者在期货交易时间段内在同一期货交易所内通过买入或卖出相同交割月份的期货合约，用以了结先前卖出或买入的期货合约。

举例来说，某个投资者在 2011 年 1 月下旬以 5020 元/吨买入螺纹钢期货 RB1110 合约 5 手，那么他就持有螺纹钢期货多单 5 手。过了两天，螺纹钢价格小幅上涨，价格达到预期的目标点位 5070 元/吨，于是他在 3 天后卖出平仓螺纹钢期货 RB1110 合约 5 手。计算盈亏情况如下：

盈亏 = （5070 − 5020） × 5 × 10 = 2500 （元）

由此可以看到，通过对冲平仓，此投资者在两个交易日共盈利 2500 元。这就是期货市场的对冲平仓。

实物交割具体是指期货市场的卖方投资者将符合上海期货交易所标准的钢材进行注册入库，并且制作成标准仓单，到了交割期后再将已付清仓储费用的有效标准仓单交给交易所。作为卖方投资者的“对手盘”，买方投资者在支付完交割款后获得卖方所提供的标准仓单，然后再向期货交易所指定的交割仓库提取相应数量的货物。实物交割关系图见图 10 − 1。

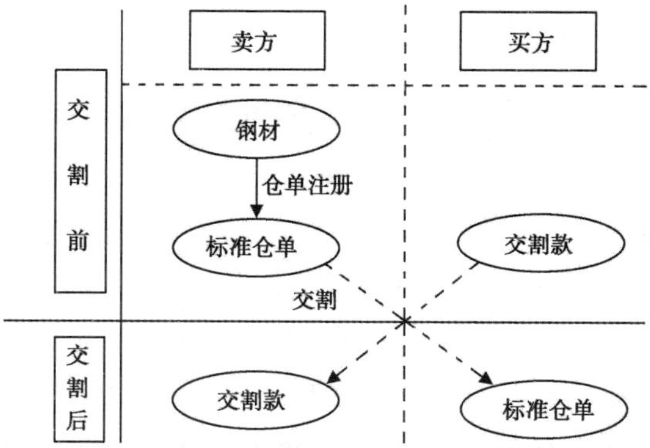

图 10 − 1　实物交割关系图

资料来源：申银万国期货研究所。

在螺纹钢期货实物交割过程中，交割商品应为上海期货交易所规定企业生产的注册商品，交收地点应为上海期货交易所指定的交割仓库，除此之外，在交割过程中还需重点关注以下事项：

1. 交割单位。螺纹钢期货标准合约交易单位为每一仓单 300 吨，实物交割数量应为每一仓单的整数倍。

2. 交割商品质量规定。交割品质量应当符合 GB1499.2－2007《钢筋混凝土用钢 第 2 部分：热轧带肋钢筋》牌号为 HRB400、HRBF400、HRB335、HRBF335 的有关规定。交割螺纹钢的每批商品的有效期限为自生产日起的 90 天，并且应在自生产日起的 30 天内进入指定交割仓库方可制作成仓单。

3. 溢短和磅差。每一仓单的实物溢短不超过 ±3%，磅差不超过 ±0.3%。

4. 包装要求。交割螺纹钢的尺寸、外形、重量及允许偏差、包装、标志和质量证明书等应当符合国标 GB1499.2－2007《钢筋混凝土用钢 第 2 部分：热轧带肋钢筋》的规定。用于实物交割的螺纹钢其长度为 9 米或 12 米定尺。

5. 在交割期内，如当日 14：00 之前办妥标准仓单、增值税专用发票、货款等交割事宜的，交易所当日即清退其相应的交割部位保证金。如当日 14：00 之后办妥的，交易所将在下一个交易日清退交割部位保证金。

虽然最终进行实物交割的期货合约比例非常小，但正是这部分少量的实物交割将期货市场与现货市场紧密地联系起来。通过实物交割这一程序，期货市场和现货市场得以完成相互联动，期货价格最终与现货价格趋于一致，使期货市场真正发挥价格晴雨表的作用，为期货市场发现价格这一功能的有效发挥提供了重要的前提条件。

延伸阅读：实物交割的种类

实物交割的形式分为集中交割和滚动交割。

1. 集中交割是指所有到期合约在交割月份最后交易日过后进行一次性集中交割的交割方式，其中上海期货交易所钢材期货实物交割就是采取这种交割方式。

2. 滚动交割是指除了交割月份的最后交易日，对所有到期合约全部配对交割以外，在交割月第一交易日至最后交易日之间的规定时间也可以进行交割的交割方式。

二、自然人在最后交易日前三天需要注意什么?

【案例 10 - 1】

自然人客户甲，持有螺纹钢期货 RB1009 合约 30 手。但是在 9 月 13 日开盘后，他突然发现自己原先 30 手螺纹钢持期货持仓被平仓了，该客户十分纳闷和气愤。之后他迅速致电期货公司询问情况，得知自然人不能参与螺纹钢期货实物交割，他的持仓被上海期货交易所进行强行平仓了。

实物交割的实质是物权转移，因此在实物交割过程中有一个非常重要的过程——增值税专用发票的流转。作为自然人投资者没有能力提供增值税专用发票，所以在考虑到上述因素后，上海期货交易所规定自然人不能参与螺纹钢期货、线材期货的实物交割，自然人客户应在最后交易日前第三个交易日收盘前将所持螺纹钢期货、线材期货合约当月合约的持仓全部平仓了结，不能持有仓位进入最后交易日前第三个交易日。如有自然人客户违反此规定，那么上海期货交易所将对自然人客户持仓进行强行平仓。

【案例 10 - 2】

螺纹钢期货 RB1009 合约最后交易日（即 9 月 15 日）前第三个交易日（即 9 月 10 日）收盘后，自然人客户对于螺纹钢期货合约的持仓应当为 0 手。如果 9 月 10 日收盘后客户仍有持仓，则上海期货交易所将在最后交易日前第二个交易日（即 9 月 13 日）起，对自然人客户的交割月份持仓直接强行平仓。根据上海期货交易所规定，螺纹钢期货、线材期货的最后交易日为每个月的 15 日，如遇节假日则向后顺延，那么最后交易日前第三个交易日也将按序顺延。

三、什么样的钢材可以进行实物交割?

钢材的品种分类繁多，并不是市场中所有的钢材都可以进行实物交割，上海期货交易所对于进行实物交割的钢材有着明确规定，下面我们就来具体了解一下上海期货交易所对于螺纹钢和线材期货进行实物交割货物的具体标准。

（一）螺纹钢期货

螺纹钢常用的分类方法有两种：一是根据几何形状，以横肋的截面形状及肋的间距不同进行分类或分型；二是以性能分类，我国标准（GB1499）按强度级别将螺纹钢分为3个等级。我国的钢筋混凝土用热轧带肋钢筋按国家标准，牌号由HRB和牌号的屈服点最小值构成。H、R、B、分别为热轧、带肋、钢筋三个词的英文首字母。

根据上海期货交易所规定，参与螺纹钢实物交割的螺纹钢必须符合如下质量规定：

1. 用于实物交割的螺纹钢，质量应当符合GB1499.2－2007《钢筋混凝土用钢 第2部分：热轧带肋钢筋》牌号为HRB400、HRBF400、HRB335、HRBF335的有关规定。

2. 交割螺纹钢的尺寸、外形、重量及允许偏差、包装、标志和质量证明书等应当符合国标GB1499.2－2007《钢筋混凝土用钢 第2部分：热轧带肋钢筋》的规定。

3. 用于实物交割的螺纹钢长度为9米或12米定尺。

4. 每一标准仓单的螺纹钢，应当是同一生产企业生产、同一牌号、同一注册商标、同一公称直径、同一长度的商品组成，并且组成每一仓单的螺纹钢的生产日期应当不超过连续两日，且以最早日期作为该仓单的生产日期。

5. 每一标准仓单的螺纹钢，应当是交易所批准的注册品牌，应附有相应的质量证明书。

6. 螺纹钢交割以实际称重方式计量。每一仓单的实物溢短不超过±3%，磅差不超过±0.3%。

（二）线材期货

根据上海期货交易所规定，参与线材交割的线材必须符合如下质量规定：

1. 用于实物交割的线材，质量应当符合GB1499.1－2008《钢筋混凝土用钢 第1部分：热轧光圆钢筋》牌号为HPB235的有关规定。

2. 交割线材的尺寸、外形、重量及允许偏差、包装、标志和质量证明书应当符合国标GB1499.1－2008《钢筋混凝土用钢 第1部分：热轧光圆钢筋》的规定。

3. 每一标准仓单的线材，应当是同一生产企业生产、同一牌号、同一注册商标、同一公称直径的商品组成，并且组成每一仓单的线材的生产日期应当不超过连续两日，且以最早日期作为该仓单的生产日期。

4. 每一标准仓单的线材，应是交易所批准的注册品牌，应附有相应的质量证明书。

5. 线材交割以实际称重方式计量。每一仓单的实物溢短不超过 ±3%，磅差不超过 ±0.3%。

延伸阅读：GB1499.2－2007《钢筋混凝土用钢 第2部分：热轧带肋钢筋》较之先前GB1499－1998的主要变化

1. 标准名称由《钢筋混凝土用热轧带肋钢筋》修改为《钢筋混凝土用钢 第2部分：热轧带肋钢筋》。

2. 适用范围增加细晶粒热轧钢筋。

3. 增加普通热轧钢筋、细晶粒热轧钢筋和特征值的定义。

4. 增加细晶粒热轧钢筋 HRBF335、HRBF400、HRBF500 三个牌号。

5. 增加了订货内容，方便贸易和订货。

6. 在钢筋满足重量偏差交货的条件下，内径偏差可不作为交货条件。

7. 钢筋的长度偏差，定尺长度交货的钢筋长度偏差，在需求方无特殊要求时，允许有正负偏差。

8. 带肋钢筋的表面形状除带纵肋外，增加了“也可不带纵肋”的内容。

9. 增加疲劳性能、焊接性能和晶粒度三项技术要求。

10. 对“表面质量”、“重量偏差的测量”等条款作出修改。

11. 取消原附录B“热轧带肋钢筋参考成分”。

12. 增加现附录B“特征值检验规则”。

13. 增加附录C“钢筋相对肋面积的计算公式”。

四、为何期货市场中的钢材实物交割量巨大?

钢材期货虽然上市时间不长，但是在实物交割方面已经占到上海期货交易所实物交割数量中很大一部分。从2010年的数据我们可以看到，螺纹钢期货和线材期货实物交割手数占上海期货交易所8个品种实物交割手数的17.6%，仅次于铝期货和燃料油期货，位居上海期货交易所第三名。如果对比在钢材期货前面上市的锌期货，我们就能发现，企业参与钢材期货的实物交割数量和积极性相当踊跃。2007年上市的锌期货第一年实物交割7245手，占比6.5%；2008年实物交割数量为18360手，占比13%。而在刚刚过去的2009年和2010年，钢材期货的实物交割量已经达到22440手和66450手，远超锌期货。钢材期货上市时间较短，相信随着时间的推移，市场参与企业的愈发成熟，钢材期货实物交割的数量还会继续上升。那么读到这里，我们就产生了疑问：为什么期货市场的实物交割这么受市场青睐呢？也许这还是要从期货市场和现货市场交易特点的差异进行分析。

图10－2是2010年度上海期货交易所各品种交割额占比情况。

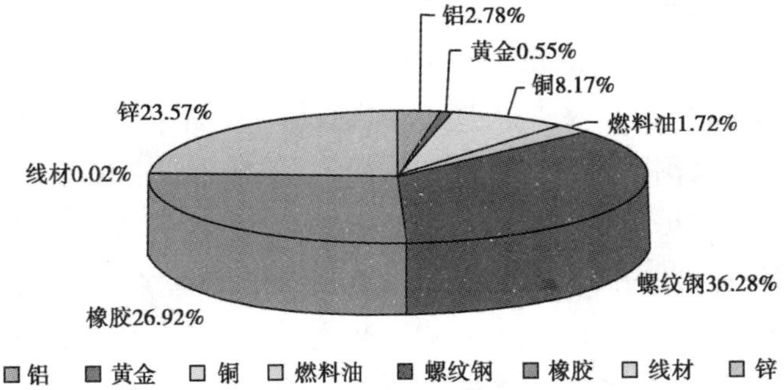

图10－2 2010年度上海期货交易所各品种交割额占比

资料来源：上海期货交易所、申银万国期货研究所。

流通市场上的现货具体是指商品社会中已经现实存在的、可以用来买卖交换且代表一定价值的标的物，它包括商品现货、大宗商品、现货仓单等。

现货交易是指买卖双方以物权转换为目的的商品交易方式，即由拥有商品准备立即出售的卖方和拥有货币想立即得到商品的买方直接交易，即时成交。现货交易的特点是：现买现卖，钱货两清。从狭义上讲，现货是贸易的最高表现形式。

例如：钢材现货贸易商今天以4800元/吨的价格买入200吨螺纹钢，当天再以4850元/吨的价格卖出，那么贸易商就获得了10000元的收益。这种即时交易就是俗称的现货贸易。

但我们需要注意的是，在单一的现货市场上，价格的波动对于交易者存在着很大的风险。尤其在2008年10月席卷全球的金融危机之后，各类大宗商品的金融属性越来越强，商品基本面对短期价格走势影响越来越弱，因此企业越来越青睐于利用期货市场进行风险的规避。

由于期货交易和现货交易性质不同，它们波动的幅度也不同。有了期货实物交割这一工具后，企业在现货市场上的可操作性和抗风险性将得到明显提升。例如2011年2月，由于国内央行加息以及对于房地产行业的打压政策陆续公布，市场对于螺纹钢价格悲观情绪不断上升，市场出现了明显的下跌趋势。现货市场成交也十分清淡，贸易企业手中库存高企，随着价格的不断回落，企业遇到了很大的困难。如果贸易企业事先利用期货实物交割这一工具，则可顺利解决这一难题。期货市场参与者较多，投机者承担了价格波动的主要风险。因此，期货市场成交量不会随现货市场成交清淡而下降。基于此，对贸易企业而言，如果现货市场成交清淡、价格连续回落，那么选择卖空期货，等待交割不失为一个很好的选择。这样企业不仅将手中库存清空，资金也得到流转，更重要的是降低了价格连续下跌时无法卖出的风险，期货直接点价交易在下跌中迅速卖出存货，锁定了利润，增加了企业抗风险能力。

更为重要的是，钢材期货是国内少数流通范围广、不受外盘干扰的品种（海外市场没有钢材期货），这就使得国内钢材期货价格符合国内供需格局，钢材期货价格更为合理、准确。这也是众多企业乐于参与钢材期货套期保值的重要原因。

期货价格代表了市场对于远期价格的预期，因此期货价格的波动往往意味着未来现货市场价格的走势。同时，期货市场的交投较之现货更为活跃，市场投机者的介入也大大减少了企业所面临价格波动的风险，加之国内价格相对于国外的独立走势，可以很好地反映现货市场的供需局面。上述情况就可以解释为什么期货市场的钢材企业往往比较偏好于在期货市场进行实物交割。

五、企业如何完成钢材期货实物交割？

在期货合约最后交易日后，所有未平仓合约的持有者都必须以实物交割方法履约。交易所规定“客户的实物交割应当由会员办理，并以会员名义在交易所进行”，因此，进行实物交割的企业应对上海期货交易所实物交割细则进行清晰无误的解读。

根据《上海期货交易所交割细则》第二章内容以及《上海期货交易所标准仓单管理办法》第五章内容，上海期货交易所螺纹钢期货、线材期货都采用集中交割的方式。螺纹钢期货、线材期货的实物交割采用五日交割法，具体规定如下：

卖方客户授权：

卖方客户应当通过标准仓单管理系统先将标准仓单授权给卖方期货公司会员以办理实物交割业务。

第一交割日：

买方申报意向。买方在第一交割日内，向交易所提交所需商品的意向书。内容包括品种、牌号、数量及指定交割仓库名等。

卖方交标准仓单（螺纹钢、线材期货合约还允许提交厂库标准仓单）。卖方在第一交割日内通过标准仓单管理系统将已付清仓储费用的有效标准仓单交给交易所。

第二交割日：

交易所分配标准仓单。交易所在第二交割日根据已有资源，按照“时间优先、数量取整、就近配对、统筹安排”的原则，向买方分配标准仓单。不能用于下一期货合约交割的标准仓单，交易所按所占当月交割总量的比例向买方分摊。

第三交割日：

买方交款、取单。买方应当在第三交割日 14：00 前到交易所交付货款并取得标准仓单。

卖方收款。交易所应当在第三交割日 16：00 前将货款付给卖方，如遇特殊情况交易所可以延长交割货款给付时间。

第四、五交割日：

卖方递交增值税专用发票。

买方会员分配仓单：买方会员应当在最后交割日之前（含最后交割日）将分配到其名下的标准仓单再分配给买方客户。如买方会员不能按时分配标准仓单，应当向交易所报告原因。

增值税发票

增值税专用发票是由国家税务总局监制设计印制的，只限于增值税一般纳税人领购使用的，既作为纳税人反映经济活动中的重要会计凭证，又是兼记销货方纳税义务和购货方进项税额的合法证明；是增值税计算和管理中重要的、决定性的合法专用发票。

实行增值税专用发票是增值税改革中很关键的一步，它与普通发票不同，不仅具有商事凭证的作用，由于实行凭发票注明税款扣税，购货方要向销货方支付增值税，它具有完税凭证的作用。更重要的是，增值税专用发票将一个产品的最初生产到最终消费之间各环节联系起来，保持了税负的完整，体现了增值税的作用。

【案例 10－3】

我们以螺纹钢期货 RB1009 合约为例，详细阐述一下螺纹钢期货的交割流程（见图 10－3）。

最后交易日（9 月 15 日周三）：螺纹钢期货 RB1009 合约以 4440 元/吨价格收盘，最终的交割结算价为 4413 元/吨。

第一交割日（9 月 16 日周四）：买方交割者通过上海期货交易所标准仓单系统提交螺纹钢的买入意向（内容包括品种、牌号、数量及指定交割仓库名等），卖方会员提交已付清仓储费用的螺纹钢标准仓单。

第二个交割日（9 月 17 日周五）：上海期货交易所根据卖方会员提供的螺纹钢标准仓单按“时间优先、数量取整、就近配对、统筹安排”的原则进行交割配对。

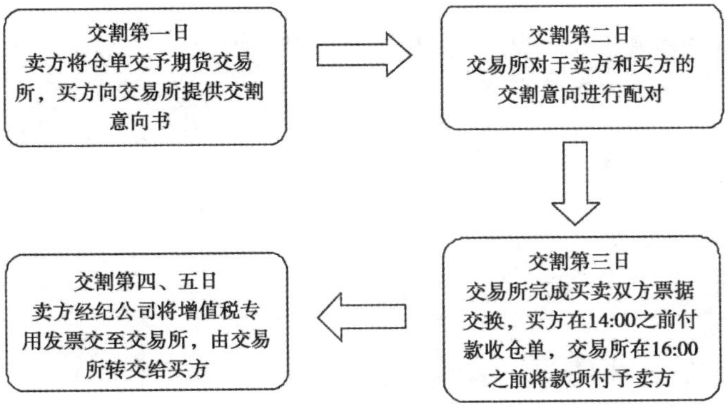

图 10－3　钢材期货交割流程图

资料来源：申银万国期货研究所。

第二、三个交割日（即 9 月 17 日周五、9 月 20 日周一），买方会员向交易所提交 100% 货款，交易所在收到货款后向买方会员清退 30% 交割保证金并释放仓单。如果买方会员提供货款在当天 14：00 以前，交易所当天清退款项；如果买方会员于当天 14：00 以后提供货款，则交易所将于后一天清退款项。

交割货款 = ∑（交割结算价 × 每张仓单重量）（注：每张仓单的货款金额保留 2 位小数）。

同时，交易所向卖方会员支付货款。

第四、五个交割日（即 9 月 21 日周二、9 月 22 日周三），卖方交割者向交易所提交增值税发票，并由交易所转交于买方。

延伸阅读：

上海期货交易所在 2009 年 3 月 22 日发出的螺纹钢交割补充规定中要求：交割商品公称直径分布应当符合下列要求：

1. 交割数量小于等于 6000 吨，可以是同一公称直径。

2. 交割数量大于 6000 吨，小于或等于 9000 吨，至少是两个公称直径，并且每一公称直径交割数量不得高于其总交割数量的 60%。

3. 交割数量大于9000吨，小于或等于18000吨，至少是3个公称直径，并且每一公称直径交割数量不得高于其总交割数量的40%。

4. 交割数量大于18000吨，至少是4个公称直径，并且每一个公称直径交割数量不得高于其总交割数量的30%。

客户从交易所买入再卖出交割的商品除外。

六、卖方如何生成螺纹钢期货标准仓单?

标准仓单是由交易所统一制定，交易所指定交割仓库按照交易所规定程序签发的，并且符合期货质量标准的实物提货凭证。标准仓单的生成过程其实就是交割货物通过相应手续、条例，在交割库确认交割产品质量、包装、数量和其他品质的过程。标准仓单生成包括交割预报、商品入库、验收、指定交割仓库签发、确认五个环节。正常情况下，标准仓单的生产时间大概需要两到三周。

（一）入库申报

1. 准备进行仓单注册的投资者在向指定交割仓库发货以前，委托期货公司会员办理交割预报（入库申报）手续。

2. 交割预报的内容包括商品的品种、等级、商标、数量、发货单位以及拟进入的指定交割仓库名称等，并且需要提供交易所指定的各项单证。

（二）商品入库

1. 上海期货交易所在申请者拟进入的交割库库容允许的情况下，在3个工作日内决定是否批准入库。

2. 申请者在上海期货交易所规定的有效期内向已批准的指定交割库发货。未经上海期货交易所批准入库或未在规定的有效期内入库的商品不能用于交割使用。

（三）质量检验

申请者指定交割仓库会根据上海期货交易所质量相关规定，对入库商品种类、牌号、数量、质量、包装及相关单证进行检验和验收。检验合格后，交割库应当将入库检验的结果输入标准仓单管理系统，再由会员向交易所提交制作标准仓单的申请。

（四）指定交割仓库签发

1. 上海期货交易所批准制作标准仓单之后，指定交割仓库核对入库申报数据并制作仓单。指定交割仓库的审核人员应当复核仓单数据。

2. 指定交割仓库签发的标准仓单应当符合以下要求：

第一，一张标准仓单的数量应当是一张合约最小交割单位的数量。根据上海期货交易所规定，螺纹钢期货、线材期货的最小交割单位是300吨，即30手。

第二，标准仓单所示的商品质量、包装等条件必须符合上海期货交易所对于交割要求的相关规定。

第三，统一标准仓单所示商品应当是同一品牌、同一生产企业、同一商标、同一牌号或者同一等级。

（五）最后确认

仓单申请者对于新签发的标准仓单进行验收确认。如果仓单所有者在收到标准仓单验收通知后三天内未对指定交割仓库签发的标准仓单进行验收确认的，则视为申请者已确认仓单，标准仓单自动生效（见图10－4）。

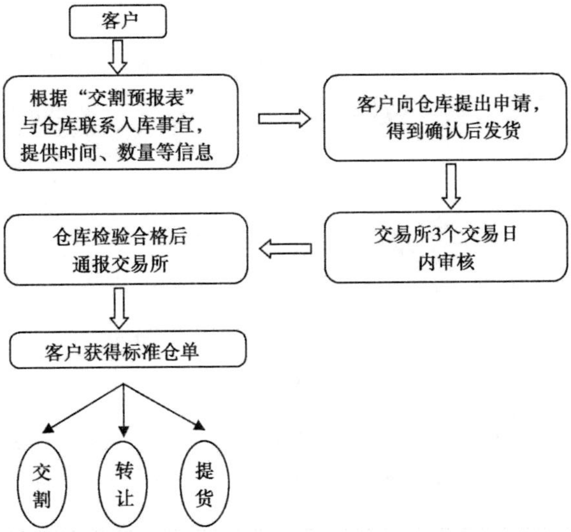

图10－4　标准仓单生成流程图

资料来源：申银万国期货研究所。

需要注意，标准仓单不是普通的提单，标准仓单与普通提单的最大区别在于：标准仓单可以通过背书等形式流通转让。通过办理过户手续，标准仓单的原持有人可将仓单转让于第三人，第三人在拥有标准仓单的同时即拥有了对于相应货物的所有权。

背书

票据的收款人或持有人在转让票据时，在票据背面签名或书写文句的手续。背书时写明受票人姓名或受票单位名称的，称记名背书；未写明受票人姓名或受票单位名称的，称不记名背书。经过背书转让的票据，背书人负有担保票据签发者到期付款的责任，如果出票人到期不付款，则背书人必须承担偿付责任。经过背书，票据的所有权由背书人转给被背书人。一张票据可以多次背书、多次转让。背书有限定性背书、空白背书、特别背书、有限度的背书和有条件背书五种方式。

标准仓单的可流通性使得仓单市场应运而生。仓单市场是建立在交易所网络基础上的一个信息平台，其目的在于为有仓单买卖及仓单交换意愿的交易者提供双方信息交流的机会，从而加强期货市场和现货市场的有机联系。但标准仓单的流转、交易等过程与交易所均无关系，交易所不承担任何仓单流转过程中的法律责任。

最后仍有几点需要标准仓单申请者注意：

第一，标准仓单生成后即以电子形式存在。

第二，标准仓单可用于充抵保证金，同时也可以在交易所质押，亦或是在交易所外转让。

第三，会员或客户不得用纸质标准仓单进行期货合约到期的实物交割，不得经交易所结算的期转现或在交易所作为保证金使用。会员或客户应当办理纸质标准仓单回库手续恢复为电子形式后，方可在标准仓单管理系统中办理上述业务。

延伸阅读：钢材期货标准仓单如何进行转让

除了将标准仓单质押之外，仓单持有人也可以将标准仓单在交易所外转让。转让方式分为电子形式标准仓单的转让和纸质形式标准仓单的转让两种。电子形式标准仓单的转让是指仅以电子形式存在的标准仓单在交易所外的转让，买卖双方可以自行结算，也可以通过交易所结算。通过交易所结算的，按交割标准收取手续费。

其中，通过交易所结算的电子形式标准仓单的转让步骤如下：

第一，卖方客户输入品种、指定交割仓库、买方客户的客户编码和名称、卖方会员、转让价、相应标准仓单等相关信息后，提交转让申请。

第二，买方客户转让确认。买方客户通过标准仓单管理系统确认转让申请，并将货款存入指定买方会员的专用资金账户。

第三，指定交割仓库审核转让申请，并通知买卖双方和交易所。

第四，交易所打印标准仓单所外转让结算单并收付货款。

第五，交易所释放标准仓单。

需要注意的是：通过交易所结算电子形式的标准仓单转让，必须通过会员进行。

图 10－5 是标准仓单转让流程图。

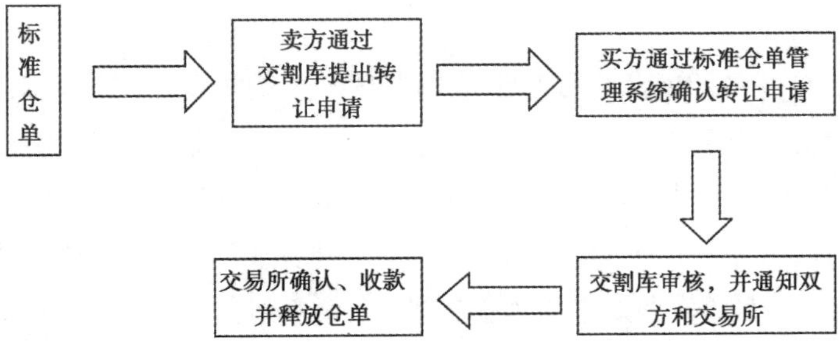

图 10－5　标准仓单转让流程图

资料来源：申银万国期货研究所。

七、钢材标准仓单有有效期吗?

很多准备实物交割的投资者在完成商品入库后往往都会忽略标准仓单的有效期。上海期货交易所对于钢材期货标准仓单有明确的关于有效期的规定，如果过晚进行实物交割，将会导致交割不能顺利完成，耽误了企业整体经营工作。因此，对于仓单有效期我们也需重点了解一下。

上海期货交易所为了保证交割品质，对于交割货物有着严格的标准，对于螺纹钢和线材的仓单及交割有三项规定:

1. 只有生产日起的 30 天内进入指定交割仓库的方可制作成仓单。

2. 每批商品的有效期限为生产日起的 90 天内。

3. 用于进行交割的螺纹钢、线材每批商品的有效期应当涵盖本次交割的最后交割日。

当标准仓单在 90 天的有效期到期后，标准仓单就失去了相应的作用。那么标准仓单持有者只能将仓单进行注销。仓单注销是指标准仓单所有人提货或者申请将其标准仓单转为一般现货提单，由指定交割仓库办理标准仓单退出流通的过程。需要注意的是，一般现货提单与标准仓单是不同的概念，一般现货提单不能用于实物交割。

【案例 10 -4】

某一贸易商在2010 年9 月1 日将8 月20 日生产的3000 吨螺纹钢运至上海期货交易所指定交割库，成功注册成标准仓单。按 90 天进行计算，这批螺纹钢的有效期到 11 月 19 日止。因此，螺纹钢期货 RB1009 合约和 RB1010 合约都在交割有效期内，而对于 RB1011 合约而言，由于 11 月 16 日是最后交易日，最后交割日是 11 月 23 日，有效期未能涵盖交割的最后交割日，这就意味着这批螺纹钢不能在 RB1011 合约（含）之后的任一合约进行交割。

八、如何将“固定”的仓单变成“流水”的资金?

资金使用效率是中小型企业能否迅速成长的重要因素之一，有些企业更是会在动荡的宏观市场中出现资金链缺口。那么企业如何利用期货来解决这个难题呢？

为了让持有“固定”仓单的投资者缓解可能面临的资金压力，上海期货交易所对于符合上海期货交易所相关规定的标准仓单，仓单所有人可以将其手中的标准仓单进行转让、质押等操作。仓单转让的实质就是提前转让仓单所指货物的所有权，从而提前获得资金的一种方式。根据上海期货交易所规定，仓单转让首先必须符合以下规定：

1. 客户的标准仓单转让须委托会员办理；

2. 达成转让意向的买卖双方会员向期货交易所提供标准仓单转让申请；

3. 交易所对标准仓单转让申请审核后，为买卖双方会员办理标准仓单过户和货款结算划转等手续；

4. 标准仓单转让的货款划转及增值税专用发票的开具、传递需参照交易所交割细则执行。

除了仓单转让之外，仓单质押也是一种缓解资金紧张的方法。仓单质押的实质是以仓单为标的物而成立的一种质权。注册成标准仓单后一共有三种方法进行质押，企业可以根据自身的实际情况，实现减少资金成本、规避价格波动风险的目标。

仓单质押方式见图 10－6。

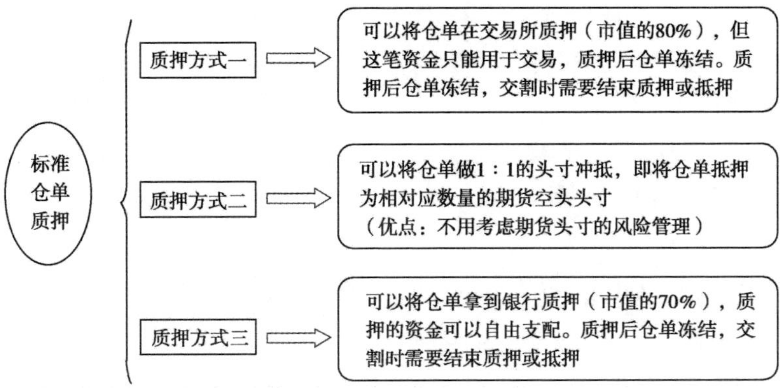

图 10－6　仓单质押方式

资料来源：申银万国期货研究所。

从上我们可以看到，对于不同的仓单质押方式所能质押出的资金是不同的，而且质押出的资金可用范围也是不同的。进行仓单质押的业务流程如下：

第一步：客户授权。客户应当先将指定的标准仓单授权给会员充抵该会员的保证金。

第二步：会员交存仓单。会员选择客户授权的标准仓单，提交给交易所。会员提交仓单时，应当注明标准仓单是充抵保证金，还是只充抵与其所示数量相同的交割月份期货合约持仓的交易保证金。

第三步：交易所审核通过后，标准仓单方可充抵保证金。

那么具体怎么计算可以获得的资金呢？下面的例子可以更形象地为大家解释。

【案例 10－5】

某贸易公司准备在 2011 年 2 月份进行钢材期货的卖出套期保值 3000 吨。该公司于 2010 年 10 月在螺纹钢期货 RB1102 合约卖出开仓 300 手，并完成套期保值申请，头寸开仓均价在 4300 元/吨。2010 年 10 月公司将 3000 吨螺纹钢运至交割仓库注册入库，并拿到标准仓单等待最后交割。但时至年末，公司整体资金链十分紧张，通过讨论，公司高层决定将螺纹钢仓单进行质押，并选择将标准仓单质押给交易所，根据交易所规定进行测算：

公司可获得质押资金 $=300\times4300\times20\%\times70\%=18.06$（万元）

交易所将质押的资金下放，使得公司可将原本期货账户中的资金撤离，很好地解决了公司资金链紧张的局面。

九、“期转现业务”如何为企业带来额外收益?

通常企业在进行实物交割操作过程中，很少会关注期转现业务，使用期转现业务的企业也相对较少。但从本质上看，期转现业务有着它独特的优势。首先，我们来了解一下上海期货交易所对于期转现业务的定义：期转现业务是指持有方向相反的同一月份合约的会员（客户）经协商一致并向交易所提出申请，获得交易所批准后，分别将各自持有的头寸按交易所规定的价格由交易所代为平仓，同时，按双方协议价格进行与期货合约标的物数量相当、品种相同、方向相同的仓单交换行为。由于期转现业务的实质为提前交割，所以，在期转现业务的过程中必须遵守下述规定。

1. 持仓，即同一合约月份的历史头寸、数量相等、方向相反。比如，买方持有 30 手螺纹钢期货 RB1101 合约多头，卖方持有 30 手螺纹钢期货 RB1101 合约空头。

2. 时间期限，欲进行期转现合约的交割月份的上一月份合约最后交易日后的第一个交易日起至交割月份最后交易日前两个交易日止。但欲进行期转现合约的交割月前第一月的最后三个交易日不得办理期转现申请。

比如，甲乙两个客户持有螺纹钢期货 RB0910 合约，最早办理期转现的时间是螺纹钢期货 RB0909 合约最后交易日后的第一个交易日，即 9 月 16 日。最迟的日期为 10 月 14 日，但其中 9 月 28 日至 9 月 30 日不能办理期转现申请。

3. 买卖双方要协商一致，即双方都要有意愿按双方同意的价格（可以参考当天的现货价格，此价格不受期货合约价格的涨跌幅限制）进行期转现操作，并且共同向交易所申请。

4. 卖方有相应仓单，买方备有相应货款。此外，用非标准仓单进行期转现业务，还应有相应的现货买卖协议及非标准仓单的复印件。

因此，我们可以看到交易所为了保护期转现双方投资者利益，对于期转现业务的要求十分苛刻。但是期转现业务对于企业还是有很多好处的：期转现业务可以为会员客户对交割实物品牌、交割仓库方面的特殊要求提供方便；有利于套期保值的运用；降低了持仓者的持仓风险；减少了用料企业一次性使用资金的压力；便于卖出方及时回笼资金，避免迂回运输。

延伸阅读：期转现业务流程

期转现业务流程见图 10－7。

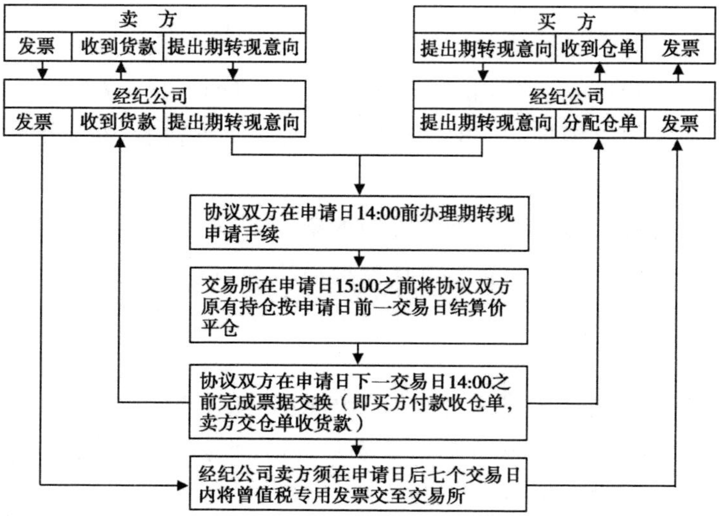

图 10－7　期转现业务流程图

资料来源：上海期货交易所、申银万国期货研究所。

办理期转现业务首先需要买卖双方对于价格、升贴水达成一致协议。之后，在规定期限内由任一一方提出期转现业务申请，另一方确认后交易所批准实施期转现业务。然后，买卖双方填写期转现申请单，交易所在申请日 15：00 前帮助双方将所持仓位平仓。最后，双方在规定期限内转交标准仓单、货款和增值税专用发票。

如卖方未按时提交增值税发票，应按《上海期货交易所结算细则》中的有关规定处理。未按规定期限完成交割的，按交割违约的规定执行；发生交割实物质量纠纷的，买方应当在票据交换日后的 25 天内提出质量异议申请，并应当同时提供本交易所指定的质量监督机构出具的质量鉴定结论。

【案例 10-6】

2010 年 7 月，有一家螺纹钢贸易企业在螺纹钢 RB1010 合约上有 1500 吨的螺纹钢空头头寸，当时该企业认为进行期货市场交割比较合理，（当天螺纹钢期货 RB1010 合约结算价格为 4000 元/吨，前一天的结算价为 3950 元/吨），于是委托其所在期货公司寻找下游公司进行期转现业务。通过联系，寻找到了一家小型建筑企业。于是双方进行商议：由于自 2010 年 7 月到 2010 年 10 月交割还有 3 个月，而进行期转现业务时间为 2010 年 9 月 16 日到 2010 年 10 月 12 日（2010 年 9 月 28 日至 2010 年 9 月 30 日不能进行期转现业务），每个月利息加上仓储费大约是 250 元/吨，因此双方决定以贴水 300 元/吨进行交易。

根据前一交易日结算价格 3950 元/吨计算，双方期货平仓协议价格为 3950 元/吨，增值税专用发票价格为 3650 元/吨。在确定了上述价格后，双方签订了期转现授权书。之后，在交易所监督下，将双方期货合约上头寸进行对冲了结。然后在第二、第三个交易日流转了双方的增值税专用发票、仓单和货款，顺利地完成了此次期转现业务。

十、钢材期货实物交割过程中牵涉哪些费用？

在期货实物交割的过程中会产生一定的费用，这些费用不仅会影响套利区间的确定，而且是企业参与实物交割的重要依据，下面我们就根据上海期货交易所的规定具体计算在钢材期货交割过程中会涉及的费用（见表 10-2）。

资金需求主要包括三个部分：交易成本、交割成本和资金占用成本。三者构成了套期保值的总成本。

1. 交易成本。期货公司收取的交易手续费。

2. 交割成本。交割成本主要指在注册钢材标准仓单时发生的费用，主要包括运费、交割手续费、入库费和仓储费。

（1）运费：运费主要包括运输费用和装车费用。

（2）交割手续费：交割手续费是在交割仓单时发生的，由交易所收取的费用，交易所的收费标准是 1 元/吨。

（3）入库费：在运输至指定交割仓库入库时，需要由交货方给交割仓库交纳入库费用。入库有三种方式：专用线、码头和自送。

（4）仓储费：交易所指定的钢材交割仓库所收的仓储费(见表10－1)。

表10－1　　上海期货交易所仓储费用

收费项目		收费标准
仓储租金	货场	0.15元/吨·天
进库费用	1. 专用线	18元/吨
	2. 码头	15元/吨
	3. 自送	15元/吨
出库费用	1. 专用线	18元/吨
	2. 码头	15元/吨
	3. 自提	15元/吨

资料来源：上海期货交易所、申银万国期货研究所。

3. 资金成本。资金成本主要指建立期货持仓后，期货交易保证金所造成的资金利息成本。根据上海期货交易所的交割制度，资金成本会随着交割日的临近呈逐渐增加的趋势，并在最后交割日之前要补足全部货款。

一般来说，卖方所付出的仓储费比较多，而如果买方在交割后很快把货物提走的话，仅需支付较少的仓储费。另外，卖方承担入库费用，卖方承担出口费用。最后，运费由双方自行解决。

【案例10－7】

结合以上数据，假设套期保值3000吨钢材，在螺纹钢期货RB0909合约建立套期保值头寸，头寸的平均卖出价为3800元/吨。

我们的期货头寸建仓时间是2009年6月10日。

我们的标准仓单注册时间是2009年8月21日。

期货头寸了结方式：实物交割。

头寸数量：3000吨。

表 10－2　　螺纹钢实物交割费用

套期保值成本类别	费用标准（单位：元/吨）	备注
交易手续费	万分之二	开仓、平仓手续费
交割手续费	3（元/吨）	
运费	30（元/吨）	市场平均水平
入库费	15（元/吨）	自送
仓储费	4.5 元（元/吨/月）	我们以 30 天进行计算
资金成本	6.8 元	
每吨（交割）钢材总成本	69.9 元，约 70 元	

资料来源：申银万国期货研究所。

注：资金成本按照商业银行一年贷款利率 6.0% 计算，假定期货价格的平均价为 3800 元/吨，具体情况还需根据实际情况确定。

通过以上成本核算，我们可以看到进行 1 吨螺纹钢期货交割所需费用大约为 69.9 元。企业可以结合钢材的生产成本，去除期货套期保值成本，在期货市场上进行套期保值所带来的盈利大于在现货市场卖出操作的盈利时，则可以考虑在期货市场中进行套期保值；反之，则没有必要进行套期保值。

十一、增值税专用发票如何流转？

增值税专用发票的流转是实物交割过程中最重要的一个环节，如果投资者不能提供增值税专用发票，是不允许进行实物交割的。因此，企业在进行实物交割之前需要重点关注增值税专用发票的诸项事宜，才能在未来的实物交割过程中有的放矢。

根据上海期货交易所规定，卖方最迟必须在最后交割日将增值税专用发票交至交易所。交割商品计价以交割结算基准价为基础，再加上不同等级商品质量升贴水以及非基准交割仓库与基准交割仓库的升贴水，增值税专用发票上的开票金额就是已经包含了 17% 增值税的交割结算价。交易所向买方会员开具增值税专用发票，向卖方会员收取增值税专用发票。买方会员向买方客户开具增值税专用发票，向交易所收取增值税专用发票。卖方会员向交易所开具增值税专用发票，向卖方客户收取增值税专用发票。

图 10－8 是交割时增值税发票流转过程。

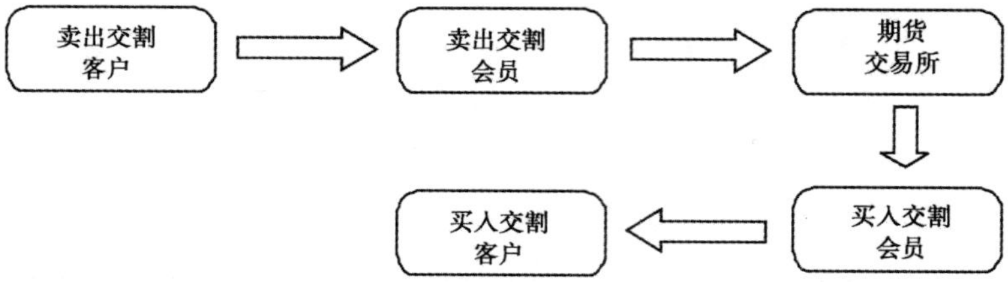

图 10－8　增值税发票流转过程

资料来源：申银万国期货研究所。

重点需要关注：如果会员出现迟交增值税专用发票，如果迟交发票时间为 3 至 10 天，则每天处以货款金额 0.5‰的滞纳金；如果迟交时间为 11 至 30 天，则每天处以货款金额 1‰的滞纳金；如果迟交超过 30 天以上未交增值税专用发票，视作不交增值税专用发票，处以货款金额 20% 的罚款。

十二、螺纹钢期货指定仓库有哪些？如何设置升贴水标准？

交割库的选址以及交割库库容的合理设置，能很好地降低社会成本以及未来交易风险的发生频率，因此我们应首先对于交割仓库设置的原则进行了解。从交割库的设立来说，应当考虑众多因素。

首先，交易所需要考虑交割库选址能有利于套期保值者参与。套期保值是期货最基本的功能，这一功能需要充分发挥。期货以保证金进行交易的目的是让套期保值者以较低成本进行价格的保值。因此，为了使大量套期保值者加入，交易所除了降低套期保值者门槛外，更要在交割库的设置过程中考虑降低运输成本和信息成本，使套期保值者参与套期保值的操作更为简易。

其次，交易所应考虑降低社会成本。交割库应尽可能设立在产销区，避免因误配导致产品在某些路线上来回反复地运输，浪费社会资源。

最后，设置交割库应当有利于抗操纵。交割库的设立，从库容制定到库址的选择，直接影响期货市场的抗操纵能力，交割库库容越少、越集中、越远离商品产地或者集散地，市场抗操纵能力就越弱。

表 10－3 是上海期货交易所螺纹钢指定交割仓库名单。

表 10－3　　上海期货交易所螺纹钢指定交割仓库名单

序号	指定交割仓库名称	存放地址
1	上海五钢物流有限责任公司	上海市宝杨路 2035 号
2	上海中农吴泾农资有限公司	上海市闵行区吴泾通海路 275 号
3	上海铁路闵行钢铁发展有限公司	上海市闵行区昆阳路 1658 号
4	浙江物产物流投资有限公司	浙江省杭州市余杭区良渚镇古运河路 12 号
5	浙江康运仓储有限公司	浙江省杭州市拱康路 98 号
		浙江省杭州市崇贤镇长路兜 22—1 号
		浙江省宁波市江北区白沙路 353 号
6	镇江惠龙长江港务有限公司	江苏镇江金桥大道 88 号
7	上海期晟储运管理有限公司	江苏省靖江市经济开发区新港园区六助港路 1 号
8	中储发展股份有限公司	无锡市新区城南路 32—1 号
		天津市北辰区顺义道
9	天津开发区泰达公共保税仓	天津经济技术开发区渤海路 39 号

资料来源：上海期货交易所、申银万国期货研究所。

综合以上各点我们看到，上海期货交易所在设置钢材期货交割库的时候将大部分的交割库安排在了销售龙头的华东、华南地区，不仅带动了周边地区的钢材贸易，更加降低了钢厂的运输成本。

近几年，交割库的变更较为频繁，变更的内容主要牵涉增减库容、新增仓库。需要注意的是，如果频繁的变更交割库仅仅为了抑制行情，那么将不利于期货市场的长期发展和繁荣。期货市场的繁荣应当建议在期货市场的功能充分发挥的基础上，在过分短视的市场控制手段下，由于库存的频繁变动和地址的反复变更，交易者的收益和风险很难预测，不利于交易者作出正确的交易策略。

对于升贴水，上海期货交易所也给出了明确的指示：第一，地区升贴水，天津地区螺纹钢和线材交割贴水 130 元/吨；第二，牌号升贴水，牌号为 HRB335 或 HRBF335 的螺纹钢替代交割贴水 130 元/吨。

升贴水

在期货市场上，现货的价格低于期货的价格，则基差为负数，远期期货的价格高于近期期货的价格，这种情况叫“期货升水”，也称“现货贴水”，远期期货价格超出近期货价格的部分，称“期货升水率”；如果远期期货的价格低于近期期货的价格，现货的价格高于期货的价格，则基差为正数，这种情况称为“期货贴水”，或称“现货升水”，远期期货价格低于近期期货价格的部分，称“期货贴水率”。

十三、“对手盘”违约了，如何保证自身利益？

根据以往经验，在实物交割过程中违约的可能性很小，但“月有阴晴圆缺，人有祸兮旦福”，在实物交割的整个过程中难免会有意外发生，从而影响到整体交割。读到此，投资者便会产生两个疑问，第一，期货是以保证金形式进行交易的，每个投资者所缴纳的资金只是货款的很小部分，为什么在实物交割过程中违约的比例很小呢？第二，如果真的在实物交割过程中对方出现了违约行为，那作为交易的另一方如何保障自身的利益呢？接下来我们利用一定的篇幅解决以上两个问题。

诚然，期货市场是以保证金制度进行交易的，通过杠杆原理投资者往往可以运用很小一部分资金来操作 4 倍乃至 5 倍的金额。但是随着期货合约最后交易日的来临，期货交易所会不断提高保证金的比例，我们以螺纹钢期货为例。

螺纹钢合约在挂牌之日开始的保证金仅为 7%，进入交割月前第二个月的第十个交易日上调至 8%，进入交割月前第一个月的第一个交易日上调至 10%，进入交割月前第一个月的第十个交易日上调至 15%，交割月份第一个交易日上调至 20%，进入最后交易日前两个交易日上调至 30%。正是这不断上调的保证金比例，使得投资者违约的成本不断上升，从而降低了投资者的违约率。

卖方抵押仓单后，能否收回保证金

从以上的保证金比例调整来看，似乎对于卖方交割者不公平。毕竟卖方交割者在不断上调保证金的过程中还需要动用资金进行交割货物的购买。因此，为了消除这一看似不公平的对待，上海期货交易所规定进入交割月后，卖方如果可以提供标准仓单进行履约担保，则不再对其征收其他保证金。

虽然在实物交割过程中很少发生违约，但无论卖方、买方仍然需要了解如何在“对手盘”违约的情况下尽可能地保护自身利益。

交割违约有三种情况：卖方在规定期限内未能如数交付标准仓单；买方在规定期限内未能如数支付货款；卖方交付的商品不符合交易所规定标准。

发生交割违约后，交易所于违约发生当日 16:30 以前通知违约方和相对应的守约方。守约方应当在下一交易日 11:00 以前将终止交割或继续交割的选择意向书递交交易所。逾期未提交选择意向的，交易所按终止交割处理。对违约方处罚具体如下：

1. 如果卖方违约，除支付违约部分合约价值 5% 的违约金外，买方可以作如下的一项选择：第一，终止交割，交易所退还买方货款。第二，继续交割，交易所在判定卖方违约的下一交易日发布标准仓单征购公告，并在 7 个交易日内组织征购，征购价格不高于交割结算价的 125%。征购成功后交易所支付给买方标准仓单；征购失败，卖方支付给买方违约部分合约价值的 15% 的赔偿金，交易所退还买方交割货款后终止交割。卖方承担因征购产生的一切经济损失和费用。

2. 如果买方违约，除支付违约部分合约价值 5% 的违约金外，卖方可以作如下的一项选择：第一，终止交割，交易所退还卖方标准仓单。第二，继续交割，交易所在判定买方违约的下一交易日发布标准仓单竞卖公告，并在 7 个交易日内组织竞卖，竞卖价格不低于交割结算价的 75%。竞卖成功后交易所支付给卖方交割货款；竞卖失败，买方支付给卖方违约部分合约价值 15% 的赔偿金，交易所退还卖方标注仓单后终止交割。买方承担因竞卖产生的一切经济损失和费用。

3. 如果买卖双方都违约，交易所按终止交割处理，并对买卖双方分别处以违约部分合约价值 5% 的罚款。

4. 终止交割后，交易所交割担保责任终止。

5. 货主与指定交割仓库就交收的商品检验结果发生争议时，一般通过双方会谈的方式解决，也可以提请交易所指定的质量检验机构复验，复验结果为解决争议的依据。

实物交割是一个复杂的过程，违约是交割双方最不希望发生的结果。上海期货交易所会尽全力利用法律手段保护每一位交易者的利益不受侵害，保证每笔实物交割都能圆满、顺利地进行。

自　测　题

一、选择题（不定项）

1. 标准仓单可以分为(　　)。

A. 仓库标准仓单　　B. 厂库标准仓单

C. 企业标准仓单　　D. 贸易商标准仓单

2. 标准仓单的生产环节包括(　　)。

A. 入库申报　　B. 商品入库

C. 验收　　D. 指定交割仓库签发

3. 交易所在库容允许情况下，考虑货主意愿，在(　　)个交易日内决定是否批准入库。

A. 1　　B. 2

C. 3　　D. 4

4. 螺纹钢期货合约规定的最小交割单位是(　　)。

A. 20 手　　B. 30 手

C. 40 手　　D. 50 手

5. 交易所分配标准仓单的原则有(　　)。

A. 时间优先　　B. 数量取整

C. 就近配对　　D. 统筹安排

6. 当螺纹钢的交割数量大于 18000 吨时，至少需要(　　)个公称直径。

A. 2　　B. 3

C. 4　　D. 5

7. 上海期货交易所指定的钢材质量检验机构有(　　)家。

A. 2　　B. 3

C. 4　　D. 5

8. 若买方对交割商品的质量、数量有异议的，应当在实物交割月份的下一月份的(　　)个工作日之前向交易所提出书面申请。

A. 5　　B. 10

C. 15　　D. 20

9. 螺纹钢的交割成本中包含有(　　)费用。

A. 运费　　B. 交割手续费

C. 入库费　　D. 仓储费

10. 交易所收取的螺纹钢的交割手续费是(　　)。

A. 1 元/吨　　B. 2 元/吨

C. 3 元/吨　　D. 4 元/吨

二、判断题

1. 钢材期货头寸的了结有两种方式：第一种是平仓，第二种是交割。(　　)

2. 仓库标准仓单由指定交割仓库完成入库商品验收、确认合格后，在交易所标准仓单管理系统中签发给货主的，用于提取商品的凭证。(　　)

3. 入库申报的内容包括商品的品种、等级、商标、数量、发货单位及拟入指定交割仓库名称等。(　　)

4. 同一标准仓单所示商品应当是同一品种、同一生产厂、同一商标、同一牌号或同一等级。(　　)

5. 客户的实物交割应当由客户自己办理，会员在交易所进行。(　　)

6. 用于交割的螺纹钢每一仓单的标的实物应当作为一个堆放垛位进行堆放。(　　)

7. 会员迟交增值税专用发票 3 至 10 天的，每天收取货款金额的 0.1‰ 作为滞纳金。(　　)

8. 卖出方应当在办理期转现手续后 7 日内向交易所提交增值税专用发票，但不得迟于当月倒数第三个交易日提交。(　　)

9. 钢材期货每个合约最后交易日前的第三个交易日收盘后，自然人的持仓应当为 0 手。(　　)

10. 期转现的交割结算价为买卖双方会员（客户）达成的协议价。(　　)

参考答案

一、选择题（不定项）

1. AB	2. ABCD	3. C	4. B	5. ABCD
6. C	7. C	8. C	9. ABCD	10. A

二、判断题

1. √	2. √	3. √	4. √	5. ×
6. √	7. ×	8. √	9. √	10. √

后 记

本书是针对期货市场中的各类投资者编写的一本普及性读物，针对参与市场的目的与方式不同，本书在详细描述了投资钢材期货所需关注的期货信息的基础上，还针对各类不同的机构投资者，阐述了投资者如何根据自身经营需求，进行套期保值、套利和资产组合的管理。因此，本书也可供期货从业人员和企业投资决策者参考。

作为一本普及性读物，本书遵循基础性、通俗性、实用性、规范性原则，力图用通俗易懂的语言和案例说明问题，尽量避免深奥的理论性介绍。书中针对钢材产业上、中、下游等各个环节的具体情况，分析了影响市场，参与投资关注的基本要素，并着重介绍了实体企业如何发挥期货市场的独特功能来规避价格风险、创新经营贸易模式的基本思路和操作原理，以生动的案例揭示了如何利用期货投资的工具辅助现货经营。同时，本书结合钢材期货的品种特点，对交割实务也进行了相关介绍，为投资者提供参考。

需要说明的是，“期市有风险，入市需谨慎”！

本书由于篇幅有限，无法尽述相关企业及投资者在期货市场上可能面临的所有具体情况。因此，企业参与套期保值，务必结合自身经营需求、制定科学合理的交易策略，并严格控制交易规模，切忌“以套保之名行投机之实”。同时，普通投资者在决定参与交易之前，应审慎评估自身能力，尽可能熟悉并掌握交易品种的市场运行特点及操作技能，从而避免遭受不必要的风险。

作为《期货投资者教育系列丛书》之一，本书由中国期货业协会组织编写，在申银万国期货有限公司甘正在博士的统筹下，申银万国期货研究所倪梦雪、王颖檪、李文杰、孙丹、施磊、傅文浩、胡安韬同志承担了本书的具体编写任务。本书在编写过程中还得到了中国证监会投资者教育办公室、期货二部、上海期货交易所和申银万国期货有限公司领导的指导和帮助，在此表示衷心的感谢！书中的错误之处，敬请批评指正。

中国期货业协会
《期货投资者教育系列丛书》编委会
2011 年 10 月 17 日